Sabine Langner

HERZLICHTHAUS

Ich bin ein Kind des Himmels und des Lichts

VERLAG AM
SIPBACH

Sabine Langner
HERZLICHTHAUS
Ich bin ein Kind des Himmels und des Lichts

Herausgegeben von: Verlag am Sipbach (Imprint von Verlag am Rande)
© Verlag am Sipbach
A-4621 Sipbachzell
T: 0043 664 7503 7100
office@verlag-am-sipbach.at
www.verlag-am-sipbach.at

ISBN: 978-3-903259-08-9

1. Auflage Juni 2019

Druck: Totem, www.totem.com.pl/de
Coverfoto: Jakob Wilden
Autorenfoto: Jakob Wilden

Das Werk einschließlich aller Inhalte ist urheberrechtlich geschützt. Alle Rechte vorbehalten. Nachdruck oder Reproduktion (auch auszugsweise) in irgendeiner Form (Druck, Fotokopie oder anderes Verfahren) sowie die Einspeicherung, Verarbeitung, Vervielfältigung und Verbreitung mit Hilfe elektronischer Systeme jeglicher Art, gesamt oder auszugsweise, ist ohne ausdrückliche schriftliche Genehmigung des Verlages untersagt. Alle Übersetzungsrechte vorbehalten.

Sabine Langner

herzlichthaus

Ich bin ein Kind des Himmels und des Lichts

VERLAG AM
SIPBACH

INHALT

Einleitung	8

Der Weg zum Herzen	13
Gedichte auf dem Weg des Herzens	105

Der Weg zum Licht	109

Der Weg nach Hause	195
Gedichte auf dem Weg nach Hause	272

Wege im Herzlichthaus	277
Gedichte im Herzlichthaus	348
Danksagung	353

In einer Begegnung
entsprang meine geistige Quelle.
So wurde nicht nur meine Praxiseröffnung 2010
durch eine Vision zur Wirklichkeit und
„Der Weg zum Herzen" zu meiner Bestimmung,
sondern hier wurde auch
der Grundstein für mein Schreiben gelegt.
In meiner Erweckung bekam ich den Auftrag,
den Brüdern und Schwestern das Licht der Liebe
aus den vergangenen, dem gegenwärtigen
und dem zukünftigen Leben zu geben.
Es oblag nicht meiner irdischen Entscheidung,
denn ich folgte dem Ruf Gottes.
Erweckt als Schwester des Lichts
verband ich meine irdische Geschichte
mit meinen spirituellen Wegen
und kam an im Herzlichthaus.

Sabine Langner
Heilpraktikerin/HerzlichtMensch

Der Weg zum Herzen

Gewidmet meinem Sohn Ben, meinem Mann Hans-Jörg und,
in Gedenken an meinen Vater Fritz,
den Männern meines Lebens.

Lichtvoll glänzt und strahlt die Welt.
Mein Traum ist zur Vision geworden
und meine Vision ist niedergeschrieben
auf dem Papier der Zukunft.
Es lässt mich lächeln, dass deine Geschichte
auch meine sein könnte,
und doch, ich entschied mich für das Licht.
Heute in meinem jungen Leben kann ich emporblicken
zu dir, meinem Vater.
Meine Gespräche mit dir erfüllen mein Herz.
In Dankbarkeit für meine Wegbereiter
schwebe ich in meinem Leben zum Licht.

*Die Erleuchtung kam und ich fühlte, Gott ist in mir.
Ich, ein Kind des Herzens,
fühlte die Erkenntnis: „Nichts ist, wie es scheint."
Die Liebe, erhalten von Gott,
ließ mich anders sein.
Meine Gedanken wurden frei.
Ich fühlte, mein Name ist genannt.
Kinder der Vergangenheit begegneten sich und
brachten die Botschaft „Seid respektvoll".
Viele gehen den Weg der Krankheit
und fühlen Gott, der sagt: „Ich warte auf dich."
Herzenswege zu erklimmen erfordert Mut.
Zündung erleben wir als Kinder dieser Welt.
Geduld und Demut bestärken uns in dem Gefühl „Du schaffst es!".
Freunde füllen unser Leben und zeigen uns seine Vielfalt.
Willkommen auf dem Weg in die Neue Welt.
Losgelöst, spürbar, Herz an Herz, gewinnen wir an Spiritualität.
In dem Wissen, dass all die Verzweiflung
uns der Sonne entgegenbringt,
fühlen wir die Botschaft „Ich glaube an dich".
Gefühlt den Wert und willkommen geheißen
im Herzen hören wir die Worte:
„Ich liebe dich!"
Die Frage „Woher kommst du?" führt dich zu deinen Ahnen.
Empfangen von Gott begegnest du ihnen.
Weinend vor Glück spürt ihr einander.
Hoffnung erlebt ihr überall.*

*Seht die Aura, erkennt die Wahl, legt ab die Zweifel
und lasst den Weg hinter euch,
tretet an die Reise zum Regenbogen.
Dort vereinen sich die Elemente Feuer, Wasser, Erde und Luft.
Gespräche mit Gott bringen uns zum Weg des Wünschens,
in die Erfüllung unseres Märchens.*

Im Frühjahr 2010 saß ich wie versteinert im Wohnzimmer unseres Hauses, als die Regentropfen leise an mein Fenster klopften. Es war so, als klopften sie an mein Herz, und ich wusste nicht, was sie mir sagen wollten. Und doch wurde mir klar, dass ich mich jetzt dem stellen musste, was in den letzten Monaten mir die Luft zum Atmen genommen hatte.

Als ich mich an diesem Montagmorgen auf den Weg zu meinem Hausarzt gemacht hatte, wurde mir doch recht unwohl bei der Vorstellung, wie wohl die Diagnose lauten würde. Ich hatte im Jahre 2004 Rachenkrebs gehabt. Die Ärzte hatten alles weggeschnitten und nach einer Menge Bestrahlungen, so dachte ich, wäre ich jetzt für alle Zeit gesund.

Aber es sollte anders kommen. So fuhr ich in Richtung Innenstadt. Suchte einen Parkplatz in der Nähe der Praxis. Von hier aus hatte ich noch einen Fußweg von zehn Minuten zu meinem Hausarzt. So lief ich an Wohnhäusern und verschiedenen Geschäften vorbei, ohne sie wirklich wahrzunehmen, bis ich an der Königstraße 18 ankam. Sehr nervös öffnete ich die Tür, stieg in den Fahrstuhl, drückte den Knopf für die zweite Etage, um dann im nächsten Augenblick vor der Praxis zu stehen. Ich meldete mich an: „Mein Name ist Henry Sonnenfeld, ich habe um elf Uhr einen Besprechungstermin."

„Herr Sonnenfeld, nehmen Sie bitte im Wartezimmer Platz, wir rufen Sie auf", wurde mir freundlich entgegnet. Als ich mich auf dem Stuhl niederließ, überkam mich doch wieder eine Welle von Angst. Was ist, wenn sie mir mit meinen 65 Jahren sagen, dass die Computertomografie ergeben habe, dass es doch nicht so harmlos sei, wie ich insgeheim gehofft hatte? Als mein Name endlich aufgerufen wurde, war ich fast erleichtert, dass das Warten ein Ende hatte. Ich betrat den Besprechungsraum und fühlte sofort die leicht gedrückte Stimmung meines Arztes. Ohne einen Hauch von Emotion in seinem Gesicht erklärte er mir, es sehe so aus, dass sich am linken unteren Lungenflügel eine Tochtergeschwulst gebildet habe.

„Natürlich benötigen wir weitere Untersuchungen. Dazu gehen Sie am besten zu einem Onkologen hier im örtlichen Krankenhaus", schlug er mir vor. Wie in einem Nebel nahm ich alles wahr. Ich nickte und ließ mir alle Berichte und auch den Termin zur Weiterbehandlung von der Arzthelferin geben. Ich habe keine Ahnung, wie ich den Weg nach Hause geschafft habe. Wie sollte es jetzt weitergehen? Ich wollte doch noch ein paar schöne Jahre als Rentner erleben.

Mein Blick ging durch den Garten, denn ich saß im Wohnzimmer vor dem Fenster. Die ersten Knospen an den Büschen waren zu sehen, der Regen ließ alles in einem satten Grün leuchten, und doch nahm ich etwas anderes wahr. Erinnerungsfetzen aus verschiedenen Zeiten meines Lebens stiegen in mir hoch. Ich sah meine Frau Elisa, mit der ich seit 40 Jahren verheiratet bin. Auch wenn es lange her ist, dass wir glücklich waren, war ich dennoch froh, nicht allein zu sein. Wir hatten drei Töchter, alle wohlgeraten, aber die Verbindung zu ihnen hatte ich schon lange verloren. Ich dachte, es müsse so sein, ich dürfe keine Gefühle zeigen, und habe sie in mich reingefressen, bis sie mich schlussendlich krank machten. Erst jetzt wurde mir die ganze Dimension bewusst, was all das für mich bedeutete. Immer mehr alte Bilder stiegen in mir auf, als hätte jemand den Film meines Lebens angeschaltet.

So saß ich in meinem Sessel und blickte auf die Fensterscheibe wie auf eine Leinwand. Nach und nach wurden die Bilder klarer. Ein junger Mann mit wasserblauen Augen und dunklem Haar lief mit seinem Freund durch die Straßen Krefelds. Ich erkannte mich und schätzte mich auf Anfang 20. Es musste wohl in der Zeit gewesen sein, als mich mein bester Freund aus Trier, meiner Geburtsstadt, besuchen gekommen war. Wir waren auf dem Weg in ein Tanzlokal und hatten uns vorgenommen, mal wieder auf Brautschau zu gehen. An diesem Abend war das Odeon gut besucht, sodass wir Mühe hatten, einen freien Platz zu finden. Nach einiger Zeit wurde ein kleiner Tisch ganz hinten frei. Wir setzten uns, jeder bestellte ein Bier und wir unterhielten uns über die Arbeit. Mein Blick blieb wie zufällig am Nachbartisch hängen. Ich schaute in zwei wunderschöne grüne Augen, von denen ich mich nur schwer losreißen konnte, aber mein Freund stupste mich an und fragte: „Träumst du?" Da versuchte ich mich wieder auf das Gespräch mit ihm zu konzentrieren, aber ich hatte Angst, dass diese Schöne einfach verschwindet. So zündete ich mir eine Zigarette an und stellte meinem Freund eine Frage. Noch während er antwortete, ging mein Blick wieder hinüber zum Nachbartisch. Ich prägte mir die Einzelheiten dieser Frau ein. Sie trug einen kurzen Rock und eine helle Bluse, ihre braunen Haare waren kurz geschnitten, was ihr hübsches Gesicht gut hervorhob. Aber das Schönste waren ihre wunderschönen Augen. Wenn sich unsere Blicke trafen, bekam ich ein Kribbeln im Bauch. Es waren nur Sekunden, denn sie schaute schnell wieder weg.

Ich war lange nicht mehr zum Tanzen ausgegangen. Die neue Arbeit in der Fabrik, der Schichtdienst mit den Zwölf-Stunden-Diensten, ließ das oft nicht zu. Aber dass ich an diesem Samstag unterwegs war, konnte man auch als Schicksal bezeichnen. So hoffte ich, dass ich in meinem dunkelblauen Anzug eine gute Figur machte. Ich brauchte noch weitere zehn Minuten, bis ich den Mut aufbrachte, meinem Freund zu verstehen zu geben, dass ich gerne mit der Frau am Nebentisch tanzen wolle. Ich atmete noch einmal tief durch, stand auf und ging zum Nebentisch hinüber. Mit einem Lächeln im Gesicht, welches eher aus Verlegenheit entstanden war, fragte ich sie: „Würden Sie mir den nächsten Tanz schenken?"

Mein Herz klopfte schneller, als sie mir zunickte. Dann tanzte ich mit ihr und es war wundervoll, sie in den Armen zu halten. Während des ersten Liedes erfuhr ich, dass sie Elisa hieß. Daraufhin stellte ich mich ebenfalls vor. Wir tanzten die nächsten drei Tänze miteinander, dann lud ich Elisa an der Bar auf ein Getränk ein. Ich erfuhr, dass sie als Verkäuferin in der Stadt arbeitete und dass sie aus Duisburg stammte. Währenddessen hatte sich mein Freund mit Elisas Freundin bekannt gemacht, sodass wir den ganzen Abend mit Tanzen und Reden verbrachten. Gegen halb eins brachen wir alle gemeinsam auf. Wir brachten Elisa und ihre Freundin zu ihrem Auto und fuhren dann ebenfalls nach Hause.

Ich hatte mich mit Elisa am Montag in der Mittagspause verabredet, denn ich hatte an diesem Tag Nachtdienst und musste deshalb erst am Abend arbeiten. Als ich am besagten Montag vor dem Geschäft stand, in dem sie arbeitete, klopfte mein Herz wieder sehr unruhig. In meinem Kopf herrschte ein Durcheinander von Gedanken, als sie zur Türe herauskam. Sie trug heute eine weiße Hose und hatte ein pinkfarbenes Top an. Über ihren Schultern trug sie lässig einen Pullover.

Wir begrüßten uns und entschieden, dass wir in die Eisdiele an der Ecke gehen wollten. Von diesem Tag an verabredeten wir uns regelmäßig. Wir lernten uns besser kennen und aus unserer Begegnung wurde eine tiefe Liebe. Wir lachten miteinander und erzählten uns unsere Lebensgeschichte. In dieser Zeit fühlte ich mich frei, weil ich in der Lage war, mein Herz zu öffnen.

Nach einer Weile erfuhr ich, dass Elisa schwanger sei. Da ich sehr christlich erzogen worden war, wusste ich, dass wir jetzt heiraten mussten. Oder meine Mutter würde einen Herzinfarkt bekommen.

In dem Dorf, in dem ich groß geworden bin, kannte jeder jeden, und meine Mutter hatte mich und meine sechs Geschwister streng erzogen. Mein Vater war im Zweiten Weltkrieg Soldat gewesen und anschließend in Gefangenschaft, sodass sie die ganze Verantwortung trug, was sie sehr hart hatte werden lassen. Ein paar Tage später fragte ich Elisa, ob sie meine Frau werden wolle. Ich hatte einen Verlobungsring gekauft und lud sie in unser Lieblingsrestaurant „Die blaue Adria" ein. Auch wenn ich aus anerzogenen Gründen heiraten musste, fiel es mir nicht schwer, diese Entscheidung zu treffen, denn ich liebte Elisa sehr. Ich wartete bis zum Nachtisch, nahm dann ihre Hand in meine und sagte:
„Elisa, mein Schatz, möchtest du mich heiraten?" Fast gleichzeitig fingerte ich mit der anderen Hand in meiner Hosentasche und holte ein kleines Päckchen heraus. Elisa schaute mich mit ihren grünen Augen glücklich an und sagte dann leise: „Ja!" In ihren Augen glänzten ein paar Tränen. Bis zu unserer Hochzeit hatten wir nicht viel Zeit, denn Elisa wollte nicht hochschwanger heiraten. Deshalb entschlossen wir uns, nur standesamtlich zu heiraten. Elisas Bruder und mein bester Freund wurden die

Trauzeugen. Der 13. März, unser Hochzeitstag, war ein schöner Tag. Es war außergewöhnlich warm und wir konnten anschließend mit unseren Eltern und den Trauzeugen draußen auf der Terrasse unseres Lieblingslokals essen. In der Zwischenzeit waren wir zusammengezogen und planten unser Leben. Wir entschieden, dass Elisa zu Hause bleiben und sich um unser Kind kümmern würde. Sechseinhalb Monate später kam unsere Tochter zur Welt. Wir nannten sie Petra und freuten uns über ein fröhliches Kind. Während die ersten Monate wie im Flug vergingen, merkte ich, dass ich nicht viel Zeit mit meiner Tochter verbringen konnte. Ich arbeitete viel, um die Familie zu ernähren. Während dieser Zeit wurde mir bewusst, wie schwer es mir fiel, Gefühle zu zeigen. Meine Erziehung war streng gewesen und die Männer kümmerten sich darum, das Geld zu verdienen, oder um die Arbeiten, die zu schwer waren für Frauen. Auch wenn wir uns das im 20. Jahrhundert kaum noch vorstellen konnten, erlebte ich eine sehr geschlechtsspezifische Rolle in meiner Kindheit, und dies prägte mich bis heute. Meine Gefühle verstand ich eigentlich immer noch nicht. Ich war selbst Vater geworden und hatte keine Ahnung, was ich meinem Kind geben sollte, außer der finanziellen Sicherheit.

Zu diesem Zeitpunkt war mir nicht klar, dass schon hier der Ursprung meiner Erkrankung lag. Ich hatte nicht auf meine Seele gehört.

An einem besonders hektischen Tag hatte ich erstmals eine Eingebung, der ich damals noch keine Beachtung schenkte. Ich wusste nicht, dass Gott mit mir gesprochen hatte. Als ich abends im Bett lag, war mir, als hätte sich jemand in meinem Kopf breitgemacht. Dann stand eine Frage im Raum: *„Henry, wo bist du, wann lebst du deine Aufgaben? Warum hörst du mir nicht zu? Warum glaubst du mir nicht, wenn ich dir sage: ‚Ändere dein Leben!'"*?

Ich träumte in dieser Nacht sehr wild, wurde ständig wach und immer wieder kamen diese Fragen in meinen Kopf. Ich hörte nicht zu und ich hatte auch keine Zeit, sie zu beantworten. Warum auch? Ich lebte hier mit meiner Frau und mit meiner Tochter, ich arbeitete, was sollte ich denn noch tun? Auf meine innere Stimme hören? Nein, ich hatte keine Zeit für diesen Quatsch. Heute weiß ich, dass ich mir die Zeit hätte nehmen sollen. Aber ich wollte wohl die Erfahrung der Krankheit machen.

Und so vergingen die Tage und Wochen, meine Frau wurde erneut schwanger und mein Hamsterrad drehte sich immer schneller. Die Schwangerschaft lief rasend schnell an mir vorbei. Vier Wochen vor dem errechneten Termin ging es mir gesundheitlich nicht gut. Ich hatte Unterbauchschmerzen, und als ich dann noch Fieber bekam, entschied ich mich zum Arzt zu gehen. Mein Hausarzt eröffnete mir, dass ich ins Krankenhaus müsste, um meinen Blinddarm entfernen zu lassen.

Mit dieser Nachricht ging ich nach Hause und beriet mich mit Elisa. Wir entschieden, meine Mutter anzurufen, um sie zu bitten, Elisa zu unterstützen. Doch trotz aller Planung überstürzten sich dann die Ereignisse. Ich war im Krankenhaus angekommen und die Ärzte hatten für Montag die Operation angesetzt, als die Fruchtblase bei Elisa platzte. Also fragte ich meine Ärzte, ob ich noch mal nach Hause dürfte, um alles zu regeln. Mit dem Versprechen, keine Treppen zu steigen, ließen sie mich ziehen. Ich hatte den Ärzten aber verschwiegen, dass wir unterm Dach wohnten. Elisa hatte Petra bei einer Nachbarin gelassen, und so holte ich meine Mutter vom Bahnhof ab. Danach eilte ich wieder ins Krankenhaus. Als ich auf dem Flur der Geburtsklinik ankam, wurde ich mit Glückwünschen überhäuft. Alle riefen immer wieder: „Herzlichen Glückwunsch zu zwei Mädchen." Ich verstand nichts! Warum gratulierten sie mir auch noch zu Petra? Sie war doch schon fast zwei Jahre alt. Nach der vierten Gratulation wurde ich wütend und fragte, was das zu bedeuten habe. Die Schmerzen, ausgehend von meinem Blinddarm, und die Anspannung wegen der Geburt nahmen mir jeden klaren Gedanken. Die Krankenschwester versuchte mir mit sehr viel Feingefühl klarzumachen, dass meine Frau Zwillinge zur Welt gebracht hatte. So betrat ich das Geburtszimmer meiner Frau und schaute sie mit großen Augen an. Und Elisa fragte mich: „Henry, hast du das verstanden, wir haben jetzt drei Mädchen?!" Ich nickte. Ich konnte nicht viel sagen: „Dann will ich jetzt mal meine Mutter informieren." Das Ereignis war ein ziemlicher Schock für mich, und die Tragweite wurde mir erst nach der Blindarmoperation klar. Nachdem ich operiert worden war, saßen meine Frau, meine Mutter und mein Bruder an meinem Bett. Wir überlegten, wie das zweite Kind heißen solle. Wir hatten uns nur einen Mädchennamen überlegt, und das war

Marie. Nach einiger Beratung fanden wir einen Namen, der uns beiden gefiel: Sara. So tauften wir unsere beiden Zwillinge also Marie und Sara.

Nach einer Weile gewöhnten wir uns an unseren Kindersegen. Meine Frau kümmerte sich um die Kinder und ich arbeitete viel, wie immer. Die Freizeit, die ich hatte, verbrachte ich in unserem Schrebergarten. Doch merkte ich, dass ich mich immer weniger entspannen konnte. Ich begann, abends ein Bier zu trinken. Oder, wenn ich sonntags freihatte, ging ich zum Frühschoppen. Zu meiner Zeit, als ich jung war, war es üblich, dass die Frauen das Mittagessen kochten und wir Männer in die Kneipe gingen. Heute hat sich die Zeit zum Glück geändert. Ich stellte fest, dass ich mich kaum noch entspannen konnte, zu Hause drei kleine Kinder, bei der Arbeit immer mehr Verantwortung. Außerdem war ich nicht in der Lage, darüber zu reden: Das macht ein Mann ja nicht! Also hätte meine Seele immer mehr zu sagen gehabt, aber ich hatte immer weniger Zeit zuzuhören. Und so wurde ich das erste Mal krank. Ich hatte meinen ersten Herzinfarkt, als meine Kinder elf und neun Jahre alt waren. Aber ich hatte die Hinweise noch immer nicht verstanden. Ich sollte es sein, der irgendetwas in seinem Leben ändert! Das kam mir nicht in den Sinn. Ich dachte, die Ärzte würden das schon machen. Also habe ich gepoltert, wenn es nicht nach meinen Vorstellungen lief, und wenn ich nicht mehr konnte, habe ich zur Entspannung geraucht und ein Bier getrunken. Meine Familie funktionierte ja, meine Frau kümmerte sich um die Kinder und ich war nach meinem Infarkt wieder in der Lage zu arbeiten. Ich schuftete in der Firma und darüber hinaus baute ich in meinem Garten. Denn das Wichtigste war, dass nach außen alles schön wirkte. Genauso wie ich es vor meiner Heirat auch gemacht hatte. Meine Anzüge glänzten nach außen, und so sorgte ich jetzt dafür, dass meine Kinder und meine Frau, mein Auto und mein Garten glänzten. Was sich dahinter verbarg, ging niemanden etwas an.

Die Jahre vergingen, und unsere Kinder wuchsen heran. Meine Frau und ich entfernten uns immer mehr voneinander. Wir hatten wohl beide keine Kraft mehr füreinander. Drei Kinder, die Verantwortung, der Alltag, die Sorgen um Geld und Zukunft haben uns zu sehr den Atem geraubt, um noch Liebe zu empfinden. Wir konnten einander keine Liebe mehr geben, denn wir hatten verlernt, uns selbst Liebe zu geben. So begannen wir, den Partner verantwortlich zu machen für das Leid, welches wir in unserem Herzen empfanden. Es war, als hätten wir unsere Herzen eingefroren. Unsere Kinder zogen dann irgendwann aus, und wir hätten nun Zeit für uns gehabt. Aber zu diesem Zeitpunkt waren wir schon zu sehr in der Spirale des Lebens gefangen. Bis ich schließlich erneut krank wurde. Diesmal lautete die Diagnose Krebs, Rachen-Krebs. Es haute mich um, und ich hörte auf zu rauchen, was mir allerdings sehr schwerfiel. Seit meinem 14. Lebensjahr hatte ich geraucht. Diese Gewohnheit aufzugeben, war sehr schwierig für mich. Denn ich wusste nicht, womit ich mich jetzt beruhigen sollte. Als ich damals im Krankenhaus lag, sprach Gott wieder sehr eindringlich mir mir:

„Henry, was soll noch passieren, damit du hinschaust?! Wie krank willst du werden, damit du etwas änderst?"

Auch hier gab es eine Nacht, die mich mit Träumen bedrängte. Ich solle wach werden! Aber ich hatte ja keine Zeit und fühlte nicht, dass ich für meine Erkrankung selbst verantwortlich war. Eigentlich haderte ich jetzt erst recht mit Gott und der Welt, dass ich krank war. Mir war nicht klar, dass ich jetzt noch die Zeit gehabt hätte, etwas zu ändern. Ich trank weiter, stritt mit meiner Frau, mit meinen Kindern und überhaupt mit jedem, der sich mir in den Weg stellte. Die Welt war schlecht, und alle waren mir feindlich gesonnen.

Und so kam es dann zum heutigen Tag: Die Diagnose Krebs erschien wieder in meinem Leben. Doch heute ist irgendetwas in mir passiert, ich kann es noch nicht so genau sagen, aber etwas hat mein Herz geöffnet. Gott vielleicht? Aber was will Gott von mir? Ich habe all die Jahre keine Zeit für Gott gehabt, warum will er mich jetzt sprechen?

Die Regentropfen prasselten immer noch gegen mein Fenster, und ich hatte das Gefühl, ich musste etwas finden. So stand ich auf und mein Weg ging über den Flur, die Treppe hinauf, an den Bildern unserer Kinder und Enkelkinder vorbei, hinauf zum Dachboden. Ich konnte nicht einmal genau sagen, warum ich hier etwas suchen oder finden wollte. Es war nur ein großes Gefühl, dem ich mich nicht widersetzen konnte.

Mit der letzten Stufe machte ich das Licht an und verfing mich in einem Spinnennetz. Ich wischte mir die Fäden aus dem Gesicht und schaute mich um. Links in der Ecke lagen die Weihnachtssachen, Christbaumkugeln, ein lebensgroßer Weihnachtsmann, ein alter Holzschlitten und noch viel mehr alter Kram. Dann fand ich in einem Regal einen Karton, der ein wenig vorstand. Ich wollte ihn schon reinschieben, da sah ich, dass ein altes Buch drauf liegt. Eine alte Bibel. Meine Mutter hatte sie mir vor vielen Jahren geschenkt. Sie lag schon ewig hier oben, denn die Staubschicht darauf sprach Bände. Mit der Hand wischte ich über den Buchdeckel und schlug die Bibel zum ersten Mal in meinem Leben auf. In diesem Augenblick waren diese Worte einfach da:

Erkenne deinen Wert, suche nicht im Außen, sondern suche in dir. Glaube an dich und deine Bestimmung, fange an hinzuschauen.

Mein Herz klopfte ein wenig schneller, und schnell schlug ich den Deckel wieder zu. Wo sollte ich denn in mir suchen?

Ich für meinen Teil hatte für heute erst einmal genug. Der Bibel und den Gedanken, die mich über etwas nachdenken ließen, die mein ganzes Leben in Frage stellten, konnte und wollte ich nicht nachgehen. Spirituelle Gedanken waren mir fremd. Unfähig mich auf eine solche geistige Stufe zu stellen, blieb ich einfach auf meinen bekannten Wegen und sagte laut zu mir: „Ich habe jetzt ganz andere Sorgen. Was soll ich machen? Ist die Chemotherapie wirklich eine Möglichkeit für mich? Ich habe Angst."

Ich legte die Bibel zurück und stieg hinunter ins Wohnzimmer. Meine Frau kam gerade vom Einkaufen zurück, und wir sprachen darüber, was sie denn zum Mittagessen kochen sollte. Eigentlich war es mir egal! Was war schon Mittagessen?! Es ging gerade um mein Leben! Aber ich wusste, wenn ich das jetzt sagte, würde sie mich wie ein Auto anschauen. Ich hatte schon lange keinen Zugang mehr zu ihr. Ich wusste gar nicht, was passiert war oder wann es passiert war. Ich liebte sie, aber sagen konnte ich es ihr nicht. Ich fühlte mich oft nicht verstanden von ihr. Ich hatte das Gefühl, sie wollte gar nicht sehen, wie viele Schmerzen und Einschränkungen ich zu tragen hatte. Also sagte ich ihr: „Wir könnten heute Frikadellen mit Kartoffeln machen." So hatte ich meine Ruhe. Sie kochte das Mittagessen und ich setzte mich noch etwas vor den Fernseher. Da brauchte ich nichts zu sagen, das war mir lieber. Um zwölf Uhr gab es Essen, weil es immer um zwölf Uhr Mittagessen gab. So war das Essen eine feste Größe in meinem Leben. Es war etwas, auf das ich mich verlassen konnte. Bei all dem dachte ich immer, so sah Leben aus. Man heiratete, bekam Kinder, zog sie groß – ja, und dann vielleicht ... ach, ich wusste auch nicht, so weit hatte ich nicht gedacht. Ich gönnte mir noch ein, zwei Gläser Wein, damit meine Gedanken Ruhe gaben. Dann konnte ich vielleicht entspannen und ein Mittagsschläfchen machen. Denn nach dem Mittagessen schlafen wir immer, ja, auch das war eine feste Größe in unserem Leben. Und vielleicht gingen wir dann am Nachmittag in unseren Schrebergarten „Nach dem Rechten sehen". Danach Abendbrot, Fernsehen, noch einen oder zwei Schnäpse und noch ein Bier, dann hatte ich den Tag wieder rumgekriegt.

Es wurde Abend und meine Gedanken waren immer wieder bei der Bibel. Gegen 20 Uhr entschied ich mich, noch einmal nach oben auf den Dachboden zu gehen. Elisa schaute in der Küche Fernsehen. Da wir uns oft nicht auf ein Programm einigen konnten, hatten wir ein zweites Gerät angeschafft. So fiel es gar nicht auf, dass ich nicht im Wohnzimmer saß. Leise schlich ich mit erwartungsvollem Herzklopfen hoch. Der Karton stand

immer noch auf dem Boden, wo ich ihn heute Morgen zurückgelassen hatte. Ich nahm einen alten Hocker und setzte mich vor die Kiste. Ich legte die Bibel auf meinen Schoß. Aus dem Augenwinkel erblickte ich ein altes Foto aus Kindertagen. Eine Aufnahme in Schwarz-Weiß zeigte meine fünf Brüder und meine zwei Schwestern. Wie schwer es oft war, in Kontakt zu bleiben! Mit dem einen war es schwer, weil wir so weit voneinander entfernt lebten. Mit dem anderen war es schwierig, weil ich oft recht haben wollte. Hätte ich meine Geschwister anders behandeln sollen?, fragte ich mich. Hätte ich meinem Bruder vergeben sollen, dass er sich in mein Leben eingemischt hatte? Hätte ich meine Schwestern einfach so leben lassen sollen, wie sie leben wollten? Und während ich darüber nachdachte, stieg ein angenehm warmes Gefühl in meinem Herzen hoch. Und mit dieser Wärme kam auch wieder die Stimme zu mir:
Henry, Vergeben fängt bei dir an. Es liegt in dir, wie viel Schweres oder Leichtes du in deinem Leben erfährst.

All das war doch komisch: Da kamen mir Gedanken über Vergeben, als ob ich etwas zu vergeben hätte. Ich legte das Bild zurück und nahm die Bibel von meinem Schoß. Auf der ersten Seite fand ich eine Widmung, die ich heute Morgen noch nicht gesehen hatte.

Sei beschützt und sei dir der Quelle des göttlichen Lichts bewusst.
Das Wort Gottes wird in vielen Sprachen gesprochen,
aber immer ist es die Sprache der Liebe.
Nutze die Stille des täglichen Seins, um zu wachsen.

Die Worte waren nicht unterschrieben. Ich hatte keine Ahnung, wer sie geschrieben hatte. Es fiel mir aber sehr schwer, diese Worte zu verstehen oder zu leben. Ich war mein ganzes Leben lang nicht religiös oder spirituell gewesen. Mir ist Gott noch nie begegnet, dachte ich bis zu diesem Zeitpunkt jedenfalls. Aber irgendetwas ist doch passiert! War das meine Krankheit? Ich wusste es nicht. Mir fiel nichts Besseres ein, als nach unten ins Wohnzimmer zu gehen und Alkohol zu trinken, um mein Gedankenkarussell zu stoppen. Dann setzte ich mich wieder vor die Flimmerkiste und versuchte meinen Kopf zu sortieren. Das war alles zu viel für mich. Erst die Diagnose und jetzt das.

Was wollte Gott von mir?

Nach einem langweiligen Restabend vor dem Fernseher ging ich schließlich frustriert schlafen. Die Nacht wurde wieder sehr unruhig. Als ich endlich einschlafen konnte, träumte ich von meinem Freund Peter. Wir hatten uns schon lange aus den Augen verloren. Aber der Traum war so real, dass es sich so anfühlte, als wäre es wirklich geschehen. In meinem Traum kam Peter zu Besuch und wir redeten über alte Zeiten. Er sagte, er habe schon öfters an mich gedacht, aber er sei nie dazu gekommen anzurufen. Und dann hatte er einen Traum und in diesem war es so, dass ich seine Hilfe bräuchte. Und in meinem Traum kam eine Botschaft dazu in mein Herz:

Mein Freund, wo bist du gewesen, als ich dich suchte?
Warum warst du nicht an meiner Seite, als ich dich brauchte?
Erst jetzt wird mir bewusst, dass ich es war, der nicht da war,
dass ich zu beschäftigt war mit mir, um dich zu sehen.
Aber erkannt zu haben, dass wir jetzt Freunde sein können,
weil wir es wünschen, erfüllt mein Herz mit Liebe und Freude.

Als ich morgens erwachte, dachte ich über die Freundschaften in meinem Leben nach. Lange war es her, dass ich einen Freund hatte. Dass Freunde wichtig sind, hatte ich ganz vergessen. Aber jetzt musste ich erst einmal aufstehen und meinen Termin im Krankenhaus wahrnehmen. Meine Frau Elisa und meine Tochter Sara, sie ist eine von den Zwillingen, gingen mit. Ich war froh, dass Sara mich begleitete. Sie arbeitete als Krankenschwester und kannte sich in der Medizin ein wenig aus. Es fühlte sich gut an, dass sich jemand um mich kümmerte.

Da klingelte es schon, Sara kam. Sie begrüßte mich mit den Worten: „Guten Morgen, Paps. Wie geht es dir heute? Seid ihr startklar?" Auf die erste Frage antwortete ich erst gar nicht, sondern sagte nur: „Guten Morgen, Sara, wir müssen nur noch die Jacke anziehen."

Sara erzählt uns, dass es wegen einer Baustelle am Krankenhaus immer schwirig war, einen Parkplatz zu bekommen. Nachdem Sara auch ihre Mutter begrüßt hatte, machten wir uns auf den Weg. Elisa erkundigte sich bei Sara, wann sie heute arbeiten müsse. So erfuhren wir, dass sie heute Spätdienst hatte und wir genügend Zeit hätten. Die Fahrt verlief schweigsam. Niemand wusste, was er sagen sollte. Wir näherten uns dem Krankenhaus und fuhren auf den Parkplatz. „Schaut mal, da fährt einer raus. Prima, der Parkplatz ist wie für uns bestellt. Mama, da brauchen wir auch nicht so weit zu laufen." Sara plauderte einfach los, um die Stimmung etwas aufzulockern. Die Onkologie war in einem Nebengebäude im zweiten Stock. Nachdem wie uns angemeldet hatten, wurden wir gebeten, noch eine Weile Platz zu nehmen. Jeder hing seinen Gedanken nach und auch ich versank tief in meiner inneren Welt. Vor meinem geistigen Auge entstand eine Gestalt. Es ist schwer zu beschreiben, aber sie sah aus, als ob dieser Jemand, dessen Stimme ich schon öfter gehört hatte, mir heute sein Bild zeigen wollte. Oder vielleicht dachte ich, ich müsste ein Bild haben. So sah ich einen gütigen, kleinen, älteren Mann, der an einem Baum lehnte. Er hatte etwas Väterliches an sich. Mehr konnte ich nicht wahrnehmen. Er sprach zu mir.

„Vor langer Zeit entschieden sich die Seelen auf die Erde zu gehen, so auch du, Henry. Und als ihr das Licht völlig vergessen habt, gab es eine Seele, die sich erinnerte. Und sie sprach:

Wir suchen nach dem Wert des Lebens, unserem Wert.
Wir suchen nach der Freiheit, unserer Freiheit.
Wir suchen nach der Vergebung, unserer Vergebung.
Wir suchen nach den Entscheidungen, unseren Entscheidungen.
Wir suchen nach dem Glauben, unserem Glauben.
Wir suchen nach der Wahlfreiheit des Lebens, unserer Wahlfreiheit.
Wir suchen nach der Liebe, unserer Liebe.
Wir suchen nach der Heilung, unserer Heilung.
Wir finden all das bei uns durch Gott.
So ist es deine Entscheidung, Henry, was du hören und sehen oder finden willst."

„Herr Sonnenfeld, Herr Sonnenfeld", rief mich jemand. „Oh, ich war ganz in Gedanken", erwiderte ich. Ich war weit entfernt gewesen von der Wirklichkeit. Sara schaute mich an und fragte: „Papa, ist alles in Ordnung, machst du dir Sorgen?" Ich hatte keine Zeit, darauf zu antworten, denn wir mussten ins Arztzimmer. Dr. Hass, ein kleiner untersetzter Mann mit Brille, begrüßte uns und sagte: „Setzen Sie sich doch."

Er sah ein wenig so aus wie der Mann, der in der Nacht mit mir gesprochen hatte. Konnte das sein? Ich schob die Gedanken weg. Dr. Hass begann in den Unterlagen zu blättern und fand erst nach einigen Minuten seine Worte: „Herr Sonnenfeld, ich habe mir Ihre Untersuchungsergebnisse angeschaut und ich denke, wir könnten es mit einer Chemotherapie versuchen, da Sie bis jetzt noch keine bekommen haben. Vielleicht können wir das Wachstum der Zellen zum Stillstand bringen."

Ich saß stumm wie ein Fisch auf meinem Stuhl und überließ Sara das Gespräch. Wir bekamen die Information, dass ich die Chemotherapie stationär machen könnte, und am besten würde man mir einen Port legen, damit das Stechen des Zugangs für mich nicht so belastend sei. Mir war alles egal. Wenn er meinte, dann machen wir das so. Meine Frau sagte auch nicht viel. Ich glaube, sie war genauso überfordert wie ich. So wurde es beschlossen: Ich entschied mich für die stationäre Chemotherapie, am nächsten Tag sollte es losgehen. Keine Zeit für lange Überlegungen.

Es war Mittag geworden, als wir das Krankenhaus verließen, ich lud meine Frauen zum Essen ein. Um die Ecke war ein Italiener und ich hatte ein besseres Gefühl, wenn ich meiner Tochter als Dank für den Zeitaufwand wenigstens ein Essen bezahlen konnte. Ein beängstigender Film lief vor mir ab: ich mit ausgefallenen Haaren, Übelkeit und Durchfall. Es fiel mir schwer, mir vorzustellen, mich so schwach zu fühlen. Nachdem wir zu Hause angekommen waren, ging ich in unseren Schrebergarten. Ich musste mich ein wenig ablenken. Während ich dort arbeitete, versank ich wieder völlig in meiner Gedankenwelt. Und ich fühlte mich plötzlich ganz klar: Ich sah diesen Mann von heute Morgen an unseren Walnussbaum gelehnt. Wie ein Heiliger stand er fest verwurzelt auf dem Boden meines Gartens. Das Väterliche in ihm spürte ich noch intensiver. Aber irgendetwas war da, das ich nicht in Worte fassen konnte. Er hob seine Hände, hielt sie über meinen Kopf und sprach:

Henry, ich bin bei dir jetzt und alle Zeit.
Du sollst wachsen, es ist besonders, du bist besonders.
Kind des Lichts, Kind der Liebe, Kind der Weisheit, Kind der Heilung.
Kind, öffne dich, öffne dein Herz für mich, und ich erkenne dich.

Nach diesen Worten verschwand der Mann. Ich schaute zum Walnussbaum und sah nichts. Ich schüttelte den Kopf und konnte nicht glauben, was ich gerade erlebt hatte.

Ich versuchte, mich auf meine Gartenarbeit zu konzentrieren. Nachdem ich das Laub aufgehoben hatte, schaute ich nun den Rasen genauer an und sagte laut zu mir: „Ja vielleicht muss ich alles ganz anders machen, damit sich etwas ändert. All das Moos und Unkraut im Rasen sollte ich vielleicht nicht nur wegzupfen, sondern alles umgraben und neu säen." Während ich mir Gedanken über den Rasen machte, bemerkte ich wieder das sonderbare Gefühl in meinem Körper. Mein Herz schlug schneller und dann war es so, als ob ich zu mir selbst sprach:

Nichts ist mehr wie gestern,
alle Vorstellungen von meinem Leben,
von meinem Weg, sind nicht mehr da.
Tiefe Verzweiflung über mich und meinen Weg macht sich breit.
Wo, wenn nicht jetzt, wo, wenn nicht hier, soll ich sein?
Ich brauche die göttliche Unterstützung, um in Frieden leben zu können.

Bei diesen Worten merkte ich, wie sich trotz des bedeckten Himmels die Sonne durchsetzte. Und ich schaute hinauf in den Himmel und sah auf einmal eine Wolke, die fast wie ein Herz aussah. Ich rieb mir die Augen und schaute noch mal hinauf. Und dann sprach die Stimme wieder mit mir:

„Henry, es gibt so viele Dinge, die du noch nicht kennst.
Glauben heißt Sehen.
So suche den Weg zu deinem Herzen, und du findest dich!"

Das sprach mein väterlicher Freund, und mit diesen Worten war ich wieder im Jetzt. Ich hatte so etwas noch nie erlebt. Was sollte ich tun?

Ich hörte es in meinem Herzen, aber ich verstand es nicht. Was wollte Gott? Ich schaute erneut in den Himmel, aber ich konnte nichts Ungewöhnliches mehr sehen. Die Sonne hatte sich hinter den Wolken verzogen und die Wolken sahen alle ganz gewöhnlich aus. Hatte ich es mir nur eingebildet? Aber ich hatte es doch gefühlt und ich hatte es auch gehört. Irgendetwas stimmt nicht mit mir! Die nächsten Stunden arbeitete ich ohne Vorkommnisse weiter. Mit vielen Fragezeichen in mir machte ich mich nach getaner Arbeit auf den Weg nach Hause.

An einem Dienstagmorgen machte ich die Augen auf und merkte, dass mein Gehirn schon wieder auf Hochtouren arbeitete. Immer wieder fragte ich mich: „Was spricht in mir, wer spricht mit mir?" Ich war nicht imstande darüber zu sprechen. Mit wem auch? Alle dachten sicher, jetzt ist er total durchgeknallt. Der Tag verlief ruhig. Wir folgten unserer festen Routine: Mittagessen um zwölf Uhr, dann ein Schläfchen, nach dem Abendessen fernsehen, dann hatte ich auch diesen Tag geschafft. Schlafen und versuchen, nicht zu denken. Das fiel mir ausgesprochen schwer.

Morgen musste ich ins Krankenhaus zur Chemotherapie. Man wollte mir einen Port legen (einen künstlichen Zugang zu einem

Blutgefäß), der mir das lästige Infusionsstechen ersparen sollte. Mein Gedankenkarussell war eingeschaltet, und ich wälzte mich von der einen Seite auf die andere. Als ich endlich eingeschlafen war, träumte ich von Gott. Wir saßen auf einer Bank in meinem Garten und sprachen über das Lebensfeuer. Es kam mir ganz natürlich vor, Gespräche mit Gott zu führen.

„Henry, was brauchst du jetzt, um etwas zu ändern?", fragte mich Gott.

„Vielleicht brauche ich etwas, das dieses Feuer in mir entfacht? Das Lebensfeuer." Fragend schaute ich Gott an und hatte gleichzeitig Angst davor, dass er mich nicht erst nahm.

„Henry, habe keine Angst, ich nehme all deine Worte und Gedanken ernst, vielleicht ernster als du selbst. Du hast recht, es wird um eine Zündung gehen. Um die Zündung für deine Heilung", sagte er lächelnd.

„Gott, warum willst du, dass ich gesund werde? Ich habe doch so viel falsch gemacht."

„Ich wünsche für jede Seele die gelebte Vollkommenheit auf dieser Erde. Henry, du bist es, der sich gerade entschieden hat, geheilt zu werden. Ich kann deine Wahlfreiheit nicht antasten, aber wenn du dich entschieden hast, dann stehen uns alle Wege offen.

Sprich mir die folgenden Worte nach:
‚Entzünde mein Feuer, lass mich leben, erleuchtet in dieser Welt.
Lass alles Dunkle sich erhellen, lass dieses Feuer ewig sein.
Die Liebe macht es hell und kraftvoll, damit es nie erlischt.
Entzünde mein Feuer'."

Mit Tränen in den Augen sprach ich diese Worte und ich hatte das Gefühl, es entzündete sich wirklich etwas in meinem Inneren. Als ich am Morgen aufwachte, fühlte ich mich irgendwie anders.

Ich drehte mich nach rechts und neben mir lag wie immer Elisa. Sie schlief noch. Und nach langer Zeit schaute ich sie wieder einmal richtig an. Ich war so froh, dass sie an meiner Seite war, und ich war mir auf einmal bewusst, dass ich etwas ändern wollte an unserer Beziehung. Mein Herz fühlte wieder etwas. Ich spürte sie in ihrer ganzen Ausdehnung. Dass sie trotz unserer Streitigkeiten immer bei mir geblieben war. Eine andere Frau wäre vielleicht schon lange gegangen. Dass sie mein Trinken aushielt und auch meine Kälte, die ich so lange gelebt hatte. „Dass es dich gibt, Elisa, macht mich froh", dachte ich, und es fühlte sich sehr gut an. Genau in dieser Sekunde, hier und jetzt, wollte ich es ändern. Ich wollte die Verantwortung für mein Leben übernehmen.

So stand ich auf und machte Frühstück. Elisa brachte ich eine Tasse Kaffee ans Bett und weckte sie mit den Worten:
„Guten Morgen, Elisa, ich habe Kaffee gemacht, magst du eine Tasse?" Sie öffnete die Augen, sah mich mit dem Kaffee vor ihr stehen und fragte völlig irritiert:
„Guten Morgen, Henry, ist etwas passiert? Seit wann bringst du mir Kaffee ans Bett? Geht es dir nicht gut? Ist etwas mit den Kindern?"

Sie wusste gar nicht, wie ihr geschah. Noch nie hatte ich ihr Kaffee ans Bett gebracht und deshalb schaute sie mich verständlicherweise sehr kritisch an und stellte mir all diese Fragen. Ich erklärte ihr:
„Nein, nein, es ist alles in Ordnung. Ich wollte dir nur eine Freude bereiten." Und ehe mich der Mut wieder verließ, sagte ich schnell:
„Es tut mir leid, wenn ich die letzte Zeit nicht sehr nett zu dir war." Elisa schaute mich immer noch verwundert an und sagte:

„Ja, das stimmt, aber ich war auch nicht viel besser. Danke, Henry, dass du den ersten Schritt gemacht hast, das bedeutet mir sehr viel." Wir saßen noch eine Weile schweigend im Bett zusammen und tranken unseren Kaffee. Dann standen wir auf, denn ich musste ins Krankenhaus. Heute fühlte ich mich recht gut. Ein kleiner Schimmer von Hoffnung machte sich in meinem Herzen breit, dass ich doch noch gesund werden könnte. Das Schweigen auf dem Weg ins Krankenhaus war nicht unangenehm. Es fühlte sich friedlich an, als hätten wir nach einem Krieg Frieden geschlossen.

Eine Krankenschwester erklärte mir die Schritte, die nun getan werden mussten, und verließ dann das Zimmer. Auch Elisa verabschiedete sich und sagte:
„Ich komme heute Abend noch einmal vorbei." Dann war es still im Raum, und ich versank in meinen Gedanken. Ich war sehr froh, dass ich Elisa begegnet war, alles fühlte sich plötzlich so anders an. Und ich wusste, dass ich auf sie gewartet hatte.

Erfüllt von Glück, in Vertrauen gehüllt,
kannst du lieben, wie in keinem anderen Leben.

Du kannst träumen, du kannst bauen,
du kannst Liebe neu entflammen,
wie in keinem anderen Leben.

Erfüllt von Liebe, wartest du auf mich,
wartest auf deine Bestimmung,
wie in keinem anderen Leben.

Erfüllt von Bestimmung, gehüllt in Liebe,
erkennst du mich, wie in keinem anderen Leben.
Erfüllt im Du und Ich, entsteht ein Wir,
wie in keinem anderen Leben.

Du kannst sprechen von Bestimmung.
Du kannst sprechen von Glück.
Du kannst sprechen von Vertrauen.
Du kannst sprechen von Glauben.

Du kannst sprechen von Liebe,
wie in keinem anderen Leben.
Aber leben sollst du es wie in all den früheren Leben,
nur größer, schöner und liebevoller.

Werde eins mit deiner Bestimmung,
werde eins mit deinem Glück,
werde eins mit deinem Vertrauen,
werde eins mit deinem Glauben,
werde eins mit deiner Liebe,
wie in keinem anderen Leben.

Völlig in mich versunken bemerkte ich nicht, wie die Türe aufging und ein Arzt in mein Zimmer eintrat. Erst als er mich ansprach, kam ich zurück in die Realität.
„Guten Morgen, Herr Sonnenfeld, mein Name ist Dr. Runge. Ich bin hier der Assistenzarzt. Wie geht es Ihnen heute? Haben Sie Schmerzen?"
„Es geht, ich habe meine Schmerzmittel schon genommen."
„Herr Sonnenfeld, ich möchte Ihnen erklären, wie wir jetzt weiter vorgehen."
Nun folgte eine lange Erklärung mit vielen Fremdwörtern und ich hörte kaum zu. Und wie so oft, wenn etwas mich überfor-

derte, ließ ich alles an mir vorbeiziehen. Er erklärte mir, dass sie mir morgens den Port legen und dann am Abend mit der Chemotherapie beginnen würden. Aber das bekam ich schon nicht mehr mit. So lief der ganze Tag ab, mit Warten. Ich hatte keine Ahnung, wann es losgehen sollte. Als meine Töchter zu Besuch kamen und ihre Fragen stellten, konnte ich eigentlich keine Antwort geben, denn ich hatte ja nicht richtig zugehört. Aber auch dieser Tag neigte sich irgendwann mal dem Ende zu. Ich ließ mir von der Nachtschwester eine Schlaftablette geben, damit ich vielleicht diese Nacht ruhig schlafen konnte. Bald schlief ich ein und träumte. Ich sah mich als Kind mit meinem Bruder im Wald Holz holen. Michael war mein Lieblingsbruder. Der Bruder, den ich am liebsten hatte, weil wir uns ohne viele Worte verstanden. Aber er war schon vor 15 Jahren an einem Herzinfarkt gestorben. Und in diesem Traum sprach mein Bruder zu mir:

Henry, sieh den Wandel, wir brauchen die Erneuerung.
Der Winter ist zur Einkehr da, um innezuhalten.
Im Frühling kann alles wachsen, es kann etwas Neues entstehen.
Der Sommer bringt es zur vollen Pracht, und der Herbst bringt die Ernte.
So ist es auch in deinem Leben:
Alles braucht seine Zeit,
jeder Wandel ist wichtig,
sei dir dessen bewusst.

Diese Worte wühlten mich auf und im Schlaf dachte ich: Wie kann das sein, dass ein Toter mir etwas sagt? Trotz dieses Traumes schlief ich die ganze Nacht. Ich wachte ausgeruht auf und war sehr dankbar für diesen Traum. Bevor heute die Behandlung durchgeführt werden sollte, beschloss ich, Elisa zu bitten, mir ein Buch über morphische Felder zu besorgen. Ich hatte im Fernsehen einen Bericht über Tiere gesehen, die wussten, wann ihr Herrchen nach Hause kam. Vielleicht gab es ja auch Informationen, die von Verstorbenen weitergetragen wurden.

Am Abend begann die Chemotherapie. Ich stellte für mich fest, dass es gar nicht so schlimm aussah, denn es wurden nur Infusionsflaschen benutzt. Eine helle Flüssigkeit, die ganz harmlos aussah. Wenn ich jetzt außerdem die richtige Information mit hineingab, vielleicht konnte ich dann wirklich gesund werden. So hatte ich von diesem Zeitpunkt an angefangen, nicht gegen den Krebs zu kämpfen, sondern mit jedem Tropfen Flüssigkeit, der durch den Schlauch tropfte, ließ ich Licht und Liebe in meinen Körper fließen. Es gelang mir zwar nicht sofort, denn es gab immer wieder Phasen, in denen ich von meinem Ego übermannt wurde und alles anzweifelte. Als die dritte Infusionsflasche lief, ging mein Blick Richtung Fenster. Die grünen Vorhänge waren ein Stück zur Seite gezogen und ich konnte den Himmel sehen. Viele Wolken zogen vorbei, denn der Wind wehte kräftig. Wie in einem Trancezustand tauchte ich in die Wolkenwelt ein, bis ein vertrautes Gefühl in mir hochstieg und mir wieder eine Nachricht brachte.

So wie die Wolken am Himmel ziehen, so kann auch ich ziehen.
Ich kann mich mit anderen Wolken zusammentun.
Ich kann meine Form verändern, aber ziehen kann ich immer
mal langsam, aber auch mal schnell, wenn der Wind es will.

Wenn die Wolke ihre Form ändern konnte, dann konnte ich vielleicht die Form meiner Zellen auch verändern. Ist die Natur tatsächlich unser bester Berater? Sollten wir den Wandel der Jahreszeiten als Hinweis sehen? Dass sich alles ändern konnte, anpassen konnte an die Gegebenheiten, die nötig sind? Diese Fragen beschäftigten mich, und ich mochte mir damals kaum vorstellen, dass ich es sein könnte, der verantwortlich dafür war, dass ich krank dort lag. Es passte so gar nicht in meine Sicht des Lebens. Ich dachte, die Umwelt, die Arbeit, der Stress hätten mich krank gemacht. Sollte das nicht wahr sein, fiel mein Kartenhaus zusammen. Ich begriff nicht, wie ich es zulassen konnte, meinen Körper krank werden zu lassen. Als ob ich Gott gerufen hätte mit meinen Gedanken, war er wieder in meinem Herzen. Und wieder war er so lebendig, dass ich ihn sehen konnte. Er trat in mein Zimmer, kam an mein Bett und sprach mit weicher, aber voller Stimme:

„Hallo Henry, schön, dass du mich gerufen hast."
„Ich habe dich gerufen?", fragte ich ihn verwundert.
„Ja, Henry. Es ist nicht so, dass du nur deinen Körper hast krank werden lassen. Du hörtest nicht auf deine Seele, sie rief und wartete, aber du warst zu beschäftigt, wolltest es später erledigen. Deine Seele wartete geduldig, aber irgendwann war ihre Geduld zu Ende. Nicht um dich zu strafen, sondern um dich in diesem Leben zu erwecken, schickte sie dir diese Krankheit. Aber du wolltest weiter nicht hinschauen, du hast all deine Energie in die Krankheit gesteckt, statt in die Liebe. Du hast die Menschen, die dich lieben, weggestoßen. Du brauchtest offenbar diese große Prüfung, um nun hier ausgeliefert in deinem Körper zu liegen, zu fühlen und zu hören. Jetzt kannst du neu entscheiden, Henry. Du kannst es neu entstehen lassen."

Dann war Gott wieder weg. Auch wenn ich ihn mit meinen Sinnen wahrgenommen hatte, spielte mein Kopf verrückt. Mit jeder Minute, die verstrich, hatte ich eine neue Erklärung für das Phänomen. Ich beschloss, das nicht zuzulassen; und mit aller Energie, die ich hatte, nahm ich ein Buch zur Hand, um all die Gedanken zu vertreiben. Doch so einfach machte es mir Gott nicht! Im nächsten Augenblick war eine neue Botschaft da:

Gott ist meine Wurzel, die Wurzel des Seins.
Die Wurzel des Wachstums, die Wurzel der Erneuerung.
Altes abzuwaschen, um Neuem Platz zu machen.
Eintauchen in mein Leben, einmal aktiv, einmal passiv,
als Einheit mich verbunden fühlen.
Wissen, das Empfangen fängt bei mir an,
weil ich es zulassen kann und darf.

Das klang alles so richtig, es fühlte sich so tröstend an. Hieß das, dass ich Heilung empfangen durfte? Wie finde ich zu meiner Wurzel, oder findet sie mich? Dieser Gedankenstrom wurde unterbrochen, denn meine Tochter Marie kam zu Besuch. Froh über die Ablenkung, freute ich mich sehr. Marie begrüßte mich und fragte, wie ich mich fühlte. Wir sprachen kurz über die kleinen und großen Unannehmlichkeiten dieses Aufenthaltes, bis Marie mir von meinem Enkel Paul erzählte, der gerade in die Schule gekommen war. Mir fiel auf, dass wir uns hier im Krankenhaus gut unterhalten konnten. Zu Hause sprachen meine Töchter eigentlich hauptsächlich mit Elisa. Vielleicht lag das daran, dass ich bis jetzt wenig Interesse an ihrem Leben gezeigt hatte. Außerdem hatte ich das Gefühl, sie lebten freier. Aber weshalb? Ich hatte sie doch so erzogen, wie ich selbst erzogen worden war. War es die Zeit, die alles veränderte? Jetzt machte ich es schon wieder, ich tauchte ab in meine Gedankenwelt. So hörte ich Marie wie durch einen Schleier fragen:
„Papa, hörst du mir überhaupt zu?"

„Ja, sicher, ich dachte gerade an früher, an eure Kindheit." Das war ein wenig geschwindelt. Um ihre Aufmerksamkeit abzulenken, fragte ich Marie schnell:
„Weißt du noch, wie wir früher wandern gegangen sind? Ihr hattet alle drei einen Wanderstock und seid gelaufen wie die Bergziegen."
„Nein, daran kann ich mich gar nicht erinnern. Haben wir nicht immer Urlaub am Meer gemacht?", fragte Marie.
„Später, als ihr älter gewesen seid, schon. Weil es einfacher für uns war. Ihr wolltet lieber schwimmen und im Wasser toben, und so war der Urlaub für deine Mutter und mich auch entspannter. Aber als ihr noch kleiner wart, sind wir öfter in die Berge gefahren."
Während ich das sagte, verlor ich mich wieder in der parallelen Welt, in der ich das folgende Gedicht zum Geschenk bekam:

Frei wie ein Vogel,
mutig wie ein Tiger,
kraftvoll wie ein Bär konnte ich sein.
Voller Lebensfreude spürte ich meinen Körper.
Hatte Kontakt zu meiner Seele, lebte jeden Augenblick erfüllt,
in dieser Zeit des Urlaubs.
Ohne eine Verpflichtung zu haben
liebte und lachte ich mit meiner Familie.

Wo war es geblieben, mein Lachen? Plötzlich hörte ich mich sagen:
„Marie, es ist schön, dass du gekommen bist. Es tut gut zu wissen, dass es euch, meine Familie, gibt." Meine Tochter schaute mich an und Tränen traten ihr in die Augen:
„Aber Papa, natürlich komme ich zu dir. Ich hab dich doch lieb."

Und dann nahm ich meine Tochter plötzlich in die Arme. Ich wusste gar nicht, wie lange es her war, dass ich das getan hatte. Ich bemerkte, dass sich etwas verändert hatte. So wie schon bei Elisa, passierte es auch bei Marie. Es war schwer auszuhalten und es machte mir Angst. Aber ich konnte spüren, dass sich mein Herz plötzlich öffnete, und das tat mir so gut. Meine Tochter blieb noch eine Weile und sie verabschiedete sich und wir wussten beide, dass heute etwas geschehen war, das von großer Bedeutung für uns beide war.

Die Tage in der Klinik gingen vorbei. Die erste Chemotherapie hatte ich geschafft. Danach verstrich die Zeit wieder einmal wie im Flug und es war kurz vor Weihnachten. Es schneite, und die Welt war ganz leise geworden. Es passierte nichts Aufregendes. Elisa und ich lebten unseren Alltag und doch spürte ich, dass ich mich verändert hatte. Ich half Elisa im Haushalt, war netter zu ihr und trank auch weniger Alkohol. Ich war ruhiger. Auch wenn ich an manchem Morgen noch die Anspannung spürte, so war ich an diesem besonderen Morgen aufgewacht und hatte eine Erkenntnis:

Ungeduldig wache ich auf, voller Anspannung spüre ich meinen Körper.
In mir verspüre ich den großen Wunsch nach der Ausgeglichenheit meines Seins. Ich heile selbst durch die Erkenntnis meines Tuns,
so werde ich mit jedem Atemzug ruhiger und ruhiger.
Ich erkenne, dass es keinen Druck, keine Eile in meinem Leben zu geben braucht,

denn Gott gibt mir die Zeit, meine Lebensaufgaben ruhig und geduldig und voller Demut zu leben.
Ich bin fest verwurzelt mit der Mutter Erde.
Ich erkenne das geistige Potenzial der anderen und mache mich frei von Kontrolle.
Ich hebe die verborgenen Schätze der Mitmenschen und bekomme so Zugang zu meiner Quelle, die vollkommen erstrahlt. Alle Anspannung weicht aus meinem Körper und ich lebe im Gleichklang.

Ja, es war wirklich so, die Anspannung ging und ich hatte das Gefühl, freier zu sein. Mehr ICH zu sein, nicht mehr getrieben zu sein. Und in mir wuchs auch das Gefühl, mich wieder auf einen anderen Menschen einlassen zu können. Bei meiner Frau und auch bei meiner Tochter Marie war es mir schon gelungen. Ich glaubte, auch wenn ich vielleicht nichts in meinem Leben ändern konnte, so wollte ich doch versuchen, netter zu sein. Ich hörte die Worte in mir:

Losgelöst vom Gestern bist du nun bereit, dein Leben zu ändern, denn es liegt an dir, frei zu entscheiden.

Ich konnte es ändern? Aber wie kann ich die Krankheit und meine Vergangenheit ändern? Das war doch alles schon passiert. Wie war es denn möglich, mich ohne das Gestern neu entstehen zu lassen? Die Antwort auf meine Fragen kam prompt:

Jede Zelle meines Körpers zu füllen in göttlicher Gnade kann ich heute durch den Entschluss zu heilen meinen Weg der Erkenntnis gehen. Es ist ein Weg, der geprägt ist von meinem Sein.
Alle gefühlten Ereignisse, die zu meinem Zustand geführt haben, beschließe ich jetzt hinter mir zu lassen.
Sie sind wie ein früheres Leben und haben nichts mit meinem heutigen Sein gemein.

Ich kann heute etwas Neues fühlen. Es strahlt und glänzt, es ist die allumfassende Liebe zu mir und deiner Schöpfung. Denn ich bin deine Schöpfung und mein Weg war lange schon geschrieben, nur vergaß ich, dass meine Seele meinen Körper füllt und nicht mein Körper meine Seele.
Und so kann ich mich heilen durch mich, weil meine Seele erfüllt ist vom Licht.

Die Weihnachtstage vergingen nicht so still, wie ich gedacht hatte. Den Heiligen Abend verbrachten wir wie jedes Jahr bei unserer Tochter Petra. Unsere Enkelkinder Melissa und Lisa waren wie alle Kinder sehr aufgeregt. Auch wenn es etwas ruhiger war als die Jahre zuvor, konnten die Kinder die Bescherung kaum abwarten. Unsere Familienrunde war kleiner geworden. Früher war Sara auch immer dabei. Aber leider verstanden sich Petra und Sara seit längerem nicht mehr so gut. Ich konnte auch nicht sagen, was mit den beiden los war. Immer hatte ich gedacht, unsere Familie bliebe in der Innigkeit, die es früher einmal gegeben hatte. Marie war mit Paul und ihrem Freund in den Urlaub gefahren. Als wir am Abend nach Hause kamen, wusste ich schon, was ich machen würde. Denn meinen Entschluss, noch mal auf den Speicher zu gehen, hatte ich schon beim Abendessen getroffen. Ich wollte, sollte, nach alten Erinnerungen suchen. Ich fand die alten Spielsachen der Kinder, ein Schaukelpferd, die ersten Schuhe von Petra und allerlei Kram, den man so noch aufgehoben hatte. Ich fühlte mich ruhig und ich dachte, es gab etwas, das ich jetzt erfahren sollte. Eine Wahrheit über mich, so wie ich wirklich war. Ja, wie war ich denn wirklich? Als ich jung war, dachte ich, ich könnte die Welt verändern und ich werde ewig leben. Aber jetzt fragte ich mich, wo waren meine Ziele und Träume geblieben? Was hatte mich veranlasst, meinen Weg zu verlassen? Oder war ich meinen Weg nie gegangen? Ich ließ meine Gedanken schweifen und wieder kam die Antwort schneller, als ich dachte:

Ziele und Träume des Lebens sind Visionen deiner Seele.
Gelebt und gefühlt als Mensch bringen sie die Erfüllung.

Wege des Herzens bleiben erhalten.
Zu jedem Zeitpunkt hast du die Wahl, sie zu erkennen und sie neu zu leben.
Jedem Augenblick lebst du dein Leben, welches du dir ausgesucht hast.
Es sind deine Wege. Wahrheit ist nur ein Blickwinkel,
deshalb kannst du dein Herz öffnen und nun deinen Weg der Erkenntnis gehen.

Was ich hörte, machte mich nachdenklich. Die Worte berührten mein Herz. Hatte ich wirklich zu jedem Zeitpunkt die Wahl? Konnte auch ich mein Leben jetzt ändern? Obwohl ich so krank war? Ich wusste es nicht. Sollte ich nicht lieber einen Arzt oder einen Therapeuten zu Hilfe nehmen? Ich glaubte, ich sei es gar nicht wert, ein anderes Leben zu führen.

Henry, du Licht, ich liebe dich. Ich bin froh, dass du fühlen willst.
Es ist dein ganzer Wert, auf den ich schaue. Deine großartige Seele hier auf Erden brauche ich,
du bist ein wichtiger Schlüssel des Lichts.

Als die Stimme das in mir sprach, wurde ich richtig ärgerlich. Voller Wut fragte ich:

„Ich soll ein wichtiger Schlüssel sein? Wie kommst du darauf? Bist du Gott? Oder wer bist du? Ich habe so vieles falsch gemacht, wieso denkst du, dass ich wichtig bin?"

Henry, es war so abgesprochen, es sollte so sein, dein Leben.
Die eine oder andere Abzweigung hast du genommen, weil du es nur so lernen konntest.
Aber sei gewiss, es ist so vorbestimmt. Ob ich Gott bin, das bestimmst du.
Ich bin die Liebe und das Licht, egal wie du mich nennen willst.

Immer noch aufgebracht, fragte ich zweifelnd:
„Die Liebe und das Licht, warum sind sie dann so weit weg? Warum fühle ich mich so losgelöst von der Welt?"

Weil du es so entschieden hast. Die Welt und die Liebe stehen dir immer zur Verfügung.
Es ist deine Entscheidung, es sind deine Verabredungen, die du als Seele getroffen hast.
Alle Wege, die du gegangen bist und gehen wirst als Mensch, bringen dir gefühlte Erfahrungen.
Und so ist es nicht wichtig, ob du in der Vergangenheit Dinge entschieden hast,
die dir nicht gutgetan haben, weil du es heute neu entscheiden kannst.
Und so können deine neuen Entscheidungen dich dahin führen, dich angebunden zu fühlen.

Aber ich glaubte nicht, dass ich mein Leben zu diesem Zeitpunkt noch ändern konnte. Warum war es so schwer, die eigenen Entscheidungen zu treffen? Warum passiert nicht einfach etwas von außen? Aus diesem Gespräch wurde ich erst durch die Worte von Elisa gerissen:

„Henry, wo steckst du denn?"
Ich hatte gar nicht bemerkt, wie die Zeit vergangen war. Ich war wohl doch länger oben auf dem Speicher gewesen, als es mir vorkam.
„Elisa, ich komme, ich habe nur etwas gesucht", antwortete ich.
„Oben auf dem Speicher? Und das am Heiligen Abend? Was hast du gesucht?"
Elisas Fragen brachten mich in Bedrängnis, ich musste mir jetzt etwas aus den Fingern saugen, um meinen Aufenthalt auf dem Speicher zu erklären. Denn ich konnte die Gespräche mit Gott noch nicht preisgeben. Ich hatte zu viel Angst, dass man mich für verrückt hielt. So sprach ich:
„Elisa, ich habe gedacht, ich würde alte Fotos finden." Elisa fragte mich verwundert:
„Alte Fotos? Henry, was suchst du wirklich?"
„Der heutige Abend hat mich an früher erinnert, und ich habe Fotos von unseren Kindern gesucht. Sind sie denn nicht oben?", fragte ich sie verwundert. Elisa erklärte mir, dass alle Fotos im Wohnzimmerschrank lägen, und wenn ich wollte, würde sie mir beim Suchen helfen. So verbrachten wir den restlichen Abend auf dem Fußboden und schauten uns alte Bilder an. Es war ein schönes Gefühl, etwas Gemeinsames zu machen. Es war spät geworden, bis wir endlich ein Ende fanden und ins Bett gingen.

Am nächsten Tag hatten sich Sara und Peter zum Mittagessen angemeldet. In einer ruhigen Atmosphäre fragte Sara mich, wie es mir ging. Und ich überlegte im Stillen: War es nicht sie, die sich mit so einem spirituellen Zeug auskannte? Ob ich sie fragen sollte? Es war so, als ob ich in der Lage wäre, zwei Gespräche gleichzeitig zu führen. Eines mit mir selbst, mit meinem Inneren, und das andere führte ich laut mit den Menschen, die um mich herumsaßen. Trotz der Zweifel nahm ich mir vor, mit Sara darüber zu sprechen. Ob ich ihr erzählen konnte, was alles so in meinem Kopf vorging? Wie Engel und Teufel auf meiner Schulter wog ich die einzelnen Schritte ab und kam zu dem Schluss: Wenn es einer versteht, dann wohl Sara. Sie ist die Tochter, die irgendwie anders war. Sie war schon immer die, die sich um die Irrwege unserer Familie gekümmert hat. Vor einigen Jahren hatte Elisa eine Depression gehabt und Sara sich um alles gekümmert. Gemeinsam mit ihrem Chef aus der Klinik hatte sie einen Aufenthalt in einer Spezialklinik ermöglicht. Innerhalb weniger Wochen war Elisa wieder auf Kurs. Auch um Marie kümmerte sich Sara immer, überhaupt hatte sie stets ein offenes Ohr für jedermann. Sie hatte schon ein besonderes Talent. Aber eigentlich wusste ich sonst nicht viel über sie Es hatte den Anschein, dass bei ihr alles so einfach abläuft. Sie klärte viele Dinge für sich allein, oder, anders ausgedrückt, sie teilte sie nicht mit uns.

Unser gemeinsames Mittagessen ging ganz ruhig zu Ende. Ich war ziemlich erschöpft, denn die Dinge, die in den letzten Tagen durch meinen Kopf gegangen waren, hatten mich viel Kraft gekostet. Ich war müde und ging an diesem Abend früh schlafen. In dieser Nacht träumte ich von Wellen, von Wiesen, von roter Farbe und von der Sonne, die leuchtete. Ich konnte es nicht einordnen, nur als ich am nächsten Morgen wach wurde, waren diese Zeilen in meinem Kopf. Ich schrieb sie auf:

Grün wie die Wiese, blau wie das Meer,
rot wie das Feuer, gelb wie die Sonne erstrahlt das Leben.

Es erreicht mich nicht mehr, zu weit weg bin ich von dir,
alles Leuchten scheint erloschen, ich kenne meinen Weg nicht mehr.

Wo wandle ich, wo bin ich zu Hause, kannst du mir den Weg zeigen aus dem Tal der Finsternis? Wo ist das Leuchten in meinem Herzen, wie werde ich frei?

*Lass mich die Farben des Regenbogens sehen,
lass mich den Zugang zu meiner göttlichen Quelle sehen,
lass mein Herz in Liebe leben,
lass mich meinen Weg finden,
lass meinen Weg gefüllt sein mit Liebe, Gesundheit und Erfolg.*

War das eine Bitte an Gott? Meine Seele schien zu suchen. Ich konnte fühlen, dass ich auf einem Weg war. Ich suchte und irgendwer oder irgendwas wollte mir helfen. Ich fühlte es ganz deutlich, es leuchtete etwas in mir. Wie ein kleines Licht, eine Kerze, die entzündet worden war.

Noch war das Licht ziemlich schwach. Aber vielleicht konnte ich es ja größer werden lassen. Mit diesem Wissen stand ich auf und machte mich im Bad fertig. Dann frühstückte ich mit Elisa. Auch heute schaute ich sie mir genau an und ich freute mich, dass sie da war:
„Danke, Elisa, dass du für uns das Frühstück gemacht hast", sagte ich zu meiner Frau.
„Bitte, Henry, das habe ich gern gemacht", antwortete sie. Wie einfach es war, nett zu Elisa zu sein.
„Henry, was wollen wir heute tun? Hättest du Lust, etwas zu unternehmen?", überraschte mich Elisa,
„Was sollen wir denn unternehmen?"
„Na ja, wir könnten mal in ein Museum gehen."
„Du willst in ein Museum gehen, Elisa?"
„Warum denn nicht? Wir könnten den Tag ja mal anders gestalten, als wir das immer tun, oder?"

Das war es! Um wirklich etwas zu ändern, sollten wir erst mal unseren Alltag ändern.

„Nun gut, vielleicht könnten wir nach Köln fahren, da gibt es doch das Schokoladenmuseum. Für den Anfang ist das vielleicht genau das Richtige", schlug ich vor.

Gesagt, getan. Wir fuhren mit dem Zug nach Köln. So hatten wir keinen Stress auf der Autobahn. Und wir verbrachten einen wunderschönen Tag. Wir gingen ins Museum und anschließend lud ich meine Frau noch zum Essen ein. Wir redeten über alte Zeiten, wie wir uns kennengelernt hatten, wie die Kinder klein waren, und wir lachten einfach über uns. Es tat so gut, sich so nah zu sein. Nachdem ich gezahlt und Elisa die Türe aufgehalten hatte, um das Lokal zu verlassen, nahm ich ganz selbstverständlich ihre Hand in meine, so wie wir es früher getan hatten. Zuletzt spazierten wir zusammen durch die Altstadt, bis unser Zug uns wieder nach Hause brachte. Am Abend saßen wir im Wohnzimmer und schauten uns lange einfach nur an. Irgendwann brach Elisa das Schweigen und sagte:

„Henry, du bist so anders, fast so wie früher. Es war schön. Der Tag war schön, danke."

„Elisa, ich habe dir zu danken, ich bin froh, dass du es mit mir ausgehalten hast all die Jahre. Ich war ganz schön gemein zu dir."

„Na ja, ich war auch nicht besser. Lass uns einen Strich unter diese Strecke machen. Wir können es jetzt neu entscheiden."

Mit diesen Worten schaute ich in ihre wundervollen grünen Augen und fühlte es auch in meinem Herzen:

„Ja, das können wir." Besser hätten wir diesen Tag nicht abschließen können.

Das neue Jahr begann ganz leise und still, und es war auch gut so. Ich brauchte die Ruhe, um über alles nachzudenken, was in der letzten Zeit passiert war. Dieses Jahr könnte ein Wendepunkt in meinem Leben werden. Selbst wenn ich nicht mehr gesund werde, möchte ich anders leben. Ich hatte noch keine Ahnung, ob mir das gelingen wird, aber ich sehnte mich mit jeder Zelle meines Körpers danach, Ruhe zu finden und wieder, oder das erste Mal in meinem Leben, mich zu finden. Mein erster Vorsatz war, mit Sara zu sprechen und sie zu fragen, ob sie schon mal Gespräche mit Gott erlebt oder ob sie schon mal etwas von göttlichen Eingebungen gehört hat.

Und um diesen Vorsatz direkt umzusetzen, rief ich sie sofort an. In Gedanken bat ich Gott: „Bitte hilf mir, dass ich die richtigen Worte finde, damit sie mich nicht für verrückt erklärt." Ich wartete, dass nach dem Freizeichen jemand den Hörer abnahm. Scheinbar endlos dauerte es, bis meine Tochter abhob:
„Sara Glück."
„Sara, hier ist Papa."
„Hallo Papa, gibt es was Besonderes? Ist etwas passiert?"
„Nein, nein, es ist nichts passiert. Ich möchte nur mal mit dir reden."
„Dann schieß mal los, was gibt es denn?"
„Bitte nicht am Telefon, Sara. Lass uns doch in ein Café und dann vielleicht spazieren gehen."
„Papa ist wirklich alles in Ordnung? Das haben wir noch nie gemacht."
„Ich weiß. Aber vielleicht wird es mal Zeit."
„Gut, dann treffen wir uns um elf Uhr im Café Kornblume. Weißt du, wo das ist?"
„Ja, da bin ich schon mal vorbeigefahren."

„Papa, dann bis gleich, und grüße Mama von mir!"
„Mach ich, Sara, bis gleich."

Schnell informierte ich Elisa. Sie schaute mich zwar verwundert an, aber sie fragte nicht weiter nach. Ich glaubte, sie wusste, welche Zeit ich gerade durchmachte, und sie war froh, dass ich mich auf den Weg gemacht hatte. Es war elf Uhr geworden und ich saß unruhig wartend eine Viertelstunde vor unserer verabredeten Zeit im Café. Ich hatte mir noch gar nichts zurechtgelegt, wie ich anfangen sollte, als Sara auch schon zur Türe hereinkam.

„Hallo Papa, bin ich zu spät? Ich habe keinen Parkplatz bekommen."
„Sara, ist schon gut, ich war nur zu früh dran", beruhigte ich sie. Sara sah schon ein wenig angespannt aus. Da ich, ihr Vater, sie ja nicht alle Tage um ein Gespräch bat, war sie wohl schon neugierig. So fragte mich Sara geradeheraus:
„Was gibt es denn so Wichtiges, das du mir am Telefon nicht sagen kannst?"
„Willst du einen Kaffee, soll ich dir etwas bestellen?", fragte ich Sara, um noch einen Moment zu haben, um mich zu sammeln.
„Ja, ich nehme einen Latte Macchiato", antwortete sie. Ich bestellte bei der Kellnerin und kam dann gleich zum Thema. Mit etwas belegter Stimme begann ich zu erzählen:
„Ich weiß gar nicht, wie ich anfangen soll, Sara. Eigentlich fing alles an, als ich die Diagnose Krebs, Metastasen, bekommen habe. Ich höre seither Stimmen in mir oder ich träume Dinge, die irgendwas mit Gott zu tun haben. Du kennst dich doch damit aus, oder? Glaubst du, ich werde jetzt verrückt?"
„Nein, Paps, ich weiß, was du meinst. Ich rede auch mit Gott. Und Gott redet mit mir."

„Aber Sara, ich verstehe nicht, warum auf einmal ich, warum spricht er jetzt mit mir? Ich bin nicht mal gläubig."
„Papa, ich denke, in uns allen ist ein Glaube. Auch wenn wir es oft nicht leben, so ist in unserer Seele immer der Funken Gottes. Und vielleicht ist es jetzt so, dass deine Seele dir etwas sagen will. Dass du jetzt bereit bist, Gott zu hören. Vielleicht weil du wirklich begriffen hast, dass deine Tage gezählt sind, wenn du jetzt nichts änderst."
Obwohl Sara es in dieser Klarheit sagte, überraschte es mich nicht, nein, es war eher erleichternd, so offene Worte zu hören. Und doch war es so schwer, all das zu begreifen, und ich antwortete:
„Ja, Sara, das könnte sein, aber ich verstehe es trotzdem nicht."
„Paps, vielleicht wartet noch etwas auf dich und dein Weg ist hier noch nicht zu Ende. Vielleicht hast du dir noch etwas vorgenommen und du brauchst diese Krankheit, um daran zu wachsen. Papa, ich beschäftige mich schon seit Jahren mit solchen Dingen. Ich erzähle dir gerne, was ich weiß. Vor langer Zeit, als von einer höheren Macht unser Universum erschaffen wurde, keimte in mancher Seele, die wie ein unerfahrenes Kind war, der Wunsch auf, all unser Wissen selbst zu erfahren. Wir wollten uns auf das Experiment Erde einlassen. Wir wollten all die spannenden Dinge sehen und fühlen so wie die Blumen und die Bäume, die Tiere und die Berge. In den Seelen klang das alles so wunderbar, dass es sie nicht abschreckte, dass die Erde eine ganz andere Schwingung hatte, als sie je selbst erfahren hatten. Es war für sie ein Spiel. Und so klärte Gott die Seelen auf. Er sagte ihnen, dass es auf der Erde andere Gesetze gibt als in der himmlischen Schwingung. Er verschwieg nichts und sagte ihnen auch, dass sie unterschiedliche Ebenen erleben werden, weil ihr Körper auf der Erde sterben wird; und erst wenn die Zeit reif

ist, werden sie einen neuen Körper bekommen. So werden viele Leben vergehen, so viele wie jeder Einzelne braucht, um sein Karma zu lösen, um dann aufzusteigen in die wirkliche Ebene. So sind wir alle auf der Suche nach der Liebe, wir wollen lernen, verschiedene Emotionen zu erleben. Wir wollen lernen, geistig zu wachsen, und wir wollen zurück zu dem Göttlichen in uns. Klingt alles sehr esoterisch, ist es aber gar nicht. Es sind ganz pragmatische Dinge, die wir lernen wollen. Wir wollen uns zum Beispiel bewusst machen, dass wir die Regie über unser Leben übernehmen sollen, dass wir unsere Aufmerksamkeit bewusst steuern können. All das, was wir denken, passiert nicht, weil es Schicksal ist, sondern weil wir es so bestimmt haben. Denn Gott sagte auch zu den Seelen, er werde nie in den freien Willen des Menschen eingreifen. So müssen wir erst wieder verstehen, dass nicht Gott all das Leid geschehen ließ, sondern wir Menschen es selbst bestimmt haben. Wir haben all das entschieden in unserer Wahlfreiheit, die fast keiner mehr von uns spürt. So ist es eine Bewusstseinserweiterung als Mensch, mit so viel Vergangenheit und Erfahrung aus früheren Leben sich seiner Größe der Gedanken und seiner wahren Wahlfreiheit bewusst zu werden. Jetzt könntest du fragen, was heißt das jetzt für dein Leben? Das heißt, wenn ich mich als Mensch nur mit Krankheit beschäftige, dann kann ich gar nicht gesund sein oder werden."
„Aber Sara, ich habe mich nie mit Krankheiten beschäftigt."
„Das stimmt wohl, Papa, aber du hast dich auch nicht so verhalten, als ob dir das Leben Spaß macht. Außerdem hast du dich und deinen Körper nicht gut behandelt."
„Wie meinst du das, Sara?"
„Na ja, Paps, mal ehrlich, du trinkst zu viel Alkohol. Früher hast du auch noch geraucht. Als es dir so schlecht ging mit dem Herzen, hast du in der einen Hand den Nitrospray und in der

anderen Hand die Zigarette gehabt. Das ist wohl nicht so positiv für deinen Körper gewesen."

„Ich habe aber doch mit dem Rauchen aufgehört", erklärte ich Sara.

„Ja, das stimmt, aber die Ausrichtung deines Lebens hast du nicht geändert. Wann hast du das letzte Mal aus vollem Herzen gelacht, Papa?" Ich überlegte lange, aber mir fiel kein Moment ein.

„Ich weiß nicht, Sara", sagte ich ziemlich kleinlaut.

„Und das ist es, was ich meine. Lachen macht die Seele frei."

Während Sara das sagte, meldete sich wieder diese Stimme in mir:

„Lachen befreit das Herz, es wird weit und klar.
Du bist frei. Lacht dein Herz, lacht dein ganzer Körper.
Erfülle deine Zellen mit Licht und Liebe,
sei fröhlich und genieße das Leben."

Und das erste Mal, seit mir diese Gedanken kamen, wollte ich sie laut aussprechen.

„Gerade, als du mit mir über das Lachen gesprochen hast, kam wieder diese Stimme zu mir. Ich möchte es dir erzählen", sagte ich mit belegter Stimme. Und dann wiederholte ich die Worte laut und Sara hörte mir schweigend zu. Dann kam ein Moment der Stille, fast unwirklich. Aber was dann passierte, lässt mich immer wieder lächeln, wenn ich zurückdenke. Denn dann lachte Sara aus vollem Herzen. Es war ein ansteckendes Lachen, sodass ich auch lachen musste. Erst ganz zaghaft, dann voller und ausgelassener. Bis uns beiden die Tränen vor lauter Lachen aus den Augen liefen. Noch nie hatte ich meine Tochter so lachen gehört. Die Leute um uns herum schauten schon ganz komisch, aber wir lachten einfach weiter und es befreite mich so sehr.

„Ach Paps, es war jetzt wie ein Impuls, ich weiß gar nicht, warum, aber ich musste auf einmal lachen. Danke. Ich glaube, die geistige Welt hat uns hier unterstützt."

„Ich habe dir zu danken, Sara. Es hat sich etwas gelöst in mir. Danke."

Danach tranken wir unseren Kaffee aus und ich beglich die Rechnung.

Sara hatte noch etwas Zeit, so spazierten wir am Rhein entlang. Der Fluss führte Hochwasser, denn der Schnee war geschmolzen. Deshalb konnten wir nur oben auf dem Deich laufen. Bei unserem Spaziergang erzählte mir Sara von ihrem Weg zur Kabbala. Sie erklärte mir, was die kabbalistische Geburtsanalyse sei und was dahinterstehe: Die Kabbala ist eine uralte Lehre über das Leben selbst und den Bezug zu Gott. Jeder hat seine Lebensaufgaben und Lernaufgaben im Leben, denn jede Seele möchte geistiges Wachstum erreichen in diesem Leben. Die kabbalistische Geburtsanalyse sagt etwas über den ganz persönlichen Seelenplan jedes einzelnen Menschen aus. Als Mensch vergessen wir diesen Lebensplan und werden im Laufe unseres Lebens mit den Situationen und Verabredungen konfrontiert, die wir uns im reinen Seelenzustand vorgenommen haben. Alles, was wir uns in diesem Leben zu lernen vorgenommen haben, werden wir teilweise schmerzhaft erleben. So gibt es verschiedene Lernaufgaben. Etwa: „Lieb haben, statt recht zu haben"! Dahinter steht, dass wir die Menschen in ihrer Einzigartigkeit sehen sollten und auch unsere Einzigartigkeit erkennen dürfen. Der Weg sollte nicht von Stolz und Härte anderen und uns gegenüber geprägt sein, sondern von geistiger Zuwendung. Um unsere Aufgaben zu lösen, haben wir Talente mitgebracht, die uns jeden Tag zur Verfügung stehen. Wir brauchen sie nur abzurufen. Es ist wichtig, dass wir uns der eigenen Lebenswege bewusst werden. Denn Erkenntnis ist Heilung.

Wir redeten miteinander, bis es für Sara Zeit wurde, nach Hause zu fahren.
„Sara, das war das erste Mal in meinem Leben, dass ich so viel von mir und meiner Gefühlswelt preisgegeben habe. Und ich habe eine Menge verstanden von dem, was du gesagt hast."
Diese Worte gab ich meiner Tochter mit auf den Weg.
„Papa, ich bin glücklich über diesen Tag. Und wenn alles, was ich bis jetzt gelernt habe, dabei geholfen hat, dir heute so nah zu sein, dann war es das wert. Mehr als das sogar", antwortete meine Tochter. Es berührte mein Herz, was sie sagte, und ich nahm sie in den Arm und drückte sie ganz fest.
„Bis bald, Sara, und grüße Peter."
„Tschüss, Papa, hab dich lieb."
Danach fuhr ich nach Hause und fühlte mich richtig fröhlich und frei. Im Auto sang ich laut mit, egal welches Lied gerade im Radio gespielt wurde. Als ich die Türe zu Hause aufschloss, lief ich wie auf Wolken. Von der Haustüre aus rief ich schon:
„Elisa, ich bin wieder da. Wo bist du?" Elisa schaute aus der Küche heraus und sagte:
„Du kommst aber spät. Ich habe jetzt schon zu Mittag gegessen."
Also entschuldigte ich mich bei ihr:
„Tut mir leid, Elisa, ich hätte dir Bescheid sagen sollen."
„Ist schon gut, war es denn schön?", wehrte sie nur ab.
„Es war anders. Ich fühle mich anders, Elisa."

„Das sehe ich und ich merke es auch. Du hast noch nie eine deiner Töchter angerufen, um dich mit ihnen zu treffen. Willst du mir erzählen, was ihr gesprochen habt?", wollte Elisa wissen. Mein ganzes Herz sehnte sich danach, alles zu erzählen. Es sprudelte nur so aus mir heraus. Sie saß da und staunte.
„Henry, ich hätte nie gedacht, dass du so denkst. Es bewegt mich sehr." Wir verbrachten einen schönen Tag zusammen. Erst spät gingen wir zu Bett, weil wir in dieser neuen Lebendigkeit der Gespräche kein Ende finden konnten. Erst als ich dann in meinem Bett lag, versuchte ich, in mich hineinzuhören. „Gott, was hältst du noch für mich bereit?" Morgen musste ich wieder ins Krankenhaus, die zweite Chemotherapie stand an. Sollte ich sie überhaupt noch machen? Gab es nicht einen anderen Weg? Mit diesen Gedanken schlief ich ein und wachte am Morgen sehr ausgeruht auf.

Mit Elisa machte ich mich auf den Weg zur Onkologie. In mir hatte sich eine große Zuversicht gebildet. Es wird ab heute anders sein. Diesen Zyklus der Chemotherapie werde ich noch machen, aber ich wusste, dass ich zusätzlich noch etwas tun konnte. Ich war mir bewusst geworden, dass ich meine Seele heilen durfte durch die Gedanken, die mir kamen, durch meine Frau und durch meine Kinder. Ich hatte verstanden, dass ich hier noch etwas zu regeln hatte.
Es fühlte sich auf einmal ganz leicht an. Ich nutzte die drei Tage Chemotherapie, diese zweiundsiebzig Stunden Infusion, um nicht nur Gift in meinen Körper fließen zu lassen, das die Tumorzellen vernichten sollte. Nein, ich hatte gerade beschlossen, dass es die reine Liebe und das reine Licht Gottes sei, welche in meinen Körper fließen, und diese Liebe und das Licht würde alle Zellen versorgen. Die Zellen, die entartet sind, die Zellen, die unterversorgt sind, und die Zellen, die noch gesund sind.

Denn wenn ich jede Zelle mit Licht und Liebe versorge, werden die gesunden stärker, die unterversorgten Zellen kraftvoller, die entarteten erst unterversorgt und dann kraftvoller, bis sie reines Licht sind. In dem ersten Zyklus der Chemotherapie hatte ich meine Gedankenkraft auf sechzig Prozent Heilung konzentriert, aber nun wollte ich mehr erreichen. Denn mit diesem Gefühl fühlte ich mich so glücklich und frei, als hätte ich meinen Wert erkannt. Jetzt konnte ich alles fühlen: meine Freiheit, meine Vergebung, meine Entscheidungen, meinen Glauben, meine Wahlfreiheit, meine Liebe und vor allem meine Heilung. War das ein Wahnsinn! Ich hatte das Gefühl, zu schweben.

Im Krankenhaus wurden die Formalitäten erledigt. Nun befand ich mich auf meinem Bett liegend. Meine Gedanken schweiften ab und plötzlich war mein Krankenbett nicht mehr mein Krankenbett. Ich ging auf einem Weg und die Stimme Gottes fing mich ein:

„Henry, komm mit, vertraue mir und lass dich führen.
Dein Geist ist klar, deine Seele bereit.
Henry, stelle dir vor, du machst jetzt eine Reise.

Es ist ein schöner Sommertag und du bist in einem wunderschönen Garten. Dieser Garten ist riesengroß, es gibt viele verschiedene Plätze. Im Zentrum befindet sich ein heiliger Kreis, der aus alten Steinen geformt wurde. Du stehst genau in der Mitte. Du bist umgeben von wunderschönen Blumen und Pflanzen, die dir ihre herrlichsten Farben zeigen. Es duftet wunderbar."

So sah ich mich in diesem Kreis stehen, es kam mir ungewöhnlich vor, und doch ließ ich mich völlig auf dieses Gefühl ein. Während ich noch das herrliche Grün genoss, ging meine Reise weiter.

„Während du in dieser Mitte stehst, empfängst du eine Botschaft."

So wie die Stimme es angekündigt hatte, bekam ich eine weitere Botschaft. Ich musste mich konzentrieren, denn die Worte waren nur ganz leise zu hören.

„*Es gibt Liebe, empfangen von Gott.*
Es gibt Wachstum, empfangen von Gott.
Es gibt Heilung, empfangen von Gott."

Eine helle, vielleicht weibliche Stimme sprach und ich musste an meine Mutter denken. Wie sehr hatte ich mir als Kind gewünscht, dass sie Zeit gehabt hätte, nur bei mir zu sein. Mein väterlicher Freund oder Gott ließ mich nicht in diesem Gefühl stecken, sondern führte mich weiter und sagte:

Während diese Worte in dir hörbar sind, wird dir bewusst, welche Möglichkeiten ihr als Menschen habt. Dass ihr in eurer Schöpfung sehr wohl in der Lage seid, zu heilen. Dass ihr in die Stille gehen könnt wie hier in diesem heiligen Kreis, und so die Wunder der Schöpfung sehen, fühlen und verändern könnt. So lass uns weitergehen. Sieh dich im Garten um.

So trat ich aus dem heiligen Kreis heraus und ging zu einem großen Baum. Eine riesige Schaukel hing an einem dicken Ast und ich konnte nicht anders. Ich musste mich jetzt daraufsetzen und schaukeln. Erst langsam und dann immer schneller und höher, bis in mir das Gefühl entstand, frei zu sein. Ich spürte den

Wind in meinen Haaren, spürte die Sonne, die mich wärmte. Im nächsten Augenblick sah ich auf einem Ast ein weibliches Wesen mit blonden langen Haaren sitzen, wunderschön, fast wie eine Fee, bekam ich sie immer dann zu sehen, wenn ich auf meiner Schaukel den höchsten Punkt erreicht hatte. Sie sprach zu mir:

„Du kannst Freude empfangen, weil sie da ist und gespürt werden soll. Du kannst das Leben empfangen, weil es gespielt werden will. Du kannst die Freiheit empfangen, weil sie einfach da ist. So lasse los und empfange. So wie du dich der Schaukel anvertrauen konntest, kannst du dich auch deinem Leben anvertrauen."

Dieses wunderschöne Wesen lächelte mich an, ich lächelte einfach zurück. Es fühlte sich so gut an zu wissen, dass ich alle Möglichkeiten hatte, wenn ich mich auf das irdische Spiel einließe. So schaukelte ich noch eine Weile, bis ich keine Lust mehr hatte, und mit einem großen Satz sprang ich ab. Das hatte ich zum letzten Mal als Kind gemacht. Ich streifte weiter durch den Garten und kam an einer Hecke vorbei. In der Mitte dieser Hecke war ein dickes Guckloch und ich schaute hindurch. Es überraschte mich, denn hier war ein Gemüsegarten angelegt. Tomaten, Gurken und Möhren wuchsen hier und ganz hinten in der Ecke lag auch noch ein riesiger Kürbis. Obendrauf saß wieder die schöne Fee und sagte:

„Henry, komm doch in deinen Garten und koste von dem Kürbis. Wenn du drei Schritte weitergehst, findest du ein Tor, welches dir den Zugang ermöglicht."

Und wirklich, da war ein Tor, das ich vorher gar nicht gesehen hatte. Ich ging hindurch und sah, wie schön der Garten war. Hier wuchsen viele Pflanzen, auch solche, die ich nicht kannte.

Es gab auch eine Ecke, die sehr ungepflegt aussah. Ich kam an einem Schild vorbei und darauf stand geschrieben:

Welche Vielfalt wir empfangen.
Welche Energie wir empfangen.
Welche Liebe wir empfangen.
Mit welchen Sinnen wir empfangen.

Der letzte Satz war für mich nicht zu lesen. Ich wusste nicht, ob es eine fremde Sprache war oder ob ich ihn einfach nicht begreifen konnte. Mir wurde nur klar, dass ich akzeptieren musste, nicht sofort alles Wissen zu bekommen. Mit dieser Erkenntnis schaute ich mir den Garten noch einmal genauer an und probierte von den köstlichen Früchten. Auch Himbeersträucher, Erdbeeren, Apfelbäume fand ich und je mehr ich mich umschaute, desto mehr Pflanzen entdeckte ich.

Ich konnte auf einmal die Veränderung des Lebens sehen, ich fühlte meine Sinne, ich schmeckte, ich roch und ich fühlte diese Pracht der Schöpfung in ihrer Vollendung. Ich spürte auch die Kraft der Erde, der Pflanzen und ich spürte ebenso, wie diese Kraft mich auftankte. Dann hörte ich wieder meinen väterlichen Freund, der mich weiterführte:

Mit dieser neuen Energie kannst du jetzt weitergehen. Du schlägst eine andere Richtung ein und läufst ein Stück den Weg entlang. Dieser Weg führt dich zu einem schönen Rosengarten, in dem Rosen ohne Dornen wachsen, sie blühen wunderschön, in den unterschiedlichsten Farben, rosa, gelb, weiß und rot.

Ich lief also den Weg entlang und erreichte den Rosengarten. Ich hörte seine Worte und ließ mich völlig auf das Gefühl ein, welches in mir wuchs.

Der Duft umhüllt dich und du entdeckst eine kleine Bank, auf der du dich ein wenig ausruhen kannst. Umgeben von Rosen hast du das Gefühl, du bist in einer Welt, die ganz friedlich und liebevoll ist. Alle Rosen blühen so vollkommen, dass du merkst, wie vollkommen alle Schöpfungen sind.

Und du spürst, die Rosen haben eine Botschaft für dich:
Mein Herz wird weit und so vollkommen, wie die Rosen sich geöffnet haben, will auch ich mich öffnen, will empfangen – Vollkommenheit.

Du hast auf einmal das Gefühl, dass es ganz leicht ist, empfänglich zu sein, dass du dich einfach anvertrauen kannst.

Mit diesem Wissen gehst du weiter und kommst an einen wunderschönen kleinen See, dessen Wasser glasklar ist. Da heute so ein schöner Sommertag ist, kannst du einfach deine Kleider ausziehen und ins angenehm kühle Nass springen.

Das ließ ich mir nicht zweimal sagen und sprang mit einem Kopfsprung ins kühle Nass hinein. Es fühlte sich herrlich an, ich tauchte ab, drehte mich um meine eigene Achse im Wasser und ließ mich schließlich auf dem Rücken treiben. Ich atmete tief ein und bekam schon die nächste Botschaft:

Alles Alte abzuwaschen, um Neuem Platz zu machen.
Eintauchen in das Leben, mal aktiv, mal passiv.
Als Einheit, sich verbunden fühlen, wissend empfangen fängt bei mir an, weil ich es zulassen kann und darf.

Es ist schön, sich so verbunden zu fühlen, verbunden mit dir, Gott, und der Natur. Es ist gut zu wissen, dass alles bereitsteht, wenn ich es empfangen möchte. Und so wusch ich in diesem See wirklich alles Alte von meiner Seele, um neuen Erfahrungen Platz zu machen. Nachdem ich das ausgiebig gemacht hatte, hörte ich meine Führung wieder:

In diesem Wissen kannst du noch eine Weile weiterschwimmen und dann wird es langsam Zeit zurückzukehren. Du kannst deinen Garten jetzt verlassen, aber die Botschaften kannst du in deinen Alltag mitnehmen. Du hast jederzeit die Möglichkeit, in einen Garten zu gehen, egal ob in deiner Fantasie oder in den Garten vor deiner Türe. Nutze den Impuls der Natur.

Ich öffnete meine Augen wieder und das Gefühl überkam mich, geträumt zu haben. Die Reise, die Begegnung mit der Fee und deren Botschaften gaben mir das Gefühl, freier zu sein und mehr Erkenntnisse erlangt zu haben, die mich an mir arbeiten ließen.

Der dritte Tag der Chemotherapie fing nicht gut an, denn ich fühlte mich sehr schlapp und Übelkeit stieg in mir hoch. Ich saß mit meinem Bettnachbarn am Frühstückstisch, als meine Tochter Sara reinkam.
„Du bist aber früh dran, Sara."
„Ja, guten Morgen, Papa, ich habe dir Kaffee mitgebracht."

Sara und meine anderen drei Frauen wussten, wie sehr ich den Krankenhauskaffee hasste. Deshalb brachten sie mir oft Kaffee von zu Hause ins Krankenhaus. Sara schenkte mir eine Tasse ein und kurz darauf wurde mir so komisch, dass ich mich hinlegen musste. Es war ein eigenartiges Gefühl.
„Die Zunge fühlt sich so pelzig an", sagte ich zu Sara.
„Soll ich einen Arzt rufen, Papa?"

„Musst du dich übergeben?"

„Nein, ich glaube, nicht, Sara, aber ich bleibe lieber liegen. Essen möchte ich nichts mehr. Ich habe einen Ausschlag auf der Stirn bekommen."

„Das habe ich schon gesehen, fängt wohl auch auf der Nase schon an, Paps. Juckt es?"

„Nur ein wenig."

„Am besten fragst du gleich bei der Visite nach, Papa."

„Das mache ich, Sara."

„Ich muss jetzt arbeiten, Papa. Wenn es nicht besser wird, fragst du gleich die Schwester, damit du etwas gegen die Übelkeit bekommst. Also mach es gut. Ich hab dich lieb. Wir telefonieren morgen."

Als meine Tochter mir sagte, dass sie mich lieb hat, hatte ich sofort die Tränen in den Augen. Es ist schwer zu wissen, dass das eigene Leben bald endet. Bei allem, was ich gerade erlebte, war doch ein Teil in mir, der verletzt war und sich fragte: Warum gerade ich? Dieser Tag ging irgendwie vorüber, aber ich merkte, dass mir die Chemotherapie jetzt doch mehr und mehr zusetzte.

Nachdem ich den Zyklus der Chemotherapie geschafft hatte, holte Elisa mich wieder ab. Ich fühlte mich schlapp, war aber sehr dankbar für diese Erfahrung; und mit diesem Gefühl fuhr ich wieder nach Hause. Nach Hause – das fühlte sich so gut an. Auf der Kommode in der Diele lag ein Brief für mich. Er war von Sara.

Lieber Papa,

nach unserem Gespräch haben mich viele Gedanken beschäftigt und ich habe mir überlegt, ob ich dir einen Teil meiner Gedichte übergeben möchte. Ich bin zu dem Entschluss gekommen, dass es wichtig ist, dass du sie liest.

Alles sind Worte meines Herzens, sie haben mit mir und mit den Menschen zu tun, denen ich begegnet bin. Das erste Gedicht ist für euch, für Mama und für dich.

Vielleicht geben dir meine Worte Antworten.

Ich hab dich sehr lieb.

Sara

Eltern so königlich,
danke ich euch für meine Kindheit,
die ihr mit Liebe gefüllt habt,
nicht immer einfach,
doch habt ihr all euer Wissen, all eure Liebe
in mich gelegt.

Ich konnte es nicht immer fühlen,
doch unsere Seelen wussten unseren Weg.
Alle Verletzungen sind unsere Herausforderungen
und jetzt wissen wir,
dass unsere Liebe immer da war.

Wir wissen, ein Gedanke kann es ändern,
kann den Weg zum Herzen freimachen.

*In Liebe blicke ich zurück
auf meine Kindheit
und in Dankbarkeit und Liebe
blicke ich euch entgegen.*

*Ich bin froh,
dass ihr meine Eltern seid.*

*Danke, Mama,
Danke, Papa.*

P.S. Das zweite Gedicht beantwortet vielleicht die Frage nach dem Warum und wo es hingeht.

*Dein Weg ist schwer.
Du weißt nicht, was sollst du tun.
Gewiss, dein Leben endet hier auf dieser Welt,
aber es gibt keinen Grund, verzweifelt zu sein.*

*Ich warte auf dich
und hier bei mir bist du geliebt und glücklich,
losgelöst von all deinem Schmerz
erlebst du nun die allumfassende Liebe.*

*Die Menschen in deinem Herzen bleiben zurück im irdischen Spiel
und nehmen deine Liebe mit auf ihren Weg.
Deine Lebensaufgabe ist vollbracht,
und du hast all deine Energie mitgebracht.
Begleitet wirst du von deinem Engel,
der immer über dich wacht.*

*Die Zeit ist nun für dich gekommen
loszulassen und geduldig dich auf den Weg zu machen.*

Das Licht wird für dich strahlen,
sodass du den Pfad leicht und beschützt betreten kannst.
Sei gewiss, die anderen vergessen dich nicht.

Emporzusteigen auf der Himmelsleiter ist ganz leicht.
Der Engel der Verkündung bereitet deinen Weg zurück nach Haus.
Ich bin da und begleite dich zu deiner Ahnenfamilie.
Sie warten auf dich.

Dein Platz war lange leer und jetzt können sie feiern mit dir,
deine Rückkehr
Mit all deinen Erfahrungen im irdischen Spiel
Es war nicht immer leicht und doch hast du viel Liebe erlebt.

Als Mensch war es dir nicht bewusst, wie viel dich umgab.
Als Seele kannst du es fühlen
und kannst dich aussöhnen mit all der Last.
Kannst dich bereit machen zu vergeben.

Die Erkenntnis deines Weges macht dich frei für ein neues Leben,
irgendwann bist du bereit,
dich noch mal auf ein irdisches Leben einzulassen.
Vielleicht seht ihr euch wieder,
als Teil dieser Familie,
geöffnet in Körper, Geist und Seele
werdet ihr euch erkennen.

Ein Stern wird gezündet zur Erinnerung,
am Himmel strahlst du nun
und alle können dich sehen.

Als ich diese Zeilen las, musste ich weinen. Ich wusste gar nicht, wann ich je so geweint habe in meinem Leben. Und ich hatte nicht gewusst, dass Sara so etwas schreiben konnte. Wundervoll.

Berührend und doch auch beängstigend. Es war genau das, was ich mich fragte: Wo geht es hin? Wird es schwer sein zu sterben? Gibt es wirklich ein Leben nach dem Leben? Leben wir als Seele weiter?

Wenn es stimmt, dann gibt es keinen Grund, Angst zu haben, egal was geschieht. Ich kann, selbst wenn mein Leben hier auf der Erde zu Ende sein sollte, die anderen noch sehen. Ich weinte immer noch. Aber eines wusste ich in diesem Moment: Es gab so vieles, von dem ich noch keine Ahnung hatte, und ich wollte es weiter ergründen. Nachdem ich meine Emotionen wieder etwas im Griff hatte, ruhte ich mich aus. Die nächsten Tage waren gefüllt mit Übelkeit, Erbrechen und Schwäche. Ich konnte nicht aufstehen. Immer wenn ich es versuchte, musste ich mich wieder übergeben. Es war schrecklich. Elisa stand mir, so gut es ging, zur Seite. Die Tage vergingen und ich erholte mich langsam.

Der Alltag kehrte zurück. Nun begann ich den Tag anders, ich BETETE. Ja, ich bete zu Gott. Wie ich im Krankenhaus begonnen hatte, meine Zellen mit Licht zu füllen, so machte ich es jetzt jeden Tag. Ich dankte Gott für meine Frau Elisa, für diese Liebe, ich dankte Gott für meine Töchter und Schwiegersöhne und für meine Enkelkinder. Ich dankte ihm für seine Unterstützung. Es machte mich friedlich und frei. Und eines Morgens wachte ich auf und wusste: Ab dem heutigen Tag brauche ich keinen Alkohol mehr, um meine Sinne zu betäuben.

Alle Sucht ist wie weggeweht,
ich bin frei in einem Leben,
das ich neu gewählt habe.

Ich kann denken, losgelöst von Angst,
ich kann handeln, selbstbestimmt,
ich berühre Herzen in Liebe und Geduld.
Ein neues Zeitalter ist angebrochen.

Diese Worte waren auf einmal da und ich fühlte es so. Ich hörte einfach auf, den Morgen und den Tag zu betäuben, ich wollte wieder alles fühlen. Ich wollte mich nicht der Welt entziehen, indem ich trank. Außerdem wollte ich meinen Körper nicht nur mit Liebe füllen, sondern nur noch mit gesunden Lebensmitteln. Dazu gehört es auch, dass ich mir jeden Tag nur noch ein bis zwei Tassen Kaffee gönnte, ansonsten trank ich Wasser und Tee, weil es besser für meine Heilung war. Mit dieser neuen Erkenntnis und diesen Entscheidungen vergingen die Wochen. Ich machte auf Anraten der Ärzte noch den dritten Zyklus der Chemotherapie.

Auch hier stellte ich mir vor, dass die reine Liebe und das Licht durch diese Infusionen in meinen Körper flossen. Aber der dritte Zyklus rüttelte und schüttelte mich. Ich merkte diesmal die Nebenwirkungen schneller. Die erste Flasche lief erst seit sechs Stunden und mir war schon übel. Meine Haare fielen aus. Auch wenn sie am Oberkopf lichter geworden waren, hatte ich bis zu diesem Zeitpunkt noch viele Haare. Ich wusste, sie wachsen wieder nach, aber es ließ mich krank aussehen. Ich fühlte mich auch krank, vielleicht das erste Mal während der ganzen Krankheit merkte ich, wie hilflos ich war.

Ich versuchte, mich immer wieder auf das Licht zu konzentrieren. Auch versuchte ich zu beten, es gelang mir nicht zu jedem Zeitpunkt, aber ich gab nicht auf. So überstand ich die Zeit im Krankenhaus mehr schlecht als recht. In dieser Zeit wurde mir klar, dass ich meinen Weg gehen muss, und ich beschloss, nach der dritten Chemotherapie aufzuhören. Ich wollte nun meinen Weg allein gehen, nicht einsam, sondern angebunden an Gott. Meinen wirklichen Weg zur Heilung gehen, das war mein Wunsch. Mein Entschluss stand fest, erst in drei Monaten eine weitere Untersuchung machen zu lassen. Ich hatte mir diese 120 Tage gesetzt, um zu heilen. Die Ärzte im Krankenhaus hielten mich zwar für verrückt. Aber da sie keine Chance für meine Heilung sahen, sondern nur eventuell eine Lebensverlängerung, ließen sie mich auf eigenen Wunsch ziehen. Ich hatte mit Elisa und mit meinen drei Töchtern besprochen, dass ich diese Zeit für mich nutzen wollte. Auch hatte ich entschieden, dass ich in die Eifel fahren würde, dorthin, wo ich groß geworden war. Und ich fuhr zum Entsetzen aller ganz allein. Nur mein Handy nahm ich mit, damit wir in Kontakt bleiben konnten. So hatte ich das Gefühl, dass ich ganz bei mir bleiben konnte, denn ich wollte mich nicht von äußeren Situationen ablenken lassen. Elisa war damit einverstanden und unterstützte mich voll und ganz. Petra und Marie waren natürlich geschockt, denn sie hatten Angst, mich zu verlieren. Aber Sara bestärkte mich. So akzeptierten es auch die beiden anderen Mädchen, dass ich fuhr. Mit wenig Gepäck hatte ich dann meinen Weg in die Eifel angetreten. Im Vorfeld hatte ich ein kleines Ferienhaus gesucht, ohne viel Schnickschnack. Kein Fernsehen, kein Internet. Es gab einen Kaminofen und ich musste, wenn ich es warm haben wollte, das Holz auch noch spalten. Das brachte mir körperliches Training. Mein Allgemeinzustand war bei der Ankunft nicht gut und meine Mädels machten sich Sorgen, ob ich all das auch alleine schaffen würde. Aber mein Dickschädel wollte es schaffen und ich brauchte die Ruhe dazu. Es machte mich nur unnötig nervös, wenn jemand um mich herumschwirrte. Ich wollte zur Ruhe kommen und meine Stille hören und fühlen. Vielleicht konnte ich dann herausfinden, wie es weitergehen sollte.

Den Tag begann ich mit Beten, anschließend hackte ich Holz und machte mir mein Frühstück. Ganz in der Nähe gab es einen kleinen Tante-Emma-Laden, in dem ich das Wichtigste kaufen konnte. Lange Spaziergänge, Eintauchen in die Tierwelt und Atmen bestimmten mein Tagesprogramm. Abends telefonierte ich mit Elisa, damit sie beruhigt war und den Kindern Bescheid sagen konnte, dass ich noch lebte.

So verging die erste Woche. Ich merkte, dass mir die frische Luft guttat. Auch wenn ich mich oft noch schwach fühlte, genoss ich die Ruhe. Ich ließ alles einfach laufen. Machte nur mein Pflichtprogramm, atmete, betete und hackte Holz. Doch am Ende der Woche wurde ich unruhig, denn ich hatte gehofft, dass hier an diesem Ort etwas passieren würde. Ich konnte nicht genau sagen, ob ich eine Wunderheilung erwartet hatte oder was sonst passieren sollte. Aber ich hatte geglaubt, wenn ich entschieden hatte, hier an diesem Ort zu sein, dann machte Gott den Rest für mich.

Aber ich war ganz schön auf dem Holzweg! Der Samstagvormittag war fortgeschritten und ich fragte mich: Was hat mir die Woche gebracht? Denn trotz der Änderung, die ich in meinem Leben vorgenommen hatte, gab es in mir immer noch diese Unruhe, die ich schon so lange kannte. Ich zweifelte daran, dass ich es wirklich schaffte, verbrachte diesen Tag wie alle bisherigen und ging früh schlafen.

Dann, mitten in der Nacht, wurde ich auf einmal wach. Ich kann bis heute nicht sagen, was mich geweckt hatte, aber ich war auf einmal hellwach! Alle meine Sinne waren geschärft. Ich hatte Angst. War da draußen jemand? Was sollte ich tun? Im Schlafanzug rausgehen? Wäre wohl verrückt, aber es hielt mich nichts mehr im Bett, ich musste wissen, was oder wer da war. Ich zog schnell einen Pullover über und ging auf leisen Sohlen nach unten. Das Wohnzimmer war hell erleuchtet. Ich hatte das Licht doch ausgemacht! Das Feuer im Ofen brannte lichterloh, obwohl es längst heruntergebrannt sein sollte. Alles kam mir sehr seltsam vor. Mein Herz pochte wie wild, als ich mich umsah. Ich rief sogar in die Stille: „Hallo, ist da jemand?" In der Diele stand mein Wanderstock und ich nahm ihn in meine linke Hand und ging mutig weiter in Richtung Küche. „Hallo, zeigen Sie sich, ich bin bewaffnet", rief ich mit belegter Stimme. Aber nichts, auch in der Küche war niemand. Ich lief das ganze Haus ab, aber nichts, niemand war zu sehen. Die Haustür war abgeschlossen, so wie ich sie am Abend verschlossen hatte.

Mein Puls beruhigte sich wieder etwas, aber die Frage, wer das Licht angemacht und den Ofen eingeheizt hatte, blieb in meinem Kopf. Ich sah die Funken des Feuers und mein Blick verlor sich völlig, und auf einmal war ich in einer anderen Welt.

Henry, mache dich auf zur Reise zu deinem Herzen. Dein Geist ist klar, deine Seele ist bereit.

Stell dir vor, du befindest dich auf einer wunderschönen Wiese. Die Blumen blühen hier so schön und es duftet herrlich. Bunte Schmetterlinge fliegen und der Himmel ist hellblau. Die Sonne strahlt angenehm warm. Es ist ein schöner Tag und du kannst einen Spaziergang machen. Es wird etwas Besonderes sein, dessen bist du dir bewusst. Dein Weg führt dich mitten durch diese schöne Wiese und dein Weg ist frei. Du hast heute entschieden, geistig zu wachsen.

Und diese Entscheidung bringt dich jetzt an eine Treppe. Wo die Treppe entspringt, ist eine Ruhe, die sehr angenehm ist, und du hast das Gefühl, du bist hier schon mal gewesen, du kannst dich aber nicht erinnern, wann es war.

Du weißt, dass du diese Treppe hinaufgehen möchtest, obwohl du ihr Ende nicht sehen kannst. Dir ist bewusst, dass es wichtig ist, jetzt den ersten Schritt auf die unterste Stufe zu setzen.

Und wie er gesagt hatte, wurde mir bewusst, dass ich diesen Schritt gehen möchte. Mein Herz klopfte und ich setzte meinen Fuß auf die erste Stufe. Sonst war Treppensteigen ganz einfach, aber hier in diesem Prozess war es etwas Besonderes, es war, als würde ich mit diesem Schritt eine große Last hinter mir lassen.

Diese Stufe, auf die du dich jetzt gestellt hast, hält etwas für dich bereit. So fühlst du die Worte in dir, du hörst sie, du siehst sie und du verankerst sie in dir:

Gestern noch war der Weg nicht frei, doch heute ist dein Herz bereit, deinen Wert zu erkennen, es freizugeben. Dein wahres Ich zu leben. Du bist bereit, diese Worte zu sagen:

Und so hörte ich mich laut sagen:

„Ich erkenne meinen Wert. Gott mache mich frei.
Meine Gedanken und Gefühle über mich bekommen eine neue Dimension.
Ich lasse los und bin offen für meine Veränderung."

Und ich wurde wieder aufgefordert, laut zu sagen:

„Ich habe meinen Wert erkannt."

Die vertraute Stimme meines unbekannten Freundes leitete mich weiter und ließ mich wissen: *„Fühle die Liebe Gottes in deinem Herzen, und du weißt, dass du jetzt den zweiten Schritt auf dieser Treppe gehen möchtest."*

Und ich machte den nächsten Schritt. Ich fühlte mich freier, leichter und ich wurde mir bewusst, dass es jetzt um meine Freiheit ging. Ich konnte es nicht erklären, es war einfach in mir, ohne dass meine linke Gehirnhälfte es steuern konnte.

Henry, sei dir bewusst, dass es jetzt um die Freiheit geht. Nachdem du nach deinem Wert gesucht und ihn erkannt hast, kannst du auch die Freiheit entstehen lassen, in der du dein Leben so leben darfst, wie du es dir vorgestellt hast. Sei bereit zu sagen:

Ich bin frei, frei in meiner Wahl,
alles steht mir zur Verfügung.
Gott gibt mir die Freiheit.
Meine Freiheit gibt mir eine neue Dimension.
Ich bin offen für meine Freiheit.

Fühlte ich mich jetzt wirklich freier, konnte das sein? Ich bemerkte ein Gefühl in meinem Bauch, das ich nicht erklären konnte. So konzentrierte ich mich auf meinen Atem. Und während ich atmete, sprach mein Reiseleiter:

Henry, lass die ganze Kraft der Freiheitsstufe wirken und sei bereit zu sagen „Ich bin frei", um deine Freiheit zu unterstützen.

So sprach ich die Worte leise aus und wurde aufgefordert, es noch einmal lauter zu versuchen, damit es jede Zelle erreichen konnte. Und tatsächlich, mit jedem weiteren Atemzug fühlte ich mich freier.

Henry, dein Wert und deine Freiheit machen dich bereit für den nächsten Schritt. Die dritte Stufe wird dich unterstützen, all die Verletzungen und Enttäuschungen in deinem Leben loszulassen. Dir wird bewusst, dass all das nicht gewollt war, dass die Menschen, die dich verletzt haben, es nicht besser wussten und dass du nur durch dich in die Vergebung gelangst.
So sei bereit, diese Worte laut zu sagen:

Noch ehe ich die Worte meiner Reiseleitung hörte, spürte ich sie, und wir sprachen sie im Gleichklang:

„Ich vergebe dir im Wissen, dass es nicht gewollt war zu verletzen.
Ich vergebe mir im Wissen, dass ich es nicht gewollt habe, mich zu verletzen.
Ich lasse los und löse mich von dem, was mich belastet."

Mein Herz wurde ein Stück frei und ich ließ die dritte Stufe, die Vergebung, in ihrer ganzen Vielfalt zu. Ich war bereit zu sagen:

Ich vergebe.
Nun kannst du mit deinem Wert, deiner Freiheit in Vergebung, eine weitere Entscheidung treffen, du gehst auf die vierte Stufe mit all deiner Kraft.

Mit schweren Beinen setzte ich meinen Fuß auf die nächste Stufe und lauschte gespannt den kommenden Anweisungen.

Die vierte Stufe verinnerlicht deine Entscheidungskraft. Jeden Tag, jede Minute so entscheiden zu können, wie es für dich richtig ist, das wird hier entschieden.
Henry, sei bereit zu sagen:

Ich kann zu jeder Zeit meine Entscheidung treffen.
All meine Entscheidungen sind mit Gottes Hilfe getroffen.

All meine Entscheidungen sind kosmisch und positiv.
Ich bin bereit, mich für meine wahre Größe zu entscheiden.

Ich sah mich in vielen vergangen Momenten, in denen ich schnelle Entscheidungen getroffen hatte. Wie mit einem Zauberstab entschied ich noch einmal neu. Weise und klug mit dem Wissen meines Lebensplans, ließ die Momente an mir vorbeiziehen.

Mit dem Wissen deiner Entscheidungskraft bemerkst du die Vielfalt des Lebens und deine Stufe, auf der du stehst, unterstützt dich.
Sei bereit zu sagen:
Ich entscheide.

Ich bemerkte, wie wichtig Entscheidungen für mich waren, sonst hätte ich diese Reise nie angetreten und diese Erfahrung nicht erleben können. So atmete ich tief ein und merkte, wie wunderschön Entscheidungen sein können. Keine Schwere, wie ich sie am Vortag noch gefühlt hatte, war mehr zu spüren. Voll Freude drängte es mich weiterzugehen. Und meine Führung schien das zu wissen, denn ich hörte die nächsten Worte:

Du möchtest die fünfte Stufe nun gehen in der Gewissheit deines Wertes, deiner Freiheit, deiner Vergebung sowie deiner Entscheidungskraft.

Du bist nun bereit für den wahren Glauben. Ein Glaube an Gott und an dich, der so groß und himmlisch ist, dass es dich mit Glückseligkeit erfüllt. Sei bereit zu sagen:

Ich glaube an dich, Gott, meinen Vater.
Ich glaube an mich, dein Kind.
Ich glaube an meinen Mut.
Ich glaube an meinen neuen Anfang.

Mit zitternder Stimme sprach ich die Worte nach. Trotz all der Magie, die ich spürte, hörte ich auch mein Ego rufen. „An Gott zu glauben ist das eine, aber an mich in der gleichen Dimension, wie kann das sein?" Doch mein Wegbegleiter ließ kein Zögern zu und sprach weiter.

Dein Glaube verleiht dir Flügel,
er bringt dir die Möglichkeit,
Dinge in deinem Leben anzufangen,
von denen du nur träumen konntest.
Henry, sei bereit zu sagen:
Ich glaube.

Tief atmete ich durch und ließ mich leiten. Mit jedem Schritt fühlte ich mich besser. So konnte ich meinen Verstand völlig abschalten und gab mich vertrauensvoll in die Hände meines Führers.

„All das befähigt dich für die sechste Stufe", hörte ich ihn sagen.

Dein Wert, deine Freiheit, die Vergebung, deine Entscheidungskraft und dein Glaube geben dir jetzt die Möglichkeit zur wahren Wahlfreiheit in deinem Leben. Du kommst in eine neue Dimension und kannst dich völlig neu erschaffen, wenn du jetzt bereit bist, dies zu sagen:

In völliger Reinheit, Klarheit, Licht und Liebe
bin ich bereit für die Wahlfreiheit meines Lebens,
all die einzelnen Erfahrungen erfüllen mich.
Ich bin in jeder Phase meines Lebens in Wahlfreiheit.

In dem Wissen, dass du die Regie über dein Leben führst, kannst du dich heute verändern.

Sei bereit zu sagen:
Ich habe zu jeder Zeit die Wahlfreiheit.

Deine Seele kann immer mehr ihre wahre Bestimmung leben. Dein Wert, deine Freiheit, die Vergebung, deine Entscheidungskraft, dein Glaube und deine wahre Wahlfreiheit erneuern dein Leben.

Alles bekommt eine neue Bedeutung.
Alles ist von Licht erfüllt.

Auf dieser Stufe sah ich viele verschiedene Wege in meinem Leben. Wege, die ich nicht gehen konnte, aus vielen verschiedenen Gründen. Auch weil ich dachte, es stünde mir nicht zu, aber in diesem Moment wurde mir bewusst, ich hatte immer die Wahl. Ich sah viele Menschen, die mich auf meinen Wegen unterstützt oder herausgefordert hatten, und ich musste lächeln.

Henry, nun bist du bereit, die siebte Stufe zu betreten, sie gibt dir die Kraft der Liebe.

Sei bereit zu sagen:
Ich bin ein Kind der Liebe.
Ich bin ein Kind der Weisheit.
Ich bin ein Kind des Lichts.
Ich erkenne meine Liebe wie in keinem anderen Leben.
Ich erkenne deine Liebe wie in keinem anderen Leben.
Ich erkenne Gottes Liebe wie in keinem anderen Leben.

In dem Wissen, du bist Liebe, denn du bist ein Kind des Lichts, ein Kind Gottes, bist du nun bereit zu sagen:
Ich bin wahre Liebe, durch mich fließt Liebe und ich gebe wahre Liebe.

Gefüllt mit der Liebe, gefüllt mit dem wahren Wert, gefüllt mit der Freiheit, gefüllt mit den Vergebungen in deinem Leben, gefüllt mit der Entscheidungskraft, gefüllt mit deinem Glauben und mit deiner wahren Wahlfreiheit deines Lebens, kannst du dich auf deinen nächsten Schritt vorbereiten.

Sei nun bereit, den Schritt der Heilung zu gehen. Es ist ganz leicht, die achte Stufe zu betreten. Wahre Heilung kann nur geschehen, wenn du bereit bist, Folgendes zu sagen:

Mein Herz klopfte fast bis zum Zerspringen. Meine Haut fühlte sich kalt und warm zugleich an. Jetzt wird es geschehen, war noch ein kurzer Gedanke. Und mit einem Male fühlte ich die freudige Erwartung und gleichzeitig dieses wunderbare Geschenk, welches mir zuteilwurde. Meine Augen füllten sich mit Tränen, die mir lautlos über die Wangen liefen. So sagte ich mit bebender Stimme:

Ich lasse alles los und komme zurück zu mir.
Gott ist bei mir.
Gott liebt mich.
Ich liebe mich,
und ich beginne jeden Tag mit Gott und mir,
alles wird frei,
alles wird Licht,
alles wird Liebe.
Mein Name ist genannt,
meine Türe zum Herzen steht weit offen
und ist bereit für meine Heilung,
jede Zelle fülle ich jeden Tag mit Licht und Liebe.

Mein Feuer ist gezündet.
Meine Welt ist erleuchtet.

Mein Stern ist klar und rein.
Ich bin ruhig und werde begleitet von meinem Schutzengel.
Voller Demut und Geduld
kann ich warten auf den rechten Zeitpunkt.
Ich spüre deine ganze Unterstützung
in meinem Neuanfang.

Gott, ich danke dir.
Ich danke dir
für meine Zuversicht,
für meine Fröhlichkeit,
für die Fülle in meinem Leben.
Danke, Gott, für all das, was du mir gibst.

Die wahre Erneuerung wird dir mit jedem Atemzug, den du hier und jetzt machst, immer bewusster,
das alles schwingt in dir und erhebt deine Seele, glanzvoll und erleuchtet kannst du nun die wahre Türe öffnen, die am Ende dieser Treppe auf dich wartet. Das ist der letzte Schritt zur Vollendung deines Entschlusses. Mit allem Mut und all deiner Kraft, die jetzt in dir ist, öffnest du diese Türe. Dahinter ist ein wunderschöner Raum, der mit Kerzen hell erleuchtet ist, und in der Mitte befindet sich ein Altar. Es ist ein Raum des Friedens, des Lichts und der Liebe. Du hast das Gefühl, hier schon einmal gewesen zu sein, denn es ist der Raum deiner Seele, in der es nichts gibt außer Liebe.

Wenn du willst, kannst du noch beten oder ein paar Blumen auf den Altar stellen. Du hast jetzt die Gelegenheit dazu, bevor es Zeit ist zurückzukehren.

So kniete ich nieder und betete. Erst als ich die Stimme wieder hörte, erhob ich mich und lauschte seinen Worten:

Wenn du beten konntest, wirst du dich befreit fühlen, aber auch ohne ein erneutes Gebet ist alles möglich. Du hast die Gewissheit, du schaffst es, denn Gott ist bei dir.

Dir wird bewusst, dass dein Weg begonnen hat, dass du leise und still inspiriert und liebevoll
als lichtvolles Kind hier am rechten Platz bist, dass du deine wahre Größe jetzt leben kannst.

Mit diesen Worten war ich wieder im Hier und Jetzt. Ich saß immer noch vor dem Kamin, das Feuer war mittlerweile heruntergebrannt. Ich dachte, ich hätte geträumt. Die Zweifel meines Egos waren sofort da, aber mein Herz fühlte diesen Weg so vollkommen, dass ich mir selbst vertraute. Ich war meinen Weg zum Herzen gegangen und es war ein tolles Gefühl, einen Meilenstein erreicht zu haben, eine so wichtige Wegmarke auf meinem Heilweg. Für den Rest der Nacht ging ich wieder zu Bett und schlief traumlos bis zum Morgen.

Die Sonne weckte mich, sie blitzte durch die Vorhänge hindurch und kitzelte mich an der Nase. Voller Begeisterung sprang ich auf. Noch heute muss ich immer wieder lachen, wenn ich an diese wundervolle Energie denke. Im Schlafanzug ging ich vor die Türe und wollte unbedingt die Erde unter meinen nackten Füßen spüren. Die Verbundenheit ließ in mir erneut die Kraft emporsteigen, die ich auf meiner Reise entdeckt hatte. Auch wenn mein Ego glaubte, mich fragen zu müssen, ob ich jetzt so ein spiritueller Spinner sei, ließ es mich völlig unbeeindruckt. Ich fuhr einfach fort, mich großartig zu fühlen.

Am Abend rief ich Elisa an und erkundigte mich nach ihrem Befinden. Sie sagte, dass sie mich vermisse, aber froh sei zu hören, dass ich auf dem Weg der Besserung sei. Sie erzählte von den Kindern und von unseren Enkelkindern. Es tat mir gut, ein wenig Alltag aufzufangen und so den Bezug zur Realität nicht zu verlieren. Im Anschluss betete ich noch und ging früh schlafen.

Die nächsten Tage verliefen ohne große Vorkommnisse. Ich lebte, atmete und betete, ging spazieren und hackte Holz. Ich war zufrieden und fühlte mich jeden Tag besser. Die anfängliche Schwäche rückte in den Hintergrund und ich merkte, dass ich kraftvoller wurde. Die Energie der Natur nutzte ich, um mich zu füllen.

Ein besonders sonniger Tag lud mich ein, meinen Nachmittagsspaziergang zu verlängern. So kam ich zu einer Lichtung, dort stand ein Baum, der mich magisch anzog. Dieser Baum war wohl sehr alt, das konnte ich sehen. Ich weiß nicht so genau, von welcher Art der Baum war, aber ich spürte, dass er eine wichtige Energie für mich barg. So ging ich näher und fasste diesen Baum an, und es war, als ob er zu mir sprach:

Ich bin umgeben von der Liebe Gottes.
Ich stehe hier fest verwurzelt in der Muttergottes.
Ich schwinge mit dem Wind.

Ich genieße den Regen und die Sonne, weil sie mich nähren.
Ich bin eins mit der Welt.

Sieh den Wandel, wir brauchen die Erneuerung.
Der Winter ist zur Einkehr da, um innezuhalten.
Im Frühling kann alles wachsen, es kann etwas Neues entstehen.
Der Sommer bringt es in die ganze Pracht
und der Herbst bringt die Ernte.
So ist es auch in deinem Leben, alles braucht seine Zeit.
Jeder Wandel ist wichtig, sei dir dessen bewusst.

Ich spürte diese Weisheit des Baumes und fühlte, dass diese Botschaft sehr wichtig für mich war. So bedankte ich mich bei ihm. Und mir wurde bewusst, dass ich diese Worte schon einmal empfangen hatte. Aber diesmal erreichten mich die Worte der Erneuerung in einer Tiefe, die ich wirklich verstehen konnte. Ein Lächeln stieg in mir hoch, denn ich konnte es bis in jede Zelle fühlen und merkte von diesem Zeitpunkt an nochmal eine Steigerung in meinem Heilungsprozess. Mir war bewusst, dass meine Einkehr schon stattgefunden hatte und es nun um mein weiteres Wachstum ging. Das Verständnis für diese intensive Phase des Füllens und Fühlens war Grundvoraussetzung für die vollständige Heilung. Und so ging ich mit der Liebe Gottes fest verwurzelt und schwingend durch den Wald zurück zu meinem Häuschen. Ich fühlte mich als ganz neuer Mensch. Den Henry, den es früher gab, den gab es nicht mehr. Der neue Henry Sonnenfeld gefiel mir viel besser. Und dann war mein Geist ganz klar. Die Worte sprudelten nur so aus mir heraus. Als ich meine Stimme laut hörte, wusste ich, es war meine Wahrheit, ein Weg, der lange nicht zu sehen war.

Ich fand den Pfad durch die Irrwege in eine Lichtung voller Impulse.
Ich tankte die Kraft der Natur, ließ mich stärken von ihr.
Empfing die Liebe durch das Gebet zu dir, machte mich kraftvoll in

meinem Körper und ließ das Licht in meine Zellen, reinigte meinen Geist und vollbrachte selbst die Heilung in meinem Körper, durch meine Erkenntnis.

Ich fühlte jeden Tag, dass es die richtige Entscheidung war, hierhergekommen zu sein. Doch die Geschichte meines Ferienhauses ließ mich nicht los. Ich fragte mich, ob dieses Haus oder die Umgebung etwas dazu beigetragen hatte. So entschied ich mich, dieses Geheimnis zu lüften. Ich entschied mich zunächst für die Bibliothek und versuchte dort mein Glück.

Ich ließ mir alles geben, was vielleicht interessant sein konnte, vertiefte mich in die alten Schriften, blendete alles um mich herum aus. Nach einer Weile stieß ich auf einen Artikel, in dem ein Schloss abgebildet war. Das Bild löste etwas in mir aus. Wieder hörte ich die Stimme:

Komm, Henry, lass uns eine Reise machen. Dein Geist ist klar und deine Seele ist bereit. Sei bereit und baue dir dein Schloss. Stell dir vor, es ist ein herrlicher Herbsttag, die Sonne scheint noch angenehm warm.

Die Blätter der Bäume sind bunt gefärbt, rot, gelb und braun. Alles leuchtet und erfüllt dein Herz mit Zufriedenheit. Du stehst an einer Küste, vor dir das Meer und um dich herum schöne Wiesen und uralte Bäume. Während du hier so stehst, wird dir bewusst, dass das der Platz ist, wo dein Schloss stehen könnte. Du möchtest hier gerne den Winter erleben, dann den Frühling, in dem alles wieder erwacht. Und du weißt auch, dass hier ein herrlicher Sommer zu verleben wäre. Genau hier wirst du dir dein Schloss erbauen. Alles, was du brauchst, Geld, Menschen, die dir helfen, wird vorhanden sein. Also fang an, dein Schloss zu bauen.

So sah ich mich stehen an diesem wunderschönen Ort. Sah das Meer vor mir. Hinter mir die Berge und um mich herum wundervolle Weiden. So kam die nächste Frage auch nicht überraschend für mich.

Wie soll dein Schloss aussehen? Beginne mit dem Fundament. Entscheide dich, wie groß dein Schloss werden soll.

Wie viele Zimmer soll es haben? Welche Fenster willst du einsetzen lassen? Wie soll das Dach aussehen? Während du darüber nachdenkst, wie viele Zimmer du brauchst, werden dir ein paar wichtige Gedanken gegeben:

Mein Schloss soll meiner wahren Größe entsprechen.
Mein Schloss braucht Platz für die Liebe.
Mein Schloss braucht Platz für Freundschaft.
Mein Schloss braucht Platz zum Arbeiten.
Mein Schloss braucht Platz für die Familie, vielleicht auch für Kinder.
Mein Schloss braucht Platz für meine Seele und mein Herz.
Alle diese Plätze können in meinem Schloss Raum finden und mit dieser Gewissheit kann ich jetzt bauen.

Ich sah, wie mein Schloss Formen annahm. Die Außenwände wurden gezogen, ich entschied, wo die Fenster hinkamen, große Fensterfronten, eine Dachkuppel aus Glas, klare, offene Räume und ein großer Empfangsbereich mit einer wunderschönen Treppe, die in den ersten Stock führte. Ich wurde immer mutiger und setzte alles um, was ich mir schon immer gewünscht hatte. Dann war der Rohbau fertig und ich stand draußen vor dem Eingang, als mich die Stimme wieder einfing

Sehr gut, Henry, lass alles vor deinem geistigen Auge entstehen. Und vielleicht möchtest du darüber nachdenken, wer hier in deinem Schloss mit dir leben will. Oder wer dich besuchen kommt.

Und ich sah in diesem Augenblick, wie ich mit Elisa Hand in Hand in unserem Garten stand. Wir hatten einen kleinen Swimmingpool eingebaut und eine alte Haustüre aus Holz schmückte unseren Eingang. Ich sah unsere Kinder und unsere Enkelkinder. Ich sah auch meine Schwestern und Brüder, und was mich am meisten überraschte, war, dass meine Eltern auch da waren, obwohl sie ja schon tot sind. Meine Mutter kam auf mich zu, gab mir eine Papierrolle und lächelte mich liebevoll an.

So stand ich da, fühlte mich wie ein kleiner Junge und öffnete die Rolle mit klopfendem Herzen. Ich hatte das Gefühl, dass ich selbst diese Papierrolle vor langer Zeit beschrieben hatte:

Mein Schloss soll Menschen verbinden.
In meinem Schloss soll Fröhlichkeit entspringen.
In meinem Schloss soll Kreativität entspringen.
In meinem Schloss soll Glaube immer wieder gezündet werden.
In meinem Schloss wird immer Raum für Kommunikation sein.
In der Gewissheit, dass ich der Bauherr bin, kann ich alles so bauen,
wie es tief in mir verwurzelt ist.
Mein Schloss nimmt immer mehr die Form an, die ich mir wünsche.
Ich kann es so bauen, wie es meine Bestimmung ist.

Als ich zu Ende gelesen hatte, waren meine Eltern verschwunden. Meine Familie hatte sich in den Garten gesetzt, weil da wohl schon alles fertig war. So hörte ich erneut die Aufforderung:

Henry, langsam kannst du anfangen, dir über die Einrichtung Gedanken zu machen. Welche Möbel, welche Farben sollen die Wände haben, wie soll der Boden aussehen? Alles ist deine Entscheidung. Du bist der Schlossherr. Lass alles vor deinem geistigen Auge entstehen. Dein Schloss wird immer schöner. Alles wird langsam vollendet. Die Möbel werden aufgebaut und du kannst beginnen zu dekorieren. Gib deinem Schloss deine persönliche Note, hauche deinem Schloss Leben ein und fülle es mit deinem Geist.

So entstand ein Ort, der mich zu Tränen rührte. Es standen alte und neue Möbel in den Zimmern. Im Wohnzimmer stand ein rotes Sofa, groß und einladend. An den Wänden hingen Bilder von den Kindern und von berühmten Malern. In der Eingangshalle erwartete mich ein besonderer Anblick. Auf der rechten Seite war eine alte holzgetäfelte Wand, in die etwas eingeritzt war. Es musste sehr alt sein.

Herz licht haus

Mein wahrer Geist ist hier zu Hause.
Meine Seele ist hier zu Hause.
Hier kann ich ganz ich sein.
Hier bin ich im Einklang mit mir selbst.

Ich wusste nicht, was der Begriff Herzlichthaus bedeuten sollte, aber er berührte mein Herz. Tränen der Rührung und des Glücks liefen über meine Wangen. Und mit einem Male wusste ich: Ich bin das Schloss. Das Schloss ist mein Leben. Ich erkannte, dass alles so war, wie ich es wollte, und ich verstand auch, dass ich alles neu gestalten konnte. Denn ich war der Bauherr.

Ja, Henry, sei tief mit dir verbunden und sei gewiss, Gott liebt dich und dein Schloss.
Er liebt es, wie du es füllst als Mensch.
Er trägt dich und stützt dich da, wo du es brauchst.
Er gibt dir Flügel, damit du fliegen kannst, aber er hat dir auch die Wurzeln gegeben, damit du immer wieder nach Hause fliegen kannst.

Du und er wissen, du kannst dein Schloss überall bauen, weil deine Wurzeln in dir liegen.
In dieser Gewissheit bist du bereit, dich für den Augenblick von deinem Schloss zu verabschieden.

Und mit dem nächsten Atemzug war ich wieder in der Realität. Ich nahm den Stuhl wieder wahr, auf dem ich saß. Schaute mich vorsichtig um, aber es schien so, als ob es keinem aufgefallen war, dass ich mich hier auf eine Reise begeben hatte.

Immer noch sitzend in der Bibliothek widmete ich mich meiner Recherche und nach einer Weile des Suchens wurde ich fündig. In einer Zeitung stand, dass das Haus früher von der Familie Lichter bewohnt wurde. Es handelte sich um eine sehr zurückgezogene, aber auch reiche Familie. Die Überschrift des Artikels lautete: Das Licht.

Mit gespannter Erwartung las ich weiter:
Es war der Abend vom 6. Januar 1911, als ein Wanderer in die Stadt kam und sich erkundigte, wo die Familie Lichter wohne. Eigentlich war das nichts Ungewöhnliches, aber zur damaligen Zeit war die heutige Stadt noch ein Dorf, und da misstraute man Fremden. Die Familie Lichter, die wie gesagt sehr zurückgezogen lebte, sah man nur sonntags in der Kirche, wenn sie sich hier an diesem Ort aufhielt. Sie hatten ein großes Anwesen in der Nähe von Köln. Manche erzählten, dass Herr Lichter mit Gott sprechen konnte. Dies erfüllte die Menschen mit Angst und sie suchten deswegen nach Möglichkeiten, sie von hier zu vertreiben. Man wollte keine Gotteslästerer und auch keine Menschen, die mit schwarzer Magie arbeiteten,

neben sich wohnen haben. Friedrich von Bogen, der Bürgermeister der Stadt, wurde beauftragt, dem Fremden zu folgen. Friedrich selbst war ein sehr angesehener Mann, der mit beiden Füßen auf dem Boden stand, sehr gläubig, aber natürlich in geordneter Form, also kein Spinner. Er selbst war eigentlich gesund, so fand er, wenn nicht die in der letzten Zeit aufkommenden Schmerzen in seiner linken Brust ihm zu schaffen machten. Und lautete sein Auftrag herauszufinden, wer der Fremde sei und was er oben im Haus der Lichters wolle, eine Ehrensache für ihn. Für diesen Auftrag wurde ein vertrauensvoller Mensch benötigt und Friedrich war vertrauensvoll, gläubig und auch intelligent. Er folgte dem Fremden unauffällig durch die anbrechende Dunkelheit. Als dieser schon fast bei dem Haus der Lichters angekommen war, setzte plötzlich ein helles Licht vom Himmel einen Strahl direkt auf das Haus. Der Mann und auch Friedrich blieben wie vom Blitz getroffen stehen. Es war unheimlich und doch beruhigend. Dieses Licht war so warm und hell, wie ein Strahl Gottes. Wenn man überhaupt wüsste, wie so ein Strahl aussehen könnte, würde man ihn sich so vorstellen. Nachdem sich beide Männer von dem Schrecken erholt hatten, setzte der Fremde seinen Weg fort, bis er am Haus angekommen war. Friedrich blieb in Deckung und schaute genau zu, was sich als Nächstes ereignen würde. Der andere Mann ging zu einem Fenster hinüber und stellte sich so geschickt davor, dass er hineinschauen konnte, selbst aber unsichtbar blieb. Was sich in diesem Raum abspielte, war komisch. Ein Mann saß im Sessel vor dem brennenden Kamin, Kerzen brannten überall und es hatte den Anschein, als ob der Mann schlief. Er hatte die Augen geschlossen und sprach anscheinend mit jemandem. Aber weder Friedrich noch der fremde Mann konnten eine andere Person erkennen.

Vielleicht führt Herr Lichter Selbstgespräche, dachte der Bürgermeister. Dann sah er, wie sich ein Schatten langsam Richtung Ein-

gang bewegte und die Türe öffnete. Obwohl der Fremde immer noch gebückt am Fenster stand, war nicht ganz klar, warum Herr Lichter die Türe öffnete. Hatte er den Mann doch gesehen oder sogar gehört? So bückte sich Friedrich noch etwas mehr hinter seinen Busch und hörte dann die Stimme von Nikolas Lichter, der laut in die Dunkelheit sagte: „Meine Türe steht Euch offen, tretet ein, Ihr Leute." Der Fremde wirkte zwar überrascht, ging aber sofort zur Türe und begrüßte Nikolas Lichter und trat ein. Nikolas blieb aber in der Türe stehen, und obwohl er Friedrich nicht sehen konnte, schien es so, als ob er die Anwesenheit spürte. „Komm herein, auch du bist willkommen", rief er in die Dunkelheit und verwirrte damit den Bürgermeister gänzlich. Friedrich zögerte kurz, trat aus seinem Versteck, begrüßte Nikolas kurz mit Guten Abend und ging hinter dem Fremden ins Haus. Etwas unsicher standen sie jetzt alle im Wohnzimmer. Friedrich schaute sich im Zimmer um und bemerkte sofort dieses Licht, welches von draußen schon zu sehen war. Es erhellte den Raum, wie es keine Kerze vermag. Nikolas Lichter bot seinen Gästen einen Sitzplatz neben dem Kamin an. Es war eine Holzbank, mit einem warmen Fell bedeckt. Sie setzten sich und stellten sich einander vor. Der Fremde war Josef Blum. Er hatte von einem Bekannten gehört, dass Nikolas eine besondere Gabe besitze, und er habe sich deshalb auf die weite Reise gemacht, weil er glaube, wenn ihm einer helfen könne, dann Nikolas Lichter. „Josef, ich freue mich, dass ich dich in meinem Haus begrüßen darf. Auch über Ihr Erscheinen freue ich mich, Herr von Bogen", erklärte Nikolas Lichter. „Sagen Sie nur Friedrich. Ich muss mich wohl entschuldigen für meine Neugierde, aber wir haben im Dorf beschlossen, dass ich nach dem Rechten schauen sollte", versuchte Friedrich von Bogen seine Anwesenheit zu erklären. „Wenn es sich hier um eine private Angelegenheit handelt, störe ich vielleicht nur", entschuldigte sich Friedrich von Bogen und stand auf. „Nein, Herr von Bogen, Friedrich, bleiben Sie, auch auf Sie habe ich gewartet", antwortete Nikolas Lichter.

Ich hielt kurz inne, blickte von diesem Artikel auf und merkte, dass ich mich immer noch in der Bibliothek befand. Es kam mir alles sehr unwirklich vor. Für einen Augenblick dachte ich, ich bin der Fremde in dieser Geschichte. Sehr interessant! Schnell las ich weiter.

Nikolas bat Friedrich, sich wieder hinzusetzen. Kaum dass von Bogen wieder Platz genommen hatte, sagte Nikolas: „Friedrich, auch Sie haben ein gesundheitliches Problem, nicht wahr?" Es überraschte ihn, dass Nikolas von seinen Schmerzen wusste. Denn er hatte es nur seinem Arzt und sonst niemandem erzählt. Aber auch von seinen Ängsten, die ihn in den letzten Monaten plagten, und somit der Enge in seiner Brust, in seinem Herzen, die ihm vermehrt die Luft zum Atmen nahm, schien Nikolas zu wissen. So berichteten Josef und Friedrich Nikolas abwechselnd über ihre Sorgen. Friedrich war sich bis zu diesem Zeitpunkt nicht bewusst, dass Nikolas ein Heiler war. Er vertraute ihm, denn er hatte eine große Ruhe in sich, die sofort ansteckte.

Nikolas bat beide Männer sitzen zu bleiben, er stellte sich hinter sie. Seine Hände berührten ihre Köpfe leicht und das Licht im Raum wurde noch heller. Dann sah man das Leuchten der beiden Menschen. In ihren Gesichtern machte sich ein Lächeln breit, das sich dann zu einem strahlenden Lachen erweiterte. Man hörte förmlich die Herzen klopfen, nicht beängstigend, sondern voller Freude. Es leuchtete in ihren Herzen und in ihren Seelen. Es war so unglaublich, dass es kaum in Worte zu fassen war. Danach spürte ich die Veränderung, schrieb Friedrich. Alles, was mir früher ein Dorn im Auge war oder worauf ich in der Vergangenheit aggressiv reagiert hatte, lebte ich nun wahrhaftig friedfertig. Ich wurde plötzlich gläubiger, aber nicht fanatisch, sondern ruhiger und gelassener. Ich setzte mich für das

Wohlergehen meiner Mitmenschen ein. Für die Kinder und auch für die Armen. Mein Problem mit den Schmerzen war wie weggeblasen, selbst bei der größten Anstrengung verspürte ich keine Schmerzen mehr. Was aus Josef geworden ist, weiß ich nicht, aber ich weiß, dass die Familie Lichter etwas ganz Besonderes ist. Nikolas Lichter ist wohl ein Mann Gottes, ein Mann des Lichtes.

Ich legte den Artikel wieder weg und blickte auf. Hatte mein Erlebnis im Haus etwas mit Nikolas Lichter zu tun? War es so, dass ich die Energie seines Lebens gespürt hatte? Oder war es ein Ort, an dem Gott sehr präsent ist? Die Geschichte machte mich sehr nachdenklich. Für diesen Tag hatte ich erst mal genug zu verarbeiten. Auf dem Weg nach Hause versorgte ich mich mit Lebensmitteln. Auch ein paar Kerzen nahm ich noch mit. Zu Hause hackte ich erst mal ein wenig Holz. Ich musste meinen Kopf frei bekommen. Denn ich fragte mich, was mir diese Geschichte sagen wollte. So hackte ich wild drauflos, bis mir die Puste wegblieb, besann mich aber dann wieder und entschloss mich, meine Kräfte besser einzuteilen. Eine kleine Brotzeit und ein wenig Stille der Natur würden mir guttun. In dieser Erkenntnis setzte ich mich vor das Haus, biss in mein Brot und versank auf einmal völlig in meinen Gedanken. Und es war wieder so, als ob mich jemand aufgefordert hätte mitzukommen:

Dein Geist ist klar, deine Seele bereit. Stell dir vor, du bist in einer großen Bibliothek. Es ist eine sehr alte Bibliothek, hier sind alle Werke vereint, die es auf der Welt gibt. Keines fehlt. Auch die Bücher, die verbrannt worden sind, haben hier ihren Platz. Es ist die göttliche

Bibliothek. Und du hast heute die Möglichkeit, in die Bücher zu schauen und vielleicht auch deine Fragen, die dir auf dem Herzen liegen, beantwortet zu bekommen.

Sofort sah ich mich in der Bibliothek um. Ich glaubte, dieser Raum sei größer, als ich es fassen konnte. Denn wohin ich auch schaute, ich sah nur Bücher. Viele verschiedene Ebenen und Verzweigungen bestimmten dieses Bild, und ich stand mit offenem Mund da und staunte. Als ich meine Sprache wiederfand, stellte ich meine Frage direkt an Gott: „Wo komme ich her?"

„Die Antwort auf diese Frage liegt im Buch deiner Ahnenfamilie. Dieses Buch ist sehr alt und da stehen alle deine Leben, alle, die du schon gelebt hast, und auch die deiner wahren Familie, der du immer wieder begegnest in deinem irdischen Leben. Um deine Frage zu beantworten, solltest du verstehen, dass es nicht darum geht, woher du kommst, sondern wohin du gehst. Du bist Licht, du warst immer Licht und du wirst immer Licht sein. Du suchst den Weg zurück zu mir, deinem Vater, weil du das Licht hier auf Erden nicht so spüren kannst wie bei mir und den anderen. Aber sei gewiss, du kannst dein Leben als Mensch lichtvoll leben und kannst dann irgendwann wieder zurückkommen, aber erst dann, wenn dein Lebensplan erfüllt ist. Diese Worte sind nicht so leicht zu verstehen, aber es ist ein Prozess, dem du dich öffnen kannst. Lass die Worte wirken und spüre ihnen nach."

So ließ ich die Worte in mir wirken. Auch ich hatte schon von Reinkarnation und solchen Dingen gehört. Sara hat mir in unserem Gespräch eine Kurzeinweisung vieler spiritueller Ansichten wiedergegeben und sie erzählte mir außerdem, dass wir wiedergeboren würden. Ich blieb noch eine Weile stehen und ging dann auf leisen Sohlen weiter. Ich sah riesige Regale, alle waren mit Büchern vollgestopft. Es gab welche, die neu aussahen, und manche waren ganz abgegriffen. So schlenderte ich durch die Gänge, bis ich zu einem Regal kam, in dem ein Buch hervorstand. Ich nahm es heraus aus dem Regal und schlug die erste Seite auf. Eine alte verschnörkelte Schrift zeigte mir, dass es ein altes Buch sein musste, aber ich war trotzdem in der Lage, es zu lesen:

Lichtbewusstsein ermöglicht dir, Ebenen zu erreichen, die Raum und Zeit verlassen.
In Liebe und Licht zu leben, ist der Weg zu deinem Herzen.
Verstehen und begreifen kannst du nur mit deiner Seele.
Losgelöst von allen wissenschaftlichen Erklärungen entscheidest du dich für ein Leben im Glauben zu Gott.

Ich glaubte, dass einige Menschen behauptet hatten, wir könnten Raum und Zeit verlassen. Es forderte mich heraus, das zu verstehen. Nur mit meinem Herzen zu glauben, das gelang mir nicht immer. Mein Ego war zu diesem Zeitpunkt immer noch sehr stark. Aber ich war froh, dieses Buch geöffnet zu haben, und in meinen Gedanken dankte ich dem Autor für die Worte. Ich fand es schön, wenn Menschen ihre Gedanken und Visionen zu Papier bringen und es für andere in einem Buch bündeln. So schob ich das Buch wieder ins Regal zurück und ging weiter Ich las einzelne Buchtitel und ich fühlte die verschiedenen Buchrücken. Es gab welche, die schön verziert waren, mit Gold etwa, aber auch Bücher der neueren Zeit, die bunt eingefasst waren. Ein besonders kleines Buch weckte meine Aufmerksamkeit. Auch dieses Buch zog ich aus dem Regal. Es war aber so klein, dass es kaum die Größe meines Daumens maß. Golden eingefasst war es und trotz seiner Größe war es sehr schwer. Um das Buch aufzuschlagen, musste ich erst einmal das Schloss öffnen. Aber mir fehlte der Schlüssel. Ich suchte das Regal noch einmal ab und fand ihn. Mit zitternden Händen öffnete ich das Schloss auf und blätterte vorsichtig die einzelnen Seiten um. Ich wollte auf keinen Fall etwas beschädigen. Auf den ersten Seite fand ich nichts Interessantes, aber dann, fast am Ende, sah ich eine Seite, die meine Aufmerksamkeit weckte. So las ich die Worte laut und bemerkte, dass meine Stimme sich in der Bibliothek ganz merkwürdig anhörte.

Verborgene Schätze zu heben, Dinge aufzuschließen,
in den Kleinigkeiten des Lebens Großes zu sehen,
neugierig den Tag anzufangen und zu beenden,
dies sind Botschaften für dein Leben.

Mit dem lauten Aussprechen dieser Botschaft fühlte ich die Wertigkeit für mein Leben. Ich wusste, dass ich nur das lesen würde, was für mich persönlich wichtig war. Nachdem ich das Buch verschlossen hatte, schob ich es wieder zurück ins Regal. Den Schlüssel legte ich an seinen Platz. Mein Weg führte mich weiter. Ein Buch, das auf einem Tisch lag, zog mich magisch an. Ich schlug die erste Seite auf und stellte fest: Da steht nichts. Aufgeregt blätterte ich weiter, aber das Einzige, was ich fand, waren leere Blätter. Und so hörte ich mich vor Verwunderung laut fragen: „Warum liegt hier ein leeres Buch? Wer will es schreiben? Und dann kam plötzlich dieser Mann wieder zu mir. Er setzte sich zu mir an den Tisch. Heute sah er ganz jung aus, aber seine Stimme erkannte ich gleich. „Hallo Henry." „Hallo", erwiderte ich und schaute ihn mit erwartungsvollen Augen an. „Weißt du denn nicht, dass es dein Buch ist, Henry? Schau doch." Mit diesen Worten fuhr er mit der Hand über die leeren Seiten und auf einmal stand dort mein Name.

Henry Sonnenfeld – Der Weg zum Herzen

Henry, dieses Buch wartet auf all deine Gedanken, auf all deine Erfahrungen, auf all deine göttlichen Impulse, die dein Leben geprägt haben. Diese leeren Seiten und die Menschen aus einer späteren Zeit warten auf deine Worte. Also mache dich auf und schreibe dein Buch des Lebens. Fülle es mit Worten der Liebe, fülle es mit spannenden, tröstenden und lichtvollen Geschichten. Mache aus deinem Buch einen Meilenstein für die Menschheit.

„Ich soll ein Buch schreiben?", fragte ich und wie auf Knopfdruck lief ein Film in meinem Kopf ab. War das die Antwort auf meine Frage? Ich sah mich von Gott geführt schreiben. Ich sah, dass ich nicht wusste, was ich schrieb, denn es geschah im Zustand des Geführtseins. Meine Finger glitten über die Tastatur meines Laptops. Ich ließ es einfach fließen. So wurden meine Gedanken zu geschriebenen Worten, die Worte wurden zu Sätzen, und die Sätze wurden zu einer Geschichte. Bis schließlich ein Buch vor mir lag. Es berührte mich sehr. In diesem Gefühl sah ich wieder den Mann vor mir, der sagte:

Schreibe dein Buch des Lebens, jetzt oder später. Höre auf deine innere Stimme. In dem Wissen, dass du eine Ahnenfamilie hast, kannst du den Seelen immer wieder begegnen. In dem Wissen, dass du mit dem Herzen glauben kannst, in dem Wissen, dass du den Botschaften neugierig entgegenblickst, und in dem Wissen, dass es deine Erfahrungen sein werden, die für die Menschheit wichtig und richtig sind, kannst du dein Buch schreiben und in der göttlichen Bibliothek veröffentlichen. Du bist nun inspiriert. Du weißt jetzt, dass sich dein Leben stetig ändern kann. Dir wird bewusst, dass Großes auf dich wartet, dass Ereignisse in deinem Leben kommen werden, von denen du nie zu träumen gewagt hast.

Meine Sinne klärten sich langsam und mir wurde bewusst, dass ich immer noch am Tisch saß. Vor mir standen die Reste meiner Brotzeit. Es war wieder passiert. Wie war das nur möglich, dachte ich. Aber es war noch nicht zu Ende, denn mein Gespräch setzte sich noch fort:

Henry, du kannst mit dem Herzen sehen. Vertraue auf dich. Das, was hier passiert, kann nur geschehen, weil du dich dafür entschieden hast.

Da vollzog sich ein Wandel in mir und wie von selbst, als ob ich meinen Gesprächspartner sehen oder hören konnte, führte ich einen Dialog. Ich fragte: „Aber wie kann ich denn mit dem Herzen sehen?"

Henry, das Wie ist nicht wichtig, sondern nur das Machen. Und gerade hast du es einfach zugelassen. Du hast es gefühlt und so heilst du in allen Ebenen, in Körper, Geist und Seele. Nicht weil dein Verstand es glauben möchte, nein, weil es einfach mit deinem Herzen entschieden ist. So wie du dich gerade entschieden hast, mit mir zu reden, so ist dies auch deine Entscheidung.

Ich kann es entscheiden durch mein Herz. Aber wie habe ich das gelernt?

Als du dich aufgemacht hast, um nach deinem Weg zu suchen. Als du die verschlossenen Türen geöffnet hast, sind die Wege sichtbar geworden. Dein Zugang zu dir ist der Zugang zu mir, Henry. Ich bin dein Schöpfer und du bist ein Teil meiner Schöpfung, und so ist es immer eine Entscheidung des Menschen, zurück zu mir und zurück zu sich zu kommen, dem Göttlichen in euch Menschen.

Wenn es wirklich so ist, warum hat es so lange gedauert, bis ich bereit war, diesen Weg zu gehen?

Es hat doch gar nicht lange gedauert. Es ist nur ein Hauch von Zeit vergangen.

Aber ich empfinde es nicht als Hauch, mein Leben ist doch fast zu Ende. Ich bin schon Großvater geworden.

Henry, für euch Menschen mag es eine lange Zeit sein, aber für deine Seele und für mich ist es nur ein Wimpernschlag.

Warum ist es dann so schwer, das so zu sehen? Ich weiß, mir bleibt nicht mehr so viel Zeit. Gott, ich möchte das verstehen. Warum ist das Leben auf Erden begrenzt?

Das Leben auf Erden ist nicht begrenzt, nur ihr habt es endlich gemacht. Euer Denken bestimmt euer Leben, nicht ich mache es. Und so kann es auch nur durch euch wieder verändert werden. Eure Krankheiten sind eure Kreationen, ihr wollt sie als ein Zeichen. Weil ihr dieses als Mensch erleben wollt. Ihr wollt fühlen, Emotionen fühlen. Und so könnt ihr eure Krankheiten, egal ob seelisch oder körperlich, auch auflösen, indem ihr die Heilung fühlt. Eure Glaubenssätze tragen dazu bei.

Ich glaube, das habe ich verstanden. Ich habe ja auch beschlossen, meine Zellen nun selbst zu heilen und in jede Zelle Liebe und Licht fließen zu lassen. Dann habe ich gemerkt, wie sich mein Körper veränderte, wie ich auf einmal Dinge erlebte, wie zum Beispiel mit dir hier zu reden oder auch diese Reisen. Sie haben doch auch mit dir zu tun, oder?

In erster Linie haben sie mit dir zu tun, Henry. All die Impulse gebe ich jedem Menschen, jetzt hängt es nur von deiner Entscheidung ab, ob du es fühlen möchtest. Und du hast dich entschieden, die Regie deines Lebens zu übernehmen. Dein Leben. Deine Tochter Sara hat auch diesen Zugang und sie ist deine Hilfe, so wie du ihre bist. Es ist immer ein Geben und Nehmen. Eure Verabredung war so getroffen und sie sollte deine Tochter sein, weil es ein Mensch sein sollte, der dich lange begleitet.

Aber erst jetzt habt ihr in diesem irdischen Spiel entschieden, es auch zu spielen. Oder sagen wir, schon jetzt. Es ist wunderbar. Ich wusste, du kannst es in diesem Leben geschehen lassen, ich habe dir die ganze Zeit vertraut.

Danke, da muss ich jetzt glatt heulen.

Weine nur. Auch die Tränen sind euch gegeben, nutze sie zur Reinigung. Henry, schaue das Tor der Liebe an, du kannst hindurchtreten.

Das Tor der Liebe öffnet sich einen Spalt. Du kannst einen Blick erhaschen von dem Licht, es verscheucht die Finsternis. Die Worte der Liebe erreichen dein Herz und du glaubst an dich. Deine Erkenntnis kann die Liebe sein, die es gibt in dir und um dich herum.

Den Schmerz der Vergangenheit kannst nur du lösen. Gib ihn frei und lass etwas Neues entstehen,

vertraue dir und mir, denn nur so können wir das Tor der Liebe weit öffnen. Freier Zugang zum Tempel des Lichts, hier wohnt die Liebe, die keine Bedingung kennt. Wir geben unsere Energie in den Strahl der Liebe. Bündeln und verstärken dieses Licht und erhellen den Tempel, zünden dein Licht aufs Neue.

Gelebt dieses Leben in aller Vollendung,
geliebt die Menschen, geheilt die Leiden,
kannst du gehen, kannst du bleiben
an deinem Ort der Liebe, im Tempel des Lichts.

Gott, das ist aber ziemlich groß. Ich kann es fühlen in meinem Herzen. Wenn du mir diese Gedichte gibst, warum berühren sie mich so sehr?

Weil sie aus der Seele gesprochen sind und dein Herz die Wahrheit erkennt. Du erkennst deinen Weg, es sind deine Impulse.

Was ist mit dem Buch? Willst du, dass ich es schreibe?

Henry, nicht ich will es, es ist deine Entscheidung. Was auch immer du tust, es ist deine Wahl. Du kannst es tun. Wenn du der Welt etwas mitteilen möchtest, dann mach es, wenn nicht, dann lass es.

Aber warum gibst du mir dann so eine Möglichkeit?

Du hast alle Möglichkeiten. Viele, die du nicht genutzt hast, und viele, die du noch nutzen kannst.
Sei dir nur deiner freien Wahl bewusst. Egal wie du dich entscheidest, ich weiß es schon und meine Unterstützung ist dir gewiss.

Danke. Was soll ich jetzt tun?

Gehe in dich und du wirst die Antwort finden.

So war unser Gespräch beendet. Ich stand auf und atmete die klare Luft ganz bewusst tief ein und aus. Mir war bewusst, dass ich hier an diesem Ort zu dieser Zeit etwas ganz Besonderes erlebt hatte. Tief bewegt und vollkommen ruhig machte ich noch einen Abendspaziergang und rief dann Elisa an. Ich versuchte ihr davon zu erzählen, merkte aber, wie schwer es mir fiel, es in die richtigen Worte zu fassen. Und so kam mir der Gedanke, vielleicht sollte ich es doch aufschreiben, für meine Frau und für meine Kinder. Vielleicht können sie dann mein Leben besser verstehen, wo und wann es auch endet. Noch war alles in meinem Kopf. Ich beschloss an diesem Abend, dass ich mir am nächsten Morgen alles besorgen würde, was ich brauchte, um es in die Tat umzusetzen. Mir war es auch ganz egal, ob es jemand zu meinen Lebzeiten lesen würde. Aber mein Gedanke war auch, vielleicht ist es so, dass viele Jahre später meine Worte jemanden erreichen, der in einer ähnlichen Lage ist wie ich. Und meine Worte wären ihm oder ihr nützlich. So wie die Geschichte mit dem Haus und dem Heiler. Auch ich hatte dadurch gemerkt, dass es Dinge gab, die ich noch nicht gesehen oder gefühlt hatte, und trotzdem existierten sie. Der nächste Morgen brach an, und ich war nicht mehr zu halten. Meine Gedanken wollten jetzt niedergeschrieben werden. Ich begann ganz vorsichtig die ersten Worte in Sätzen zu fassen, um dann mit jedem Satz einfach immer mehr loszulassen. Seite um Seite füllte sich. Während ich schrieb, war es mir, als ob ich wahrhaftig all das noch einmal durchlebte. Einfach so. Gefühlt im Herzen, berührt im Geiste, heilte meine Seele. Nach Wochen des Schreibens bekam ich wieder eine Botschaft:

Henry, es wird jetzt Zeit, dass du zurückkehrst, deine Zeit hier ist zu Ende. Deine Geschichte ist geschrieben. Deine Worte fließen weiter. Aber deine Familie wartet auf dich, deine Frau und deine Kinder und Enkelkinder. Sei bereit, in ein Leben zurückzukehren, in dem du die Freiheit hast, alles neu zu entscheiden. Sei bereit, deinen wahren Wert zu fühlen, sei bereit, alles zu vergeben. Sei bereit, jeden Augenblick deine Entscheidungen zu treffen, sei bereit zu glauben, an dich und an mich, sei bereit, die Liebe zu leben, und sei bereit für deine Heilung. Sei bereit.

Am Abend rief ich Elisa an und sagte ihr, dass ich zurückkommen würde. Ich hatte nun verstanden, warum es Orte wie diesen gab und dass dieses Haus etwas ganz Besonderes war. Ich freute mich, dass ich hier einen Platz gefunden hatte, der mir den Zugang zu mir und zu Gott geöffnet hatte. Mein Leben ist ein anderes, als es noch vor 120 Tagen war. Ich möchte Elisa und meine Töchter ermutigen, dass sie ihr Leben so leben, wie es für sie bestimmt war.

Elisa freute sich sehr, dass ich endlich nach Hause kommen würde. Als ich zu Hause ankam, sah ich schon die Autos meiner Kinder. Sie waren alle da. Draußen hing ein großes Schild WILLKOMMEN. Als die Türe aufging, nahm ich meine Elisa ganz fest in die Arme und sagte ihr, dass ich sie sehr liebe. Dann kamen meine Töchter dran, auch ihnen sagte ich, wohl das erste Mal mit geöffnetem Herzen, dass ich sie liebe. Es war ein wundervoller Tag. Ich erzählte meiner ganzen Familie die Gespräche und die Ereignisse der letzten Wochen. Wir redeten, lachten und hielten uns an den Händen. Auch unsere Töchter waren wieder vereint, im Licht, durch meine Entscheidung. Vorbei die Auseinandersetzungen. Selbst Petra und Sara saßen in diesem Augenblick nebeneinander und hielten sich an den Händen. Auch Marie strahlte mich an, denn sie wusste jetzt ganz genau, dass Familie im Herzen anfing.

Ich war froh, so viel Liebe um mich herum erleben zu können. Ich war stolz auf meine Familie, auf meine Frau, meine Töchter und meine Schwiegersöhne und auf meine Enkelkinder. Und ich wusste, jetzt kommt noch die Untersuchung und ich musste den Ärzten erklären, wie ich geheilt worden bin. Ich brauchte aber keine Beweise, denn ich fühlte es einfach.

Die erste Nacht in meinem Bett wurde von einem Traum geprägt. Ich begegnete Gott und bekam eine wichtige Botschaft: ein Gebet, eine Affirmation für jeden Tag.

Die Tore des Lebens.
Meine Regie des Lebens lebe ich in meiner Wahlfreiheit.
In der Erkenntnis der Vielfalt der Menschen unterstütze ich meine Brüder und Schwestern in Liebe.
Meine Entscheidungen sind positiv und voller Licht.
In der Erkenntnis meines Wertes bin ich frei, jeden Tag so zu leben, wie es mein ureigener Wunsch ist.
Und durch meine Selbsterkenntnis führe ich ein Leben völlig selbstbestimmt, voller Lebensfreude und Leidenschaft.
Die Schöpfung verstehe ich als menschliches Trainingsfeld.
Den Menschen zugewandt vergebe ich und verbinde mich mit den Engeln.
Meine Hellsinnigkeit eröffnet mir die Wege, die Menschen zu fühlen und ihnen den Weg zum Herzen zu eröffnen.
In völliger Hingabe für das tägliche Sein vollende ich den Energiekreis des Lebens.
Seit dieser Nacht bin ich mir sicher, ich bin und bleibe angebunden an Gott.

Die Entscheidung, von Gott geführt, in unendlicher Liebe, mit geöffnetem Herzen, bist du bereit für deine Aufgabe und erlebst die Glückseligkeit.
Es wird ein Weg sein, der Menschen berührt, der Menschen heilt, der Menschen zueinanderbringt.
Der alles Erstarrte zum Schmelzen bringt, es wird der Weg Gottes sein.
Dein Name ist genannt, du bist der, der jetzt zu dieser Zeit die Menschheit führen soll, denn du bist ein Kind Gottes und alle Kinder Gottes sollen die Menschen führen.
Es ist der Platz des Seins, lasse los, denn nur so kannst du führen.
Alles Alte bleibt hinter dir, mache die Türe weit auf für das Neue, für die Liebe ohne Bedingung.

Du schaffst es!
Du schaffst es ... ich bin bei dir!
Ich habe dich gerufen, und du hast mich erhört.
Leise und still ist es geworden.
Inspiriert und liebevoll gehst du deinen Weg.
Verloren warst du.
Du wusstest nicht, dass du nie allein warst.
Jetzt gehst du deinen Weg, du heiliges Kind.
Alles Dunkle ist fern, alle Tränen, die geweint sind, sind Tränen von gestern.
Alle Liebe, alles Licht, all dein Glück liegt vor dir.
Du schaffst es ... ich bin bei dir!

*Umgeben von Hoffnung,
bin ich vereint mit dir, meinem Vater.
Gefüllt mit Liebe, wird aus Hoffnung Erkenntnis.
Gefüllt mit Liebe, wird aus Erkenntnis Erfolg.
Erfolg, den eigenen Weg gehen zu können,
mit dir vereint und in Liebe getaucht
ist Hoffnung ein Weg.*

*Im Sonnenschein beschützt liege ich auf der Sternenwiese.
Die Schmetterlinge fliegen leicht im Wind, es gibt kein verlorenes Kind.
So glücklos war dein Leben, von Angst und Qual war dein Herz gezeichnet.
Nun hast du der Sonne entgegengelacht und dein Herz aufgemacht,
deinen Schmerz lass nun hinausfließen und gibt dem Licht die Kraft.
Meine Arme tragen dich und heben dich nun empor in dein Leben.*

*Schwestern des Lichts, lasst uns unsere Bande schließen.
Wir brauchen einander. Kein Fluss der Welt, kein so tiefes Tal soll uns trennen.
Wir sind Schwestern des Lichts.
Unsere Herzen können sich öffnen, weiten und erblühen.
Die Mauer des Schweigens reißen wir ein.
Wir vergeben einander in der Erkenntnis der Liebe.
Fühlen, spüren und erleben einander.
Unser Bewusstsein wird lichtdurchflutet sein.
Unsere Visionen leben wir, stärken uns gegenseitig
und bleiben für immer verbunden, Schwestern des Lichts.*

*Über Generationen lebte ich ein Leben als Heiler und Philosoph.
In diesem Leben kam ich auf die Welt, scheinbar ohne Heilfähigkeit.
Doch dann geschah es, dass ich erweckt wurde.
Durch meinen Weg des Lichts fand ich zu meiner Meisterschaft.
Heilte selbst und bringe Heilung in die Menschenseelen.
Freier Zugang zu allen Ebenen des Seins, geöffnet im Herzen,
frei im Denken, von Licht durchflutet bringe ich die Liebe.*

*Seit Anbeginn der Welt gibt es die Liebe
in uns, durch uns und um uns herum.
Doch suchen wir immerzu an allen Orten nach dieser Macht.
Die Wissenschaft hält keine Lösung für uns bereit,
die Weisheit der Ahnen bleibt uns verschlossen,
so suchen wir weiter in Tiefen und Höhen dieser Welt.
Sind zu mutig und zu feige zugleich, uns auf den Weg zum Herzen
zu machen.*

*Dann geschieht es, nicht fassbar oder erklärbar, eine Begegnung
nicht von dieser Welt, so glauben wir.
Hören auf im Außen zu suchen, finden in uns die Liebe,
tief verwurzelt, gefestigt ruht sie in uns, soll geweckt werden,
sich weiten, ausbreiten und entzünden.
Eine Leidenschaft, die kein Leiden schafft.
Ein Feuer, das nichts verbrennt.
Ein Licht, das uns nicht blendet.
Eine Macht, die vollendet.*

Der Weg zum Licht

Gewidmet in Liebe den Frauen meines Lebens,
meiner Mutter Ursula, meinen Schwestern Andrea und Nicole,
Sonja, meiner Seelenschwester,
und Biggi, dem Licht meiner Reifungszeit.

*Das Licht ist geschrieben,
der Weg war himmlisch und sagt:
„Brüder und Schwestern, geht in eure Bestimmung."
Die Zeit ist bereit für die Erneuerung.
Das Licht ist groß, es belebt, heilt und lässt verzeihen.
So strecke ich mich zum Himmel,
rosarot leuchtet mein Herz.
Schaue über die Dächer dieser Welt
und höre die Geschichte von gestern.
Stehe Schulter an Schulter und sehe die Bilder des Lichts
auf dem Weg zu dir.
Laufe die Treppe in den Turm hinauf und reife in dieser Zeit.*

*Meine Schwingung hebt sich an in die Sphären des Lichtbewusstseins.
Meine Geschichte lebt von der Liebe, die ich fand als Frau.
Empfange Glückspost im Sonnenschein,
zentriere meinen Geist
und lebe mit Licht im göttlichen Schein.
Wie eine Rose halte ich dich ganz zart in meinen Händen.
Die Vergangenheit löst auf die Verbindung zum Schmerz
in der Geschichte des Lichts.*

*Ein Sturm rüttelt auf
und zeigt die Fähigkeiten der Erneuerung der Natur.
Lichtkinder des Herzens leben im Sonnenschein,
treten an die Reise in Weichheit des Seins.
Die Energien dieser Welt vereinen sich
und aus der Ferne heilt dein Lied mich.*

*So geschah es vor langer Zeit auf dem Weg zum Licht.
Es entsprang ein Feuerwerk der Liebe
und bescherte uns die Gäste des Lebens.
Hoch oben vom Berg schaue ich ins Tal und sehe dein Herz
und weiß, wir finden uns gleich.
In der Meisterschaft diene ich in Schöpferkraft.
Geheilt die Weiblichkeit und Männlichkeit bei Nacht
kommt die Kraft der innersten Absicht des Lichts
in das unsagbare Glück.
Ich, Heilerin des Lichts, sehe, meine Zeit ist nun gekommen,
zu gehen ins Leben, zu erleben die Bestimmung.*

*Heilsam breitet sich meine Liebe aus.
In die Geburt eurer Stunde der Bestimmung
sehe ich das Plateau der Erde wie im Sterne.
Kann euch zeigen, wie wir schwingen um die Erde.
Gesegnet für die Bestimmung,
treffen wir uns im Königreich der Sinne.
Leben, lehren und ehren die Bestimmung.*

Der heutige Tag, ein wunderschöner Morgen im März, lässt mich hoffen, dass mein Leben diesen wundervollen Verlauf nehmen wird, den ich in meinem Herzen schon gefühlt habe. Die Sonne strahlt vom Himmel und ich sitze hier an meinem Schreibtisch und arbeite. Ich heiße Sara Glück und ich werde in diesem Jahr vierzig Jahre alt. Für mich wird es wohl das wichtigste Jahr in meinem Leben.

Ihr kennt mich sicher schon aus der Geschichte „Der Weg zum Herzen". Mein Vater Henry erzählte hier seine Geschichte. Er ist an Krebs erkrankt und bekam dann die Diagnose Lungenmetastasen. Seine Krankheit machte für ihn einen Weg frei zu Gott. Eine neue Dimension seines Glaubens entstand durch Botschaften, die er von Gott bekam. Ich bin also Sara, seine Tochter, und wie auch mein Vater, so bekomme ich von Zeit zu Zeit Botschaften von Gott. Es fing schon vor langer Zeit an, aber erst durch die Geschichte meines Vaters hat sich in mir ein neuer Weg aufgetan.

Meine Gedichte und die Botschaften haben eine Größe angenommen, dass ich sie aufschreiben will und muss. Nun sitze ich hier an meinem Schreibtisch und schreibe mit geöffnetem Herzen all das auf, was Gott mit mir vorhat. Ich bin nicht krank, wenn das jemand denkt, aber wir alle sind auf der Suche nach unserer Bestimmung, so auch ich. Bis vor kurzem habe ich noch als Krankenschwester mein Geld verdient. Müde von der Schulmedizin suchte ich privat immer wieder Wege, Krankheiten anders zu heilen. So habe ich schon seit Jahren einen naturheilkundlichen Hausarzt. Hier bin ich mit vielen Therapiemöglichkeiten der Naturheilkunde in Berührung gekommen und ich habe gemerkt, dass ich mich hier ausbreiten will, und ich entschloss mich, Heilpraktikerin zu werden.

Derzeit lerne ich für meine Heilpraktiker-Prüfung und in meinem Kopf sammeln sich Begriffe der Anatomie, Pathologie, der Infektionskrankheiten und vieles mehr. Wenn ich Zeit habe, wie heute, schreibe ich und habe das Gefühl, dass die Welt darauf wartet. Es ist nur so ein Gefühl. Ob es wirklich so ist, kann ich noch gar nicht sagen. Eine Frau zu sein in dieser Welt ist nicht so einfach. Und ich glaube, es geht mir darum, Ihnen zu erzählen, warum wir Frauen unserer Bestimmung folgen sollen. Wenn wir in die Welt schauen, sind es oft Männer, die in dieser Welt im Außen etwas bewegen. Aber ist es nicht so, dass wir Frauen die Welt wirklich verändern? Wir bekommen die Kinder, wir erziehen sie zum großen Teil und wir sind in ständiger Kommunikation mit unseren Mitmenschen.

Ich kenne viele Frauen und ich sehe die verschiedenen Wege, die sie gehen. Der Spagat zwischen Familie und Beruf, Partnerschaft und Hausfrau fordert uns ganz viel ab. Und ich möchte euch sagen, dass es viel Mut erfordert, auf diese Welt als Frau zu kommen.

Eine Botschaft von Gott ließ mich schreiben:

Einst lebte ich als Mann auf dieser Welt.
Viele Leben sollten vergehen, dass ich bereit war, es als Frau zu erleben.
Die Kraft und den Mut zu haben, heilend in der Welt der Männer zu sein.
In früherer Zeit ließ eine Frau mich leuchten,
doch meine Vorbehalte zu groß, dass eine Frau so etwas kann, die Herzen erleuchten.
Der Himmel so klar will mich sehen als wunderschönes Geschöpf mit Herz und Verstand.

So suchte ich die Männer mit Stärke und Licht,
um zu empfangen das Leben, die Erleuchtung und das Licht.
Empfangen das Leben, ein Kind und das Licht,
ließen mich beben, ich, eine Frau, bin das Licht.
Trag es hinaus ins Leben, die Liebe und das Licht.

Diese Zeilen berühren mich immer wieder aufs Neue. Denn nicht nur die Botschaft des Heilens, sondern auch den Mut und die Kraft zu haben, es in diesem Leben als Frau zu versuchen, lässt mein Herz immer wieder beben.

Vielleicht ist es so, dass wir Frauen unsere wahre Größe erst durch die Männer erfahren können, obwohl die Männer erst durch uns geboren werden. Das bedeutet, unsere wahre Bestimmung ist, die Kraft zu besitzen, sie auszutragen und sie zu gebären. Das heißt nicht, dass hier unsere Bestimmung endet. Nein, auch ich bin Mutter geworden und arbeite weiterhin. Aber ohne die Mütterlichkeit, in der wir der Menschheit dienen, dreht sich dieses irdische Leben nicht mehr weiter. Wir sind eine Welt, die nur in der Verbindung zwischen Mann und Frau stattfinden kann. Und so sind wir stark und kraftvoll, beide gleichermaßen. Unsere Welt hier in Deutschland zeigt sicher ein Stück von dieser Gleichwertigkeit, aber wir sind noch lange nicht am Ziel. Gott hat nie gewollt, dass sich die Männer als die Denker vor die Frauen stellen.

Mit dieser kleinen Einleitung möchte ich gerade die Frauen ermutigen: „Geht euren Weg der Bestimmung. Wir brauchen einander, seid euch eurer wahren Größe bewusst!" Ein Mann mit Stärke wird seine Frau immer unterstützen, weil er keine Angst vor dem Machtverlust hat. Sich seiner Stärke bewusst zu sein lässt in jedem das Gefühl entstehen: Ich kann dir immer den Rücken stärken, denn deine Stärke macht auch mich stark.

Und so werden wir unsere Söhne und unsere Töchter erziehen. In unserem Zeitalter geht es um den Wandel. Viele von uns haben längst gesehen und erfahren, dass alte Erziehungsmuster nicht mehr ausreichen. Die Kinder unserer Generation sind Kinder des Lichts und fordern uns heraus, Neues entstehen zu lassen. Die alten Systeme, wie auch ich sie noch erlebt habe, sind überholt. Den Kindern zu Selbstbewusstsein verhelfen und ihre Stärken zu fördern, das sind die neuen Systeme.

Als ich auf diese Welt kam, war ich voller Ideen und Glauben an mich. Diese zu erhalten oder wieder zu entdecken sind durchlebte Phasen, die uns stärken. Ganz schnell sollte ich erkennen, dass ich mir einen Platz ausgesucht habe, an dem ich mich selbst finden will.

Stärke in mir lebt durch meinen Glauben an mich.
Als ich klein war, gab es eine Seele an meiner Seite, die mich ließ leuchten.
Dann wurde ich groß und vergaß die Seele, die ließ leuchten.
Kümmerte mich fortan um meine Fehler, die mir gezeigt.
Wurde wieder kleiner, da ich verlor meinen Glauben.
Meine Stärke wurde zur Schwäche,
dass ich nicht mehr stand im Leben.

Klein war ich. Die Seele kam wieder, ließ mich leuchten,
und so belebte ich durch meinen Glauben
meine Stärke im Leben.

Wir müssen uns unserer Stärke bewusst werden, und diese Stärke beginnt im Denken. Wenn ich einen Wunsch habe, kann ich frei entscheiden, ob ich mich meinen Wünschen verschließen möchte oder ob ich mich reinfühlen möchte und ihn sogar schon verwirklicht sehe. Ich möchte euch den Weg zum Licht zeigen, denn so kann Heilung oder Wunschverwirklichung erfolgen. Es geht nicht darum, den Weg zum Licht zu verstehen, sondern darum, es wahrhaft zu erfahren, so wie es mir widerfahren ist. Meinen Zugang zu Gott fand ich durch eine Vision:

Brüder und Schwestern aus anderen Leben.
Licht und Liebe, die Seelen berührten einander.
Ein Lächeln, ein Lachen, so leicht und doch stark.
Das Herz klopft und schlägt für die Sache der Liebe.
Der Weg ist da, bereit zu sein,
allen Menschen das Licht der Liebe zu bringen.
Jetzt zu dieser Zeit, jetzt in diesem Moment, geht es
um all das, was wir uns wünschen,
Brüder und Schwestern der Liebe,
Licht in die Dunkelheit zu bringen,
Wärme und Geborgenheit,
Gottes Vertrauen in uns,
das Licht der Liebe.

Ich hatte damals noch keine Ahnung, was auf mich wartet. Aber diese Zeilen schreiben zu dürfen, machte mich sprachlos. Ich war nie gut darin, Aufsatz zu schreiben, auch Gedichte habe ich zuletzt als Teenager geschrieben. So können wir, wenn wir im Herzen geöffnet sind, Zugang zu unserem alten Wissen bekommen. Wie auch ich meinen Zugang heute lebe. Ich habe weder studiert noch habe ich irgendwelche poetische Bildung in meinem Leben bekommen. Diese Gabe durfte ich wahrscheinlich schon in früheren Leben leben. Auch das ist schwer für meinen

Verstand zu fassen. Wir sind doch so erzogen worden, bescheiden zu sein und eher an unsere Unfähigkeit zu glauben als an einen Menschen mit wundervollen Eigenschaften. Viele Frauen versuchen, sich hinter der Familie, dem Mann oder den Umständen zu verstecken. Aber es gibt auch Männer, die sich wie die Frauen hinter den äußeren Umständen verstecken, zum Beispiel Geld für Haus, Frau und Kinder verdienen zu müssen.

So ist die Menschheit sicher zweigeteilt: Die einen haben schon angefangen zu suchen, und die anderen haben noch keine Ahnung, was sie hier auf der Welt eigentlich wollen. Mein Weg zum Licht beginnt an diesem Tag im März und wie alle Frauen habe auch ich meine häuslichen Pflichten, denen ich nachkommen muss, damit das System Familie funktioniert. Gegen halb zwei hole ich unseren Sohn Leon vom Kindergarten ab, später kommt dann Peter, mein Mann, nach Hause. Ich muss noch Staub saugen und das Essen vorbereiten, bevor ich Leon abhole. Während ich staubsauge, formen sich in mir die Gedanken:

Zeit für mich, die hab ich nicht.
Bin gefangen in dem Leben,
welches ich mir ausgesucht.
Drum frag ich dich, was soll ich tun,
dass ich kann leben?
Die Antwort kennst du nicht.
Doch wer kann sie mir beantworten?
Suche nah und fern, doch keiner kann was sagen.

Suchen wir nicht alle die Zeit in unserem Leben? Manches wollen wir später machen und vergessen, dass es jetzt getan werden will. Eine Verschiebung unserer Energie bringt sie ins Stocken. Und dann kann es ganz leicht geschehen, dass wir uns daran gewöhnen zu schieben. Und als Zeichen bekommen wir dann einen Wink mit dem Zaunpfahl, dass wir es ändern sollen. Doch sind wir abgestumpft von so vielen Schlägen, dass wir nicht merken, wie es schmerzt. Die Antwort findet sich in uns, ja, so einfach und doch so schwer ist es. So geben wir in unserem Leben Jahr für Jahr die Verantwortung ab. Die Ärzte sollen uns gesund machen, sollen eine Tablette geben oder eine Operation durchführen, die Schule soll unsere Kinder erziehen oder die Politik soll es regeln. Einfach die Verantwortung abgeben und sich über das Leben, das ja so schlimm ist, beklagen. Das können wir Menschen wunderbar.

Mit diesem Gedanken beende ich das Staubsaugen und koche noch das Essen. Nachdem die Nudelsoße fertig ist, wird es Zeit, Leon abzuholen. Ich nehme mir schnell meine Jacke sowie meine Handtasche und los geht es. Während ich im Auto sitze, muss ich an den letzten Sonntag zurückdenken. Peter und ich klagten während der Autofahrt über das Wetter. Es regnete schon den ganzen Tag. Da sagte plötzlich unser Sohn: „Mama, das können wir nicht ändern, das macht der Himmel, so ist die Natur." Ihr könnt euch sicher vorstellen, wie mein Mann und ich uns anschauten und lächeln mussten. Seine Kinderaugen nehmen die Tatsache einfach hin, ohne zu werten. Wie einfach und doch so schwer für uns. So geht es wohl immer, oder zumindest oft, um den Blickwinkel.

Am Kindergarten angekommen breitet sich Freude in meinem Herzen aus. Das Bewusstsein, dass wir einen Sohn haben nach der langen Zeit des Wartens, macht mich immer wieder sehr glücklich. Dazu möchte ich Ihnen eine kurze Geschichte aus meinem Leben erzählen.

Mit 28 Jahren war ich immer noch alleine. Es lag wohl nicht daran, dass ich zu hässlich war. Irgendwie fand ich nie den richtigen Mann. Und so beschäftigte ich mich lange Jahre damit, was ich mir wünschte. Es gab einen Mann, der auf der gleichen Station wie ich im Krankenhaus arbeitete. Und ich stellte mir vor, dass ich ihn heiraten werde, ich wusste es irgendwie, obwohl ich ihn nicht kannte. Seine Schwester, die ihn öfter in der Mittagspause besuchte, sah ich schon als meine Schwägerin. Es gab keinen Grund, der mich dazu hätte veranlassen können, das zu denken, und doch fühlte ich es so.

Kurz bevor ich das Krankenhaus als Angestellte verließ, saß ich an einem Sonntagnachmittag mit meiner Freundin auf dem Sofa und wir sprachen über diesen besagten Mann. Wir blödelten herum und kamen auf die Idee, dass ich ihm einen Brief schreiben könnte. So schrieb ich in Anwesenheit meiner Freundin diesen Brief, in dem stand, dass ich ihn ganz gerne kennenlernen möchte. Ich schrieb aber auch, dass, wenn er bereits vergeben sei, er diesen Brief einfach als ein nettes Kompliment auffassen solle. Meine Freundin entschied, dass sie den Brief zur Post bringen würde, damit ich es mir nicht anders überlegte.

Wenige Tage danach bekam ich den ersehnten Anruf. Mein Interesse wurde erwidert und wir trafen uns am Rosenmontag zu unserem ersten Date. Es entstand ganz selbstverständlich eine tiefe Liebe, sodass wir nach drei Monaten wussten, dass wir zusammenziehen wollten. Bis wir die passende Wohnung fanden, dauerte es noch ein paar Wochen, aber schließlich bezogen wir nach einem halben Jahr unsere erste gemeinsame Wohnung.

Nachdem wir anderthalb Jahre zusammen waren, heirateten wir. So wurde mein Wunsch, meine gefühlte Ahnung, Wirklichkeit.

Damals war mir das nicht so bewusst. Ich habe es einfach geschehen lassen. Wenn wir uns also auf unsere Gefühle einlassen, wenn wir auf unsere innere Stimme hören, wissen wir, wo es langgehen soll. Aber das haben wir leider oft verlernt. Unser Umfeld, die Familie, die Eltern, Geschwister und auch unsere Freunde sind uns oft keine Hilfe, weil sie selber in einem Leben stecken, welches nicht das ihrige ist.

Falsche Glaubenssätze prägen oft jahrzehntelang unser Leben. Manchmal erleben wir, so wie ich, dieses Wunder des Wünschens, ohne uns wirklich der Größe bewusst zu werden. Wir denken, es ist Schicksal, dabei haben wir vergessen, dass wir selber die Entscheidung trafen. Und fallen dann wieder in die alten Muster zurück. So ist es auch mir ergangen. Nachdem wir eine Weile verheiratet waren, wurde unser Kinderwunsch immer größer. Da ich bei meiner Schwester mitbekommen hatte, wie schwierig es sein kann, ein Kind zu empfangen, hatte ich auch Angst davor, dass es nicht klappte. Wir versuchten es ein Jahr lang. Vergebens! Gesundheitlich war bei uns beiden alles in Ordnung. So glaubten wir nicht mehr an das Wunder der Natur und entschieden uns für eine künstliche Befruchtung. Diese Zeit war schrecklich, ich nahm viele Kilos zu, war sehr angespannt und hatte gar kein gutes Gefühl mehr zu mir und meinem Körper. Die künstliche Befruchtung schlug fehl.

Am Tag meiner Periode kam mein Neffe zur Welt. Normalerweise hätte ich mich gefreut, aber ich war einfach nur traurig. Ich nahm meine ganze Kraft zusammen und gratulierte meiner

Schwester im Krankenhaus. Es war sehr schwierig, meine persönlichen Gefühle zurückzustellen. Zu groß war der Wunsch, auch ein Kind zu bekommen. Im folgenden Monat wurde ich schwanger. Meine Freude war zwar da, aber gleichzeitig erhielt ich die Kündigung von meinem damaligen Arbeitgeber. Diese Zerrissenheit hinterließ eine große Anspannung in mir. Eigentlich war diese Kündigung zu meinem Besten, denn ich musste ständig Überstunden machen und auch das Arbeitsklima war so schlecht, dass ich oft weinend zu Hause saß.

Dennoch holte mich die freudige Nachricht von der Schwangerschaft nicht aus diesem tiefen Tal, denn auch hier blickte ich nur nach außen. Die Wohnung empfand ich als zu klein. Ich hatte Angst, abhängig von meinem Mann zu sein. Außerdem war ich besorgt, der Mutterrolle nicht gewachsen zu sein. Meine Gedanken waren also vor allem negativ.

Und dann geschah, dass ich das Baby in der elften Woche verlor. Eine Welt brach über mir zusammen. Ich machte mir Vorwürfe, dass ich diese Fehlgeburt zu verantworten hätte. Und es kam dann noch schlimmer: Mein Vater musste ins Krankenhaus mit der Diagnose Rachen-Krebs. So wurde ich durch die äußeren Umstände in ein tiefes Loch gezogen. Ich dachte jedenfalls, es seien die Umstände, aber heute weiß ich, dass es meine Entscheidung war, mich als Opfer des Schicksals zu sehen.

Nach einer Weile der Trauer über unser Kind entschied ich mich, mir einen neuen Job zu suchen. Ich fand eine Anstellung in einem Krankenhaus, welches ein gutes Arbeitsklima hatte. Ich reduzierte meine Stundenzahl in Absprache mit Peter und fand so Zeit für mich. Dann versuchte ich die Fehlgeburt zu verarbeiten. Ich wusste, dass ich erst meine Blockaden lösen muss, wenn ich noch einmal ein Kind empfangen wollte.

Durch meine Freundin lernte ich eine Frau kennen, die „The Journey" nach Brandon Bays anbot. Ich wusste, dass ich erstmalig mein Leben mit einem Transformationsprozess nachhaltig verändern würde. Das Gespräch mit Ingrid Schwartz (mit ihr durfte ich den Prozess der Journey erleben und ich gedenke hier ihres wundervollen Geschenks an mich) veränderte mein Leben. (Ich erkläre hier nicht den Prozess der Journey, aber ich gewähre Ihnen einen Einblick in meine Erfahrung.)

Nachdem ich meine Quelle gefunden hatte und nach der Auflösung einer Blockade machte ich einen Zukunftsblick und bekam als Vision, dass ich in einem halben Jahr schwanger sein würde. Dieses Gefühl überwältigte mich, und als ich wie auf Wolken nach Hause fuhr, erlebte ich ein weiteres Zeichen.

Ich hatte einen kleinen Weidenbaum in einen schönen Topf gepflanzt für unser Kind, das ich „verlor". (Hier möchte ich mal sagen, wir verlieren unsere Kinder nicht wie einen Schlüssel, sondern es sind gefühlte Erfahrungen für Mutter und Kind, die sehr wertvoll, wenn auch schmerzvoll sind.) Mit diesem Baum wollte ich ein Symbol des Wachsens vor meinen Augen haben. Nach der Rückkehr aus einem Kurzurlaub blickte ich in den Garten und sah mit Schrecken, dass der Baum alle Blätter verloren hatte. Ich ging mit Tränen in den Augen hinaus, um mir den Baum näher anzuschauen, und bemerkte, dass alle Blätter zwar abgefallen waren, aber dennoch bemerkte ich kleine Knospen, die alle schon neu entstanden waren. Dies war ein Zeichen der Neuentstehung für mich.

Die Monate verflogen. Ich hatte entschieden, bei Ingrid die Kabbala-Ausbildung zu machen. So lag mein Fokus nicht so sehr darauf, ein Kind zu empfangen, sondern ich setzte meine Energie in die Kabbala-Ausbildung. Schon während des Kurses begann ich, im Bekanntenkreis Geburtsanalysen nach der Kabbala zu erstellen. Das Wissen der Kabbala war schnell zu meiner Lebensphilosophie geworden. Meine Arbeit im Krankenhaus machte mir weiterhin Spaß. Im folgenden Jahr wurde ich schwanger. Im Nachhinein errechnete ich, dass es genau ein halbes Jahr nach „meiner Reise" zu mir stattgefunden hatte. Im Oktober kam dann unser Sohn gesund zur Welt.

Mit diesen Gedanken stehe ich auch schon vor dem Kindergarten und drücke die Klingel. Die Türe wird mir geöffnet und ich mache mich auf die Suche nach meinem Sohn. Ich finde ihn an einem Tisch sitzend. Er malt gerade ein Bild. „Hallo Leon, mein Schatz", sage ich ihm. Und sofort sprudelt mein Sohn los. Er erzählt mir, was er heute gemacht hat und was wir heute noch machen sollen. Es ist ein besonderes Gefühl, Mutter zu sein, das weiß ich. Nachdem wir nach Hause gefahren sind, verbringen wir einen schönen Nachmittag. Die Sonne ist endlich da und es ist deshalb das perfekte Wetter, um mal wieder auf den Spielplatz zu gehen. Erst am späten Nachmittag kehren wir nach Hause zurück und dort wartet schon mein Mann Peter. Leon freut sich jetzt, mit Papa eine Runde zu spielen und zu toben. In der Zeit kann ich mich meinen Aufgaben zu Hause widmen und während ich aufräume, denke ich:

Die Liebe so wunderbar fühle ich in meinem Herzen.
Die Liebe zu meinem Kind so bedingungslos macht mich stark.
Die Liebe zu meinem Mann ist wie ein Stern der strahlt durch alle Endlichkeit.

Die Liebe zu mir macht aus mir eine Lichtgestalt, die alles überstrahlt.
So beglückt mich die Liebe jeden Tag neu.

Ich werde mir meines Glücks bewusst und schaue zu meinen „beiden Männern" und bin froh, dass ich die Liebe fühlen kann.

In der Nacht beginnen meine Träume.

Ich träume, dass ich durch ein Tor gehe und hinter diesem Tor wartet jemand auf mich. Ich habe das Gefühl, ich kenne ihn, aber ich weiß seinen Namen nicht. Das Tor hinter mir und vor mir eine große grüne Wiese mit einem schönen alten Baum lassen mein Herz höherschlagen. Peter und ich machen abends im Bett schon mal ein Gedankenspiel. Immer wenn es etwas Besonders gibt, verabreden wir uns in unseren Träumen unter einem Baum. Und es kommt mir so vor, als ob das unser Baum ist. Ich setze mich in das weiche Gras und genieße die Kraft des Baumes, die ich sofort spüre. Dann ist dieser Mann wieder da und fragt mich, ob er sich neben mich setzen dürfe. „Ja, sicher", höre ich mich sagen. Eine Weile sitzen wir schweigend nebeneinander, bis der Mann mich anspricht: „Du kommst früh, ich habe dich noch nicht erwartet." „Wie meinen Sie das? Wieso haben Sie auf mich gewartet?", frage ich zurück. „Vielleicht stelle ich mich erst einmal vor, mein Name ist Uriel", höre ich den Mann sagen. „Uriel? Ist das nicht ein Engelsname?", frage ich ihn. „Uriel bedeutet Licht und du bist doch auf deinem Weg zum Licht, oder?", fragt mich Uriel. „Ich bin auf meinem Weg zum Licht?", entgegne ich verwundert. „Sara, ich weiß, du denkst, du lernst gerade für deine Heilpraktiker-Prüfung. Doch es ist so, dass das nur der Rahmen ist", erklärt mir Uriel. „Sara, deine Bereitschaft, den Weg zum Licht zu gehen, ist jetzt da, sonst wäre ich nicht hier", sagt Uriel und lächelt. „Was bedeutet das für mich? Was machst du hier?", will ich von Uriel wissen. „Ich, Sara, bin dein Lehrer", erklärt mir Uriel. „Den Pfad des Lichts kannst du nicht einfach betreten, du brauchst ein paar Wegweiser und ich bin sehr froh, dass du jetzt schon gekommen bist. Wir warten schon lange auf die Kinder des Lichts, wie du eines bist. Die Welt ist so weit, die „Neue Zeit" ist schon fast da. Sara, die Worte, die du geschrieben hast, sind doch schon in die Welt getragen. Jetzt geht es darum, dass du dir bewusst wirst, wie viel Licht du schon bist. Deine Gedichte und deine Gedanken wollen viele Menschen erreichen. Das hast du auch schon ein Stück weit erkannt, jetzt geht es um deine Vollendung; und deine Vollendung bedeutet, es geht um die Heilerin in dir", erklärt mir Uriel lächelnd.

„Uriel, ich merke ja, dass ich mich verändert habe. Mein Denken ist heute anders als früher. Ich bin in der Lage, in der Reflexion der Vergangenheit zu erkennen, dass es in meinem Leben öfter schon Situationen gegeben hat, in denen ich einfach das Licht gelebt habe." „Ja, Sara, und dein Leben ist dazu bestimmt, dein Licht zu leben und zu geben. Sara, ich lief deine Treppe hinauf und ich schloss sie auf, die Türe des Schlafens, und gab das Licht. Dein Gedicht ist wirklich geschehen."

Treppen läufst du hinauf, um mich zu retten.
Bringst den Schlüssel des Lichts zur Türe des Turms.
Ich geschlafen und fast aufgegeben,
aufzuwachen in meinem Leben.
Lernte das Leben schnell,
verstand aber nicht, worum es ging.

Liebte mich nicht, fand mich zu klein.
Suchte im Außen nach Lösung.
So kam das Licht in meine Kammer.
Du öffnest die Tür, mit dem Schlüssel des Lichts.
Meine Bestimmung, Liebe zu geben, wurde klar.
Ich wache auf und bin voller Energie
und lebe das Licht.

Mitten in der Nacht wache ich auf, die Uhr zeigt halb zwei. Ich habe das Gefühl, nicht geschlafen zu haben. Peter liegt neben mir und atmet tief und ruhig. Ist dieser Traum Wirklichkeit?, frage ich mich. Als wenn ich eine Frage an jemand gestellt hätte, bekomme ich die Antwort: „Ja, es ist so viel Wirklichkeit, wie deine Gedichte Wirklichkeit sind."

Dann setze ich mich im Bett auf und erlebe ein Gefühl, welches in mir die Worte wachsen lässt: „Ich bin sehr froh, einen Wegbereiter wie Uriel an meiner Seite zu haben." Ein Gefühl, dass ich die Heilpraktiker-Prüfung nächste Woche bestehen werde, macht sich in mir breit und ich muss lächeln, denn ich sehe, wie mir die Hand gereicht wird und ich als Kollegin begrüßt werde. So kommt mir gerade der Gedanke, wenn ich abends bete, danke ich immer Gott und dem Engel Gabriel. Mir wurde klar: Gabriel bedeutet „Gott ist Stärke" oder mein „Vertrauen ist in Gott", er ist der Engel der Verkündigung, der Erkenntnis. Er ist das Licht der Erlösung und der Auferstehung und sendet die Kraft der Veränderung und der Erneuerung aus.

So war die Geburt von Leon die Kraft der Veränderung, die Kraft der Verkündigung, dass ich das Licht bin, ein Kind des Lichts, das Lichtbewusstsein leben darf. Wow, das ist ganz schön abgefahren! Ich kuschle mich an Peter, damit ich wieder einschlafen kann. Im Schlaf dreht er sich um und nimmt mich in den Arm. Kurze Zeit später bin ich wieder eingeschlafen. Den Rest der Nacht schlafe ich tief und fest und als der Wecker um fünf Uhr dreißig klingelt, stehe ich auf. Ich habe angefangen, morgens zu meditieren. In meinem Büro habe ich meine Yogamatte hingelegt und so kann ich den Tag zentriert beginnen. Ich habe gemerkt, dass ich so ruhiger und ausgeglichener bin. Nach meiner Meditation kann dann der Alltag beginnen, duschen, anziehen, Leon wecken und Frühstück machen. Peter und ich legen großen Wert darauf, dass wir Leon zeigen, wie wichtig es ist, sich gesund zu ernähren. Wir finden es auch wichtig, ihm zu zeigen, dass jeder Zeit für ein Frühstück hat. Wir stehen dafür früher auf und so können wir nicht nur in Ruhe essen, sondern wir haben auch noch Zeit, miteinander zu reden. Was steht heute an, wer kommt zu Besuch oder was wollen wir heute erledigen? Nachdem ich Leon in den Kindergarten gebracht habe, lerne ich. Vorher nehme ich mir noch einen Moment Zeit für die Visualisierung meiner bestandenen Heilpraktiker-Prüfung. Dann wiederhole ich meine gelernten Sachen und vertiefe mein Wissen weiter.

Die Woche bis zu meiner Prüfung vergeht wie im Flug. Die Nächte sind ruhig, ich kann trotz der aufkommenden Aufregung gut schlafen. Ich bin froh, dass die Omas mir in dieser Woche mit Leon helfen, denn so kann ich mich aufs Lernen konzentrieren. Auch Peter hilft mir und nimmt mir alle Arbeiten im Haushalt ab, sodass ich ein Leben losgelöst von allen Verpflichtungen leben kann. Mein Programm besteht aus Lernen und Visualisieren. Dann kommt der letzte Abend vor dem 18. März, meinem Prüfungstag. Ich merke, wie ich mehr und mehr nervös werde. Heute habe ich nicht mehr gelernt, denn was ich bis jetzt nicht in meinem Kopf habe, wird mir auch morgen nicht zur Verfügung stehen. Ich versuche meinen Optimismus hoch zu halten und sage mir immer wieder: „Jeder bekommt die Prüfung, die für ihn richtig ist."

Außerdem bin ich sehr froh, dass Peter sich morgen frei genommen hat, um mich zu begleiten. Wir gehen früh schlafen, oder sagen wir mal: Peter schläft früh. In meinem Kopf ist natürlich wild was los. Ich hole mir ein paar Bachblüten zum Einschlafen und versuche, mich mit der Meditation in den Schlaf zu bringen. Nach langer Zeit gelingt es mir. Ich schlafe ein und bald träume ich wieder. Ich sehe das Tor. Wie in meinem letzten Traum gehe ich wie selbstverständlich hindurch. Uriel sitzt direkt unter dem Baum, der sich anmutig in die Höhe streckt. Ein sehr vertrautes Gefühl erfüllt mich. Wie selbstverständlich setzte ich mich neben den Engel und begrüße ihn fröhlich:
„Uriel, ich bin ganz schön aufgeregt wegen meiner Prüfung."
„Sara, deswegen bin ich ja hier. Ich werde dir jetzt helfen, in deine Mitte zu kommen, leg dich hier auf diese Liege."
Wie von Zauberhand steht unter dem Baum eine Liege, eine kuschelige Decke ist ebenfalls da. Ich lege mich hin, ohne zu fragen, was jetzt geschehen wird. Mein Vertrauen ist einfach da, und ich lasse total los.
„Schließe jetzt die Augen und vertraue dich mir an", spricht Uriel leise zu mir. So mache ich, was er sagt, und fühle ein wohliges,

warmes Gefühl in meinem Bauch. Eine tiefe Ruhe breitet sich in mir aus und erfasst jede einzelne Zelle. Es fühlt sich an, als ob ich ganz leicht werde, so als ob ich schwebe. Ein Licht breitet sich vor meinem inneren Auge aus, mein Herz beginnt zu klopfen, nicht beängstigend, sondern in freudiger Erwartung. Und in mir entsteht eine Verbindung zu Gott. Ich kann es nicht in Worte fassen.

Es ist ein Gefühl, das ich noch nie erlebt habe, und doch ist es real. Mein Kopf wird ganz klar und ich bin mir auf einmal völlig sicher, dass ich morgen alle Fragen beantworten kann. Es ist meine Bestimmung, Heilpraktikerin zu sein, weil es der Grundpfeiler meines weiteren Weges ist. Ich habe keine Ahnung, wie lange ich dort liege und Uriel seine Energie fließen lässt. Irgendwann sagt er zu mir, ich solle jetzt schlafen. Meine Behandlung sei zu Ende. Dann falle ich in einen ruhigen und entspannten Schlaf und werde erst mit dem Wecker am Morgen wach.

Ich fühle mich ruhig und wissend. Ich bin in meiner Mitte und so entspanne ich mich mehr und mehr. Ich erzähle Peter von meinem Traum. Statt einer Antwort oder eines Kommentars umarmt er mich. Im Gesundheitsamt muss ich warten. Eine Frau kommt mit hängenden Schultern aus dem Prüfungsraum. Tränen laufen ihr übers Gesicht und sie erzählt ihrer Begleitung, dass die Fragen sehr schwer gewesen seien und sie leider durchgefallen sei. Dann werde ich aufgerufen und freundlich begrüßt, und jeder einzelne Prüfer stellt sich mir vor. Der erste Fall wird mir von Herrn Schauer, einem Heilpraktiker, geschildert:

„Ein Patient mit Schultern-Arm-Syndrom ist schon seit etwa zehn Wochen in orthopädischer Behandlung. Machen Sie keine Anamnese, ich möchte nur wissen, an was Sie denken."

„Zuerst würde ich an Angina Pectoris und die Folgeerkrankung Herzinfarkt denken", erkläre ich und will noch in die Details gehen, aber Herr Schauer unterbricht mich: „Frau Glück, woran denken Sie noch?"
So zähle ich weitere Erkrankungen wie Bronchialkarzinom, Pancoast, HWS-Syndrom, degenerative Erkrankungen, Bandscheibenvorfall auf, Details möchte er auch hier nicht wissen.
„Danke, Frau Glück", sagt Herr Schauer und übergibt an Herrn Stickelbruck, den zweiten Heilpraktiker. „Frau Glück, erzählen Sie mir etwas über die Niereninsuffizienz."
Ich erläutere die Stadien der Niereninsuffizienz, spreche aber auch über Geruch und Farbe der Haut. Weiter erkläre ich, wo sich die Nierenlager befinden. Anschließend bekomme ich noch die Nierenwerte genannt und erkläre, dass die Harnsäure alle seriösen Häute schädigt. Beim nächsten Fall wird mir ein Patient mit Dyspnoe, also Luftnot, besonders beim Treppensteigen, geschildert.
Ich hole wieder weit aus und erzähle alles, was mir in den Kopf kommt. Cardiale und pulmonale Geschehen, also vom Herzinfarkt und über Endokarditis und Pneumonie, bis ich selber nicht mehr weiß, was ich noch sagen soll. Damit ist Herr Stickelbruck zufrieden und übergibt an die Amtsärztin. Ich soll über Blut im Stuhl sprechen, danach noch über Entzündungszeichen. Nachdem ich geendet habe, werde ich vor die Türe geschickt.
Vor der Türe steht Peter und fragt mich: „Wie ist es gewesen?" Ich will gerade ansetzen und erzählen, da geht schon die Türe wieder auf und ich werde aufgerufen:
„Frau Glück, kommen Sie doch bitte noch herein." Dann stehen alle drei Prüfer auf und geben mir die Hand:
„Herzlichen Glückwunsch, Frau Kollegin", sagt der erste Prüfer zu mir. Herr Schauer sagt dann noch zu mir:

„Frau Glück, denken Sie auch mal an weniger schlimme Erkrankungen." Sie wünschen mir noch einen schönen Tag zum Feiern und ich werde verabschiedet. Ich habe es geschafft! Jetzt bin ich Heilpraktikerin! Neun Monate harte Arbeit haben sich gelohnt. Mein Weg ist frei für meine Bestimmung zum Licht, denke ich.

Mein Weg zum Licht macht mich frei,
alle Macht ist vereint,
klar und rein fühle ich mich,
losgelöst von allem Alten,
bin ich nun bereit emporzusteigen.

Für einen Augenblick war ich wieder in meiner Welt der Worte, aber das Nächste, was ich bewusst mache, ist die Türe zu öffnen. Ich strahle Peter an, er nimmt mich in die Arme und wirbelt mich herum. „Herzlichen Glückwunsch, Sara. Schatz, ich bin sehr stolz auf dich", sagt mir Peter liebevoll ins Ohr. „Und ich habe eine Überraschung für dich." Kurz darauf geht es in unsere Lieblingspizzeria – und alle meine Freunde und unsere Familien sind da. Meine Eltern, Peters Eltern, meine Schwestern, Marie und Petra, Peters Schwestern und sogar meine Freundin Biggi. Die habe ich eine Ewigkeit nicht gesehen, also heule ich direkt los und nehme sie in die Arme. Und während wir so dastehen, kommen mir die Gedanken:

Einst war ich dreizehn.
Ich lernte dich kennen, glaubte nicht, dass du mich meinst, doch deine Liebe galt mir.
Eine Seele, die meine verstand, die ich liebte, im Herzen ohne Verstand.

Lange Jahre gingen wir den Weg gemeinsam.
Hochs und Tiefs des Lebens teilten wir, wie eine Mutter und Freundin zugleich bliebst du in meinem Leben.

Dann geschah es, verstand es nicht, fort warst du und die Dunkelheit umgab dich.
Ich suchte dich in meinen Träumen, doch fand ich dich nicht.
Jetzt ist die Zeit gekommen, dass wir uns wiedersehen.
Ich fühle es in meinem Herzen, meine Augen sind gefüllt mit Schmerz und Glück zugleich.
Ich nehme dich in meine Arme, Himmel und Sterne schauen zu und umgeben uns mit Sternenglanz.

Ich halte Biggi im Arm, und wir heulen beide. Fünf lange Jahre habe ich sie nicht mehr gesehen. Und gehört habe ich sie das letzte Mal, als ich schwanger mit Leon war. Ich habe keine Ahnung, wie Peter das fertiggebracht hat. Meine Freude über die Prüfung rückt ziemlich in den Hintergrund, weil meine Freude, sie wiederzusehen, alles übertrifft. Nachdem ich mich ein wenig gefasst habe, sehe ich auch Sonja, meine zweite Freundin. Sie wohnt 600 Kilometer entfernt von uns, daher sehe ich sie auch nicht so oft. Auch hier freue ich mich so sehr, dass ich einfach weiterweine. Eine weitere Botschaft kommt für mich, während ich sie drücke.

Unsere Seelen blickten sich entgegen.
Lange ist es her, dass wir uns hier trafen.
Sofort wussten unsere Herzen, dass wir sind füreinander bestimmt.

So verweilen wir im Herzen.
In unseren Gesprächen leben wir das Licht.
Unsere Hände fassen einander.
Gestärkt füllen wir die Stunde und bringen die Liebe in die Runde.

*Zwei Lichtkinder des Herzens, so verschieden und doch gleich,
leben die Liebe und das Leben und bringen den Sonnenschein.
Zwei Lichtkinder des Herzens leben den Sonnenschein,
erfuhren das Gestern, lebten das Vorgestern und fühlen das Heute.
Suchen die Menschen, die wollen sehen das Morgen im Mondenschein.*

*Gesehen im Mondenschein, die Lichtkinder des Herzens im Sonnenschein.
Treten an die Reise, vereinen die Kräfte und vollenden die Macht der Liebe, des Lebens Allmacht.*

Die Geschichte mit Biggi ist wohl eine besondere Geschichte. Ich lernte sie kennen, als ich 13 war. Sie war meine Leichtathletik-Trainerin. Erst mochte ich sie nicht so, oder sagen wir mal: Ich war vorsichtig mit meiner Sympathie. Dann aber wurde sie meine Freundin. In meiner Teenagerzeit war sie oft wie eine Mutter zu mir, da sie zwanzig Jahre älter ist als ich. Später, als ich erwachsen wurde, war sie meine engste Vertraute. Sie wurde auch unsere Trauzeugin. Vor fünfeinhalb Jahren trennte sie sich wegen eines jüngeren Mannes von ihrem Mann. Ich habe ihn nie kennengelernt, aber auf einmal war sie weg. Sie zog mit diesem Mann nach Nizza und ließ kaum etwas von sich hören. Nach einem Jahr rief sie zu Weihnachten endlich an und ich war sehr froh, sie lebend zu hören, denn ich hatte immer ein schlechtes Gefühl. Dann mailten wir ausschließlich. In dem Jahr, als ich schwanger wurde, schrieb sie mir, sie wolle heiraten, ob ich käme. Da ich erst kurz vorher von meiner Schwangerschaft erfahren hatte, war mir ein Flug zu riskant. So geschah es dann, dass sie einen Tag vor ihrer Heirat schrieb, dass die Hochzeit abgeblasen sei. Sie würden Morddrohungen bekommen und ich dürfe mich nicht mehr melden, es wäre zu gefährlich. Die Verbindung riss ab, obwohl ich immer wieder versuchte, mit ihr in

Kontakt zu treten. In einer Mail schrieb sie, dass ich mich nicht mehr melden soll. Es sei zu gefährlich. Sie würde sich melden, aber es würde lange dauern. In dieser Zeit träumte ich oft von ihr. Es waren immer Träume, die mir selbst Angst machten, und meine Sorge wuchs. Ich habe keine Ahnung, wie es Peter wirklich gelungen ist, sie zu finden. Vielleicht ist es besser, ich weiß nicht alle Einzelheiten. Wie sich die Situation damals zugetragen hat, möchte Biggi mir nicht erzählen, jedenfalls sagte sie das gestern. Es wäre zu gefährlich, wenn sie darüber sprechen würde.

Nach einer Weile stehen Peter und ich auf und machen uns einen schönen Milchkaffee und essen eine Kleinigkeit. Danach entscheide ich, dass ich eine Pizza kommen lasse, denn auf ein aufwändiges Mittagessen bin ich nicht vorbereitetet. Gegen halb eins trudeln meine Schwiegereltern mit unserem Sohn ein, Leon freut sich, wieder zu Hause zu sein. Wie gewohnt spannt er uns alle ein, mit ihm zu spielen. Dann kommen Sonja und Axel mit den Kindern und mischen unsere Runde fröhlich auf. Und zum guten Schluss kommt auch Biggi. Beim Mittagessen herrscht ein fröhliches Durcheinander. Wir sprechen über alte Zeiten, aber natürlich auch über meine bestandene Prüfung und wie es jetzt weitergehen soll. Ich möchte eine eigene Praxis aufmachen und suche auch schon eine Weile nach den geeigneten Räumen. Da ich kein großes Startkapital habe, sollte es günstig sein und am besten bei uns im Ort. Kurze Anfahrtswege wären auch prima, dann könnte ich es besser organisieren mit Leon. Das Wochenende verfliegt nur so, wir schlafen wenig, aber reden viel. Die ganze Zeit ist unser Haus mit Freude und Lachen gefüllt. Sonja und Axel fahren Sonntagabend mit den Kindern wieder nach Hause, die Schule fängt Montag wieder an. Biggi bleibt noch die ganze Woche da, sie zieht aber von ihrer Pension zu uns ins Gästezimmer.

Die Zeit nutzen wir, um über die Vergangenheit zu sprechen, aber auch über die Gegenwart. Ich erfahre, dass sie sich von diesem Mann getrennt, dass es aber ein ganzes Jahr gedauert hat. Und dass sie dann noch eine Weile gebraucht hat, um wieder zurück in ihr Leben zu finden. Sie arbeitet jetzt in Bonn und ist wieder Simultandolmetscherin. Sie erzählt mir auch, dass sie sich nicht getraut hat, sich zu melden, ihre Ängste aus der Vergangenheit haben sie zu sehr blockiert. Selbst ihre Brüder wissen nicht, dass sie wieder in Deutschland lebt. Sie hat sich alles neu aufgebaut. Sie hatte kein Geld mehr, das hat der Mann alles durchgebracht. Sie war wie verhext. Am Ende der Woche verabschiedet sich Biggi mit den Worten: „Wir sehen uns wieder, komm mich besuchen. Und außerdem hast du meine Handy-Nummer und meine E-Mail-Adresse. Hab dich lieb, Sara." Dann drückt sie mich ganz fest und fährt mit ihrem Auto nach Bonn zurück. Trotzdem habe ich Tränen in den Augen. Auch wenn ich weiß, dass ich sie wiedersehe, fällt es mir schwer, mich von ihr zu verabschieden. Nach dieser Woche wird es ein wenig ruhiger, der Alltag kehrt zurück. Ich merke, dass ich jetzt viel Zeit habe. Die ganze Schufterei hat ein Ende und ich muss mir erst überlegen, wie ich die Zeit sinnvoll nutze. Wie soll es jetzt weitergehen? Was sind meine Wünsche?

Wünsche des Herzens begleiten uns, umfassen unsere Seele, berühren unseren Geist, doch wir schmettern es ab, als ob unser Leben in Gefahr wäre.

Wünsche unseres Geistes spüren wir nicht im Herzen, unsere Seele sieht keinen Nutzen, denn wir brauchen die Dreieinigkeit.

Ein Wunsch sollte auf allen drei Ebenen gefasst sein und wir sollten mit allen drei Ebenen kommunizieren.
Fühle ich den Wunsch im Herzen, in der Seele und im Geist, also Verstand, bin ich in der Lage, ihn zu visualisieren.
Ich kann ein Bild entstehen lassen, das es mir ermöglicht, Farben und Formen zu erkennen.
Ich kann den Duft wahrnehmen, ich kann das Gefühl versprühen, ob mein Herz klopft, ob ich lache, all das kann ich mit den drei Ebenen verwirklichen, und so entsteht mein Bild, lange bevor ich es in der Wirklichkeit sehe.
Es hat schon stattgefunden, in der Vergangenheit – und so bedarf es nur einer Entscheidung, es sich vorzustellen.

Das nächste Wochenende kommt, und endlich ist es wieder warm draußen. Wir wollen den Tag in der Natur genießen und holen die Fahrräder aus der Garage, fahren eine Weile spazieren. Nach einer Stunde Fahrt steuern wir einen Spielplatz für Leon an. Der Tag ist wunderschön, und wir drei genießen die Zeit und lassen die Seele baumeln. Durch meine Prüfungsvorbereitung war ein normales Familienleben oft nicht möglich gewesen. So lachen wir viel und tollen mit Leon herum. Am Abend ist Leon außergewöhnlich müde und beginnt zu fiebern. Wenn er krank ist, holen wir ihn meist zu uns ins Bett. Dann muss ich nicht immer aufstehen, und er mag es, wenn wir nah bei ihm sind. Die Nacht wird unruhig, weil Leon immer wieder wach wird. Gegen Mitternacht bin ich wohl fester eingeschlafen, denn ich träume und ich gehe durch das Tor in Richtung Baum. Aber heute erblicke ich auf der anderen Seite das Meer. Während ich

den Blick genieße, kommt Uriel auf mich zu. „Hallo Sara, schön, dass du da bist. Ich habe eine Botschaft für dich", sagt er zu mir und übergibt mir eine kleine Rolle Papier.
„Was ist das?", will ich wissen.
„Ich denke, du liest einfach, was auf dem Papier steht, und dann reden wir darüber", erklärt mir Uriel. Also öffne ich die Papierrolle und lese:

Der Weg zum Herzen öffnet den Weg zum Licht,
ein wundervolles Gefühl, eine große Weite wird mir zuteil.
Meine Freude klingt wie ein Lachen und Weinen zugleich
und bringt mir den Weg zu meiner Bestimmung.
Meine Bestimmung ist meine Heilung zugleich.
So gehe ich mit Herz, Licht und Geist in die Erfüllung.
So glückselig sehe ich mich in der Erfüllung
und fühle, meine Vollendung ist wie ein Funkenstrahl des Universums.
Ein Anker des Lebens ist die Liebe, der Wegbereiter der Bestimmung.
Du kämpfst noch in den Tiefen des Ozeans um dein Leben
und ich eile dir entgegen, gebe dir die Luft, die du brauchst zum Leben.
So suche den Platz deines Lebens und mache dich auf zum Weg des Lichts.
Nun sitzen wir am Lagerfeuer und vereinen die Geister, lassen Seelen tanzen,
wie das Feuerwerk in der Nacht.
Die Weite des Meeres zeigt uns die Unendlichkeit des Lichts.
So erkennen wir die Vielfalt der Gefühle und spüren die Luft des Lebens.
Wir atmen, tanzen, singen und wirbeln umher,
können nicht widerstehen, das Leben zu gehen.
Finden die Wege des Herzens, des Lichts und der Bestimmung.

„Uriel, ich habe vielleicht eine Ahnung, was mir das Gedicht sagen will, aber wie kann ich es in die Herzen bringen?", frage ich zweifelnd.
„Sara, mit der Liebe", erklärt mir Uriel lächelnd.
„Ja, das weiß ich, ich habe die große Weite schon gefühlt, so wie ich heute die Weite des Meeres gesehen habe. Aber wie transportiere ich die Liebe in die Herzen, dass die Menschen es wirklich leben können?", frage ich nach.
„Sara, es ist ein Prozess. Die Menschen werden sich auf den Weg machen, so wie du und dein Vater euch aufgemacht habt zum Weg des Herzens. Dann, wenn euer Herz geöffnet ist, kann der Weg des Lichts beginnen. Und dieser Weg ist jedes Mal anders, weil jeder den Weg geht, den er gehen kann. Und auch der Zeitpunkt ist unterschiedlich. Manche sind ganz schnell für eure Begriffe, andere brauchen fast ihr ganzes Leben dafür. Weil ihr die Wahl habt, also ist es die eigene Entscheidung, wann und wie ihr eure Pfade beschreitet", erklärt mir Uriel.

So fühle ich in die Erklärung von Uriel hinein und schweige erst mal. Und Uriel lässt dies zu. Da werde ich herausgerissen aus meinem Traum.
„Mama, mir ist so heiß", weint Leon. Mit dem Fieberthermometer messe ich die Temperatur in Leons Ohr und entscheide, dass ich ihm jetzt Globuli geben sollte.
„Mama, ich kann nicht schlafen, ich habe Durst", jammert Leon. Also stehe ich auf und hole etwas Wasser.
„So, mein Schatz, jetzt lass uns weiterschlafen. Komm, wir kuscheln, dann kannst du bestimmt wieder einschlafen", sage ich zu Leon.
Daraufhin dreht sich Leon auf die Seite und ich nehme ihn in den Arm und gebe ihm noch Licht und Liebe und Gesundheit

in meinen Gedanken mit auf seinen Weg in den Schlaf. Kurze Zeit später ist er wieder eingeschlafen, nur ich liege noch wach und denke über die Botschaft und das Gespräch mit Uriel nach. Der Weg zum Herzen, der Weg zum Licht ist also der Weg zu unserer wahren Bestimmung? Und meine Bestimmung ist zugleich die Heilung? Mit diesen Überlegungen kommt eine Botschaft für mich:

Wenn du dich einmal der Unendlichkeit geöffnet hast, wirst du selbst unendlich.

Heißt das, dass dann alles möglich ist? Bedeutet es, dass meine Bestimmung meine Heilung, dass meine Erfüllung die Unendlichkeit ist und ich dadurch selbst unendlich bin? Was verstehe ich darunter, dass ich selbst unendlich bin? Ich habe keine Ahnung. Ich glaube, da brauche ich noch ein wenig Unterstützung von Uriel, um das zu verstehen. Aber er hat ja gesagt, er hilft mir. Jetzt ist es spät, und ich versuche, noch ein wenig die Augen zu schließen. Leon atmet tief und gleichmäßig neben mir, und auch Peter schläft fest. Der Schlaf holt mich in die wohlverdiente Ruhe und ich werde erst am Morgen wieder wach. Leon geht es besser, das Fieber ist fast weg und er springt schon wieder herum. Ich hänge immer noch mit meinen Gedanken bei dem Gespräch mit Uriel. Die Unendlichkeit, ein großes Wort, denke ich, dann tauche ich wieder ab in meine Gedankenwelt.

Geöffnet für die Unendlichkeit, erlebe ich selbst die Unendlichkeit.
Fern aller Begrenzung lebe ich mit einem erhöhten Bewusstsein.
Verbinde mich mit Seelen über Kontinente hinweg.
Mein Bewusstsein ermöglicht mir den Zugang zur bedingungslosen Liebe und so gebe ich es frei in die Herzen.
Öffne und schaffe Platz für die Unendlichkeit.

Meine Reise hat erst begonnen.
Erkenne in jedem Augenblick, dass meine Visionen erst der Anfang meiner Ausbreitung sind.
Die Tage sind gekommen, um den Quantensprung zu tun.

Aufgeregt schenke ich mich dem Leben,
Prickeln spüre ich auf meiner Haut
und meine Sehnsucht, groß zu leben.
Eine Leichtigkeit erfüllt mein Sein,
die Gewissheit, dass die Erfüllung gekommen ist, bestimmt mein Tun.

Erst als Peter mich das zweite Mal anspricht, fällt mir auf, dass ich am Frühstückstisch sitze und vor mich hin träume.
„Sara, wo bist du?", fragt Peter.
„Sag mal, ist alles in Ordnung?"
„Ja, ja, ich hatte in der Nacht einen Traum und ich glaube, das sind noch die Nachwirkungen", versuche ich zu erklären. „Ich kann das schwer in Worte fassen, was ich geträumt habe, oder besser gesagt, ich kann die Botschaft nur schwer wiedergeben. Ich weiß, was ich fühle, aber ich suche gerade nach einer Möglichkeit, dass ich es für die anderen auch fühlbar machen kann, verstehst du das?"
„Ehrlich gesagt nein. Ich kann dir gerade nicht folgen, aber vielleicht muss ich das auch nicht", antwortet mir Peter.
„Ach Schatz, ich weiß, manchmal kann ich mich selbst schwer verstehen. Lass mich einfach noch ein wenig brüten. Das ist wie ein Ei ausbrüten, wie eine Schwangerschaft. Man weiß, es kommt ein Baby, aber trotzdem gibt es so viele Fragen, die nicht zu beantworten sind. Und so fühle ich mich", versuche ich ihm zu erklären.

Die Wochen vergehen, und der Alltag hat mich fest im Griff. Ich schreibe viele Gedichte auf und merke, dass ich Seelenanteile heile. Ich schaue in den Garten. Mein Blick verliert sich im Grün der Natur und ich denke gerade an Uriel und an meine Träume. Da passiert es wieder:

Gerade wünschte ich dich und schon bist du da.
Mein Bewusstsein im Licht macht auf die Tore
und schon warten sie darauf, dich zu sehen.
Tritt durch das Tor und begrüße
die Erzengel Gabriel, Michael, Raphael und Uriel.
In ihrer Mitte findest du
die Stärke, den Frieden, die Heilung und das Licht.
In deinem Herzen kannst du es fühlen,
so klangvoll bringen sie deinen Geist zum Strahlen,
all die kosmische Energie breitet sich aus.
deine Seele will erklingen.
Durch den Strahl der Engel wird das Tor in deinem Herzen weit,
bis du bereit bist zu singen.
Die Engel stimmen ein in dein Lied
und es zaubert dir ein Lachen ins Gesicht,
dass dein Herz kann hüpfen und springen.
Losgelöst schwebst du empor,
verwurzelt und doch so frei fliegst du.
Dein Tor ist für immer auf.

Ich muss lächeln. Ich denke an ihn, und schon kommt seine Botschaft zu mir. Stärke, Frieden, Heilung und Licht für mich. Meine linke Gehirnhälfte hat in diesen Momenten ganz schön was zu tun, aber mein Herz führt mich und bringt mir die Gewissheit, dass dies die Wahrheit ist.

In diesem Augenblick beschließe ich, mich den irdischen Entscheidungen zu widmen. Wie soll meine Praxis aussehen? Mir wird klar, solange ich nicht entschieden habe, was ich den Menschen geben möchte, kann es nicht gelingen. Weiters wird mir bewusst, dass die Liebe und das Licht zwar unglaublich schön sind, aber nicht konkret genug. Dann weiß ich, dass der Weg zum Herzen und auch der Weg zum Licht es sind, die meine „Therapie" ausmachen sollen. Meine Geschichte und auch die Geschichte meines Vaters sollen die Werkzeuge sein, die viele andere Menschen nutzen dürfen, um ihre Heilung zu erfahren. Und so kommt mir die Botschaft:

Habe das Buch geschrieben,
so wunderbar und beglückend zugleich
fühle ich die Orte, die es erreicht.
Eine Bibliothek groß und klar macht Platz für mein Werk.
Das Buch eröffnete die Wege zu mir, findet Heilwege für dich.
Meine Größe lebt völlig auf und macht dich königlich.
In der Heilpraxis lebt mein Geist
und bringt die Wege der Bestimmung zugleich.
Funkenstrahl ein Feuerwerk macht auf die Tore, Tag für Tag.
Der Weg der Bestimmung führt dich vom Herzen zum Licht.

In diesem Augenblick werde ich mir bewusst, dass der Zeitpunkt gekommen ist, meine Praxis zu finden. Gleich heute werde ich mir die Zeitung kaufen und mich umschauen. Gesagt, getan. Beim Einkaufen treffe ich eine alte Bekannte und erzähle ihr, dass ich für meine Praxis eine Räumlichkeit suche. Wie Gott es will, erzählt sie mir, dass auf der Engelsholterstraße ein kleines

Ladenlokal leersteht. Sie weiß zufällig, dass es nicht teuer ist, und meint, ich solle doch mal vorbeigehen. Im Fenster hing ein Schild mit der Telefonnummer des Vermieters, so läuft es also ohne Makler.

Die gesuchte Straße liegt direkt im Ortskern, zu Fuß brauche ich keine fünf Minuten. Mit meinem Handy wähle ich die Nummer und erreiche sofort den Vermieter, einen Mann namens Fuß. Er nennt mir die Miete, und der Betrag passt in meinen Kostenplan. Wenn ich wolle, könne ich mir gleich am Nachmittag die Räumlichkeiten anschauen. Wir vereinbaren einen Termin. Anschließend rufe ich Peter an und frage ihn, ob er Zeit hat mitzukommen.

Ich bin ganz aufgeregt. Bin ich meiner Selbstständigkeit jetzt schon so nah? Zum vereinbarten Termin besichtigen Peter und ich meine zukünftige Praxis. Es sind zwei Räume, der vordere Raum ist schön groß und es gibt einen kleinen Gang, der zum zweiten kleineren Raum führt. Dieser ist aber groß genug, um dort meine Behandlungen durchzuführen. Wir müssen ein wenig renovieren, aber mit Peters Hilfe sollte das kein Problem sein. Wir werden uns einig und ich verabrede für übernächsten Tag einen weiteren Termin, um den Mietvertrag zu unterschreiben. Ich bin ganz aufgeregt.

Jetzt geht es los, entschieden, gesehen meinen Erfolg.
Patienten kommen, der Terminkalender voll lässt mich beben.
Meine Freude und Gewissheit zugleich, dass es wird gelingen,
trägt meinen Namen hinaus in die Welt.
In 21 Tagen bringe ich euch zum Herzen.
Öffne, weite es zugleich.
Mach euch bereit für eure Bestimmung.

Dann kommt das Licht, tritt ein und aus
und leuchtet über und unter euch.
Heilung geschieht und macht euch bewusst,
die Entscheidung durch euch macht den Weg frei zum Licht.

Ja, so kann es gelingen, nein, so wird es gelingen! Noch am selben Tag beginne ich mit der Planung für die Renovierung. Gleichzeitig schreibe ich mein Therapieprogramm „Der Weg zum Herzen" auf: Herz-Öffnung, Herz-Weitung, Wertbewusstsein, Wahlfreiheitsbewusstsein, Vergebungsbewusstsein, Freiheitsbewusstsein, Glaubensbewusstsein, Entscheidungsbewusstsein, Liebesbewusstsein – dies sind die Säulen meiner Arbeit. Durch die Affirmationen des Herzens, die Heilreise „Der Weg zum Herzen", energetische Herzöffnung und auch die Weitung, sowie die Reflexion der verschiedenen Bewusstseinszustände und die Anleitung zur Selbstverantwortung ist der Weg zum Herzen als Bewusstseinsveränderung zu verstehen. Darauf baut das Programm „Der Weg zum Licht" auf: Herzbewusstsein, Lichtbewusstsein, Heilung der Seelenanteile durch gefühlte und geführte Prozesse, Affirmationen, Heilreise des Wünschens, Heilreise des Lichtweges ergeben auch hier eine Erweiterung des Einzelnen.

Ich schreibe alles auf und bin wie berauscht von meiner Vision. Bis spätabends sitze ich an meinem Schreibtisch, Peter kommt irgendwann und fragt: „Sara, brauchst du noch lange?" „Wieso, wie spät ist es denn?", frage ich zurück. „Na ja, es ist gleich Mitternacht und morgen müssen wir früh aufstehen", antwortet Peter. „Du hast recht, ich war so beschäftigt, dass ich die Zeit völlig vergessen habe", sage ich lächelnd.

Als wir im Bett sind, bekomme ich Lust, mit meinem Mann zu schlafen, und Peter ist auch nicht abgeneigt. Nachdem wir miteinander geschlafen haben, schlafe ich befriedigt ein. Toller Sex mit meinem Mann, meine Praxis greifbar und mein Therapiekonzept steht, wie wunderbar.

Als ich in den Tiefschlaf sinke, erscheint mir Uriel.

„Sara, wie schön, dass du kommst", begrüßt mich Uriel. „Ein aufregender Tag, nicht wahr? Ich glaube, für dich gab es heute viel zu fühlen", sagt Uriel mit einem Lächeln im Gesicht zu mir.

„Weißt du denn schon alles?", frage ich Uriel.

„Natürlich, Sara! Ich bin doch die ganze Zeit an deiner Seite. Ich bringe dir doch die Wegweiser, hast du das vergessen?", fragt Uriel nach.

„Nein, aber es ist so unglaublich. Ich denke einen Gedanken, und schon ist er geschehen. Das ist unglaublich groß und es fasziniert mich total", versuche ich zu erklären und frage Uriel weiter: „Uriel, am meisten beeindruckt mich die gefühlte Realisierung meiner Therapiekonzepte, die ganze Zeit wusste ich nicht so recht, weshalb die Menschen zu mir kommen sollen und wollen. Aber jetzt habe ich die Botschaft bekommen. Das macht mich sehr glücklich", erzähle ich Uriel und mein Gesicht leuchtet dabei.

„Sara, darum geht es! Um wirklich erfolgreich sein zu können, musstest du auf diese Vision warten und nun ist der Zeitpunkt gekommen. Jetzt sind alle Pfade frei für dich. Dein Erfolg ist schon geschrieben und dieser Erfolg bietet nicht nur den Erfolg für dich, sondern er ist Heilung zugleich für deine Patienten. Dein Bewusstsein ist jetzt frei, alle deine Seelenanteile zu leben und somit die Seelenanteile, die bei deinen Patienten nicht heil sind, sehen zu können. Wenn der Einzelne bereit ist, bietest du ihm deine Unterstützung auf dem Weg des Herzens und des Lichts. Heilung geschieht durch dich, durch deinen Heilimpuls. Jeder Einzelne selbst trägt die Verantwortung für die Schritte der Erkenntnis zur Heilung. Sara, für heute ist es genug, jetzt ruhe deinen Körper aus und wir sehen uns bald zur nächsten Sitzung."

Mit diesen Worten verabschiedet sich Uriel von mir und ich schlafe traumlos weiter. Donnerstag unterschreibe ich meinen Mietvertrag. Ich nehme Leon mit, weil Herr Fuß nur am Nachmittag Zeit hat. Leon bekommt noch ein kleines Auto geschenkt und Herr Fuß erzählt, dass er vier Enkelkinder hat. Es ist ein nettes Gespräch und ganz nebenbei unterschreibe ich den Mietvertrag. Ich kann die Räume ab sofort nutzen, das heißt, wir können am Wochenende mit dem Renovieren beginnen. Ich rufe meine Schwiegereltern an und frage, ob sie am Samstag und Sonntag Zeit haben, auf Leon aufzupassen. Gerne übernehmen sie diese Aufgabe. So können Peter und ich am Samstag den Laminatboden für die Praxis kaufen gehen. Zum Glück müssen wir die Wände nur weiß streichen, da die Tapete noch gut aussieht. Einiges nehme ich aus meinem Büro von zu Hause mit, meine Liege, die Sessel, einen kleinen Tisch und meinen Schreibtisch. Aber die vielen Kleinigkeiten, die man braucht, gehen doch ganz schön ins Geld. Vier Wochen Zeit haben wir, bis die Eröffnung stattfinden soll. Ich entwerfe die Einladungen, Flyer und Visitenkarten für die Praxis selbst. Gebe sie in Druck und lege alle Energie in mein Projekt.

Die Tage und Wochen fliegen angefüllt mit Arbeit dahin. Der Tag der Eröffnung naht. Die Sonne lacht vom Himmel und ich freue mich. Die Nervosität ist weg, alles ist fertig geworden dank Peter und meinen Freundinnen. Alle haben etwas beigesteuert für die Bewirtung. Kleine Kanapees, Tomaten-Mozzarella, Lachsröllchen und vieles mehr wurden für den heutigen Tag vorbereitet. Viele Freunde, Bekannte und unsere Familie sind gekommen und gratulieren mir zur Eröffnung. Ein gelungener Tag und ein starker Start für meine Praxis. Nun bin ich selbstständig und ich freue mich schon, jeden Morgen in meine Praxis gehen zu dürfen. Es ist ein Gefühl von Freiheit, meine Berufung leben zu können. Es vollendet einfach meinen Weg, damit meinen Lebensunterhalt bestreiten zu dürfen. Ich bin sehr dankbar. Dankbar dafür, dass Gott diese Aufgabe für mich bereithält und dass ich durch die Botschaften und Visionen geleitet und unterstützt werde. Allerdings beginnt mein Alltag in der Praxis sehr ernüchternd, denn das Telefon schweigt und zur Türe kommt auch niemand. Ich muss mich erst mal zurechtfinden, denn ich verstehe nicht, warum keiner kommt.

Also beginne ich in der Umgebung meine Flyer zu verteilen und nach zwei Wochen geht tatsächlich die Türe auf. Meine erste Patientin tritt in mein Leben. Wir vereinbaren gar keinen Termin, sondern sie setzt sich gleich und wir sprechen, anschließend behandle ich sie. Am Ende sagt sie mir, sie wollte eigentlich eine Freundin besuchen und hat dafür Blumen gekauft. Sie würde mir den Strauß gerne schenken. Es sollte wohl so sein, dass sie heute zu mir kommt. Der erste Schritt ist gemacht, aber ich bin erst am Anfang meiner Bestimmung. Es geht jetzt um die Entwicklung meiner Größe und meines Bewusstseins.

Wieder ziehen Wochen ins Land und hier und da kommt der eine oder andere meiner Freunde zu mir in die Praxis. Zwei, drei

Geburtsanalysen der Kabbala mache ich und warte, dass mein Name sich weiterträgt. In der Zwischenzeit arbeite ich weiter an meinen Therapiekonzepten. So durchlebe ich die Hochs und Tiefs der Selbstständigkeit und beschäftige mich mit dem Geld, welches ich nicht habe. Bis zu der Nacht, als ich wieder mal Uriel begegne.

„Sara, du weißt schon, dass du die Regie deines Lebens übernimmst, oder?", fragt mich Uriel.

„Ja, sicher weiß ich das." Ich versuche, ihm zu erklären, wieso das jetzt etwas anderes ist.

„Sara, du Licht, dann lass doch das Licht für dich arbeiten", spricht Uriel.

„Wie, ich soll das Licht für mich arbeiten lassen?", frage ich erstaunt.

„Du könntest es ja abgeben an Gott. Er möchte, dass du dieses Leben lebst, und er wird auch dafür sorgen, dass du es leben kannst. Er gibt dir die Fülle, die du brauchst, um deine Bestimmung zu leben. Du darfst dich ihm ruhig anvertrauen", erklärt mir Uriel.

„Aber ich vertraue doch", sage ich.

„Nein, Sara, das tust du nicht. Sonst würdest du dir keine Sorgen machen, sondern du würdest deine Aufmerksamkeit auf die Dinge richten, die jetzt wichtig sind. Dein Weg zum Licht ist gefüllt mit LICHT, mit Liebe, mit Erfolg, mit Vertrauen, mit Ruhe, mit Geduld und vielem mehr. Ja, und auch mit GELD, denn es ist eine Energie der Menschen, also auch ein Energieausgleich, um dir deine Wertschätzung zu reflektieren", erklärt mir Uriel umfassend.

Erst mal sage ich gar nichts. Ja, in meinen Kabbala-Geburtsanalysen erzähle ich meinen Patienten, sie sollen die Regie ihres Lebens übernehmen, und jetzt habe ich es selbst außer Acht gelassen.

„Uriel, warum ist es manchmal so schwer, das Richtige zu denken und zu fühlen?", frage ich.
„Es ist nicht schwer, nur dein Blickwinkel ist der falsche. Ihr lernt von klein auf, euch auf die negativen Dinge zu konzentrieren, und so kommen auch bei dir die alten Muster durch. Es ist aber nützlich, verschiedene Facetten des Lebens kennenzulernen. Dies erleichtert es dir, dich auch in die Seelenanteile der anderen hineinzuversetzen", sagt Uriel lächelnd.
„Heißt das, dass ich all die verschiedenen Emotionen erlebe, zum einem um selbst zu heilen und zum anderen um die Welt auf ihrem Weg allumfassend zu verstehen?", frage ich zurück.
„Das hast du sehr schön formuliert, Sara, genau, das trifft es", lobt mich Uriel. „In deinen Leben hast du viele verschiedene Emotionen gelebt, und manche hast du erst mal weggepackt, weil sie zu schmerzhaft waren für dich. Jetzt geht es darum, im Lichtbewusstsein zu leben, alle Seelenanteile geheilt zu haben und dir deiner wahren Größe bewusst zu sein", sagt Uriel und spendet mir gleichzeitig durch seine Berührung das Licht. Durch dieses Licht fühle ich die Botschaft hinter diesen Worten und ich werde ganz ruhig. Ich muss lächeln.
„Danke, Uriel, ich glaube, ich habe dich verstanden", sage ich zu ihm.

Als ich am nächsten Morgen aufwache, fühle ich mich befreit. Meine Angst ist weg. Ich bin mir jetzt sicher, dass ich es nicht irgendwie schaffe, sondern dass ich es so erfolgreich schaffe, wie es in meinen Träumen schon zu sehen war. Und so sitze ich am Vormittag an meinem Schreibtisch und folge dem Bedürfnis, etwas aufzuschreiben. Meine Gedanken fließen nur so aus mir heraus und ich schreibe:

Losgelöst, von der Begrenzung, heile ich in meiner Praxis.
Losgelöst von meiner Begrenzung,
verdiene ich mehr, als ich für meinen Lebensunterhalt brauche.
So bin ich in der Lage, vielen Menschen meine Unterstützung zu geben, ob nah oder fern.
Ich werde, ich bin, nicht nur Bestseller-Buchautorin,
sondern auch erfolgreiche Heilpraktikerin, Heilerin und Geschäftsfrau.
Ich gebe Kurse und ich führe Menschen zum Herzen in ihre Bestimmung
und ich führe die Menschen ins Licht zum Lichtbewusstsein.
Ich bin Träger des Lichts für das neue Zeitalter.
Und ich werde viele Menschen unterstützen, ihren Weg zu gehen, Menschen, die sich auch aufmachen wollen, in die neue Dimension des Lichts zu tauchen.
Alle Religionen werden sich in der Welt vereinen.

Jetzt überwältigt mich das schon wieder. Ich schreibe von Dingen, die mich selbst überraschen. Meine Finger fliegen nur so über die Tastatur, und ich habe keine Ahnung, was ich schreibe. Erst wenn ich es lese, verstehe ich die Dimension. Woher kommt all das nur? Uriel würde wahrscheinlich sagen: „Von dir, durch dich, von Gott und durch Gott." Ich halte inne und denke über all das nach. Die eigene Bestimmung zu fühlen, das möchte ich den anderen Menschen ermöglichen und im selben Augenblick denke ich an mein Therapiekonzept. Der Weg zum Herzen ist die erste Stufe d. h. die Heilung der Seelenanteile mit geöffnetem Herzen. Und während ich das schreibe, sehe ich Uriel vor meinen Augen und er sagt zu mir:
„Durch die eigene Erfahrung wirst du fähig sein, den Weg zum Herzen weiterzugeben. Deshalb gehen wir jetzt dein Therapiekonzept im gefühlten Zustand durch."

„Uriel, wie machen wir das?", frage ich nach.
„Lass dich einfach auf die Worte ein, Sara, es ist ganz leicht", erklärt mir Uriel.
Und so beginnt meine Reise zum Herzen:

Sara, heute ist der Tag deiner Entscheidung
öffne, weite, heile dein Herz,
öffne, weite, heile deinen Geist,
öffne, weite, heile deine Seele,
öffne, weite, heile deinen Körper.
Du bist in völliger Einheit hier in diesem Leben.
Du bist in Liebe und Licht getaucht.
Du bist mit Dankbarkeit erfüllt, für all die einzelnen Erfahrungen.

Du bist frei und lichtvoll.
Du bist ein Kind des Lichts.
Du bist ein Kind der Liebe.
Du bist ein Kind der Weisheit.
Du bist ein Kind der Heilung.

Kind, öffne dich,
öffne dein Herz für dich
und erkenne dich selbst!

Sara, sage nun:
Gott, ich bin hier bei dir,
durch dich gehe ich meinen Weg
mit all meinen Möglichkeiten,
der Zeitpunkt ist gekommen,
geöffnet ist Körper, Geist und Seele.
So öffne, weite ich nun mein Herz.

Ich erkenne mich.
Ich bin Licht.
Ich bin Liebe.
Ich bin wundervoll.
Ich bin offen im irdischen Spiel.
Ich bin gehalten von dir, meinem Vater.
Ich habe Kraft und Mut, meinen Weg zu gehen.
Durch meine Herzöffnung erkenne ich nun auch dich.
Ich erkenne die Liebe um mich herum und fühle mich angenommen jeden Tag.
Ich erkenne und erfahre die lichtvolle Regie meines Lebens.
Ich entscheide mich in jedem Augenblick lichtvoll.
Ich lebe völlig selbstbestimmt, voller Lebensfreude und Leidenschaft mein Leben.
Ich bringe mich jeden Augenblick licht- und liebevoll zum Ausdruck.
Ich ehre die Schöpfung.
Ich vergebe mir und meinen Mitmenschen völlig.
Ich verbinde meine Hellsinnigkeit mit meiner Geistessinnigkeit.
Ich öffne mein Herz, ich weite mein Herz, ich heile mein Herz.
Ich spüre, fühle, lebe mein Herz.
Ich bin wundervoll.
Ich bin Licht.
Ich bin Liebe.
Gott, ich danke dir.

Und so wie Uriel es mir gesagt hat, habe ich jeden einzelnen Satz wiederholt. Im Inneren gesprochen, gefühlt. Ich spüre die Worte mit einer kraftvollen Energie in mir nachhaltig. Ich muss weinen, weil ich mich freue und weil es mich sehr bewegt. Diese Worte fühlen zu können in meinem Herzen, in dieser Intensität, lässt mich ein neues Gefühl erleben. Nun weiß ich, geöffnet in meinem Herzen, bin ich Licht und Liebe, und ich bin wundervoll. Uriel gibt mir eine Weile Zeit, den Empfindungen nachzuspüren, bevor wir weitermachen. Dann höre ich wieder Uriels Stimme und er sagt zu mir:

„Sara, erfahre nun deinen wahren Wert."
Zentriere deinen Geist, Sara.
Lass die Gefühle frei werden.
Richte den Fokus auf dein Herz.
Dein Körper wird frei.
Verbinde dich mit deiner Seele
und du erreichst den Zustand der Empfänglichkeit.
Deine Entscheidung ist von Gott geführt,
in unendlicher Liebe,
mit geöffnetem Herzen
bist du bereit für deine Aufgabe,
nun erlebst du die Glückseligkeit.
Dein Weg berührt die Menschen.
Dein Weg heilt die Menschen.
Dein Weg bringt die Menschen zueinander.
Dein Weg bringt alles Erstarrte zum Schmelzen,
es wird der Weg Gottes sein.
Dein Name ist genannt,
Du bist der, der jetzt zu dieser Zeit,
die Menschheit führen soll,
denn du bist ein Kind Gottes
und alle Kinder Gottes sollen die Menschen führen,
es ist der Platz des Seins.
Lasse los, denn nur so kannst du führen.
Alles Alte bleibt hinter dir,
mache die Türe weit auf

für das Neue,
für die Liebe ohne Bedingung.

So erkenne: Du bist wundervoll.
Sieh dich im wahren Schein,
blicke in dein Spiegelbild
und lächle dich an und sage:
Ich bin wundervoll.
Siehst du sie glitzern in deinen Augen,
die kosmische Energie des göttlichen Scheins,
so sage wieder:

Ich bin wundervoll.
Lass dein Lächeln zu einem Strahlen werden
und sage wieder:

Ich bin wundervoll.
So siehe, die Welt ist wundervoll.
Voller Wunder bist du jeden Augenblick.
Sendest die Energie in dich und du fühlst:
Ich bin wundervoll.

„Sara, es erfüllt dich Wertbewusstsein, von nun an lebst du deinen wahren Wert, deinen kosmischen Wert, du fühlst und erlebst deinen wahren Wert in jedem Augenblick." Und ich spüre, wie ich Zugang in der Vollendung zu meinem Wert bekomme. Kein Zweifeln mehr, sondern gefestigt in meinem Sein, spüre ich, ich bin wundervoll. „Uriel, das ist ja der Wahnsinn", unterbreche ich ihn.

„Sara, mit Wahn hat das wenig zu tun; aber du meinst, es ist kosmisch, göttlich. Eure Sprache ist oft nicht so konditioniert für diese Erlebnisse. Aber ich denke, du willst so deine großen

Gefühle ausdrücken. Sara, bist du jetzt bereit, dich deinem Freiheitsbewusstsein zu öffnen?"

„Ja, ich bin bereit", erkläre ich mit belegter Stimme.

„Sara, heute wird dein Feuer entzündet. Sei bereit, die folgenden Worte zu wiederholen."

Entzünde mein Feuer.
Lass mich erleuchtet leben in dieser Welt,
lass alles Dunkle erhellen,
lass dieses Feuer ewig sein.
Deine Liebe macht es hell und kraftvoll,
sodass es nie erlischt.
Entzünde mein Feuer,
umgeben von Hoffnung
bin ich bereit mit dir, meinem Vater, zu gehen.
In Freiheit, gefüllt mit Liebe,
mache ich aus Hoffnung Erkenntnis.
Gefüllt mit Liebe
mache ich nun aus Erkenntnis Erfolg und Heilung.
Heil und erfolgreich gehe ich meinen Weg in Freiheit.
Mit dir vereint und in Liebe getaucht
ist die Hoffnung mein Weg der Freiheit.
Jetzt sehe ich einen Weg, der lange nicht zu sehen war.
Ich finde nun den Pfad durch die Irrwege in eine Lichtung voller Impulse.
Ich tanke die Kraft der Natur,
ich lasse mich stärken von der Muttergottes.
Ich empfange die Liebe durch das Gebet zu dir.
Ich werde kraftvoller in meinem Körper,
ich lasse das Licht in meine Zellen.
Ich reinige meinen Geist,
ich vollbringe selbst Heilung in meinem Körper
durch die Erkenntnis meiner Freiheit.

„Sara, du bist von nun an erfüllt vom Freiheitsbewusstsein."

Wie eine schwere Last, die von mir abfällt, bemerke ich, wie mein Körper ganz leicht wird, befreit von einer schweren Last. Eine Anspannung, die ich manchmal in meinem Magen gespürt habe, ist nicht mehr da.

„Sara, du machst das sehr gut", lobt mich Uriel. „Du lässt dich völlig ein auf deinen Weg zum Herzen, das ist großartig. Wir gehen weiter. Sara, bist du nun bereit für deine Vergebung?", fragt mich Uriel.

„Ja, ich bin bereit", spreche ich wieder, und es fühlen sich diese Fragen und auch meine Antworten sehr heilig an. Es ist mir bewusst, wie wichtig dieses Ereignis für mich ist.

„Sara, sei bereit, die folgenden Worte zu sprechen."
Ich sehe die Menschen mit all ihrer Wertigkeit.
Ich sehe die Menschen mit all ihrer Andersartigkeit.
Ich sehe die Menschen mit all ihren Begabungen.
Ich sehe die Menschen mit all ihrer Hilfsbereitschaft.
Ich sehe die Menschen mit all ihrer Liebe.

Ich ehre diese Menschen mit all ihrer Wertigkeit.
Ich ehre diese Menschen mit all ihrer Andersartigkeit.
Ich ehre diese Menschen mit all ihren Begabungen.
Ich ehre diese Menschen mit all ihrer Hilfsbereitschaft.
Ich ehre diese Menschen mit all ihrer Liebe.
Ich sehe Gott und ich ehre Gott
für die Größe, es sehen und ehren zu können.
Ich vergebe mir und ich bin mir jetzt bewusst,
dass ich unsere Familie nicht führen muss,
denn sie lebt in der Einzigartigkeit des Einzelnen.
Ich beschließe loszulassen, um mir die Freiheit zu geben,

die ich benötige, um mein Herz zu öffnen.
Alle Liebe, alles Licht strahlt aus mir.
Ich bin ruhig und gelassen, voller Freude im täglichen Sein.
Ich vergebe mir meine scheinbare Schuld
und erkenne mit jedem Tag, dass es diese Schuld nie gab.
Denn Gott und die Menschen um mich herum lieben mich
und so kann ich nun beginnen,
mich jeden Augenblick mehr zu lieben.
Ich bin es wert, erfüllt zu sein von Liebe und Glück.
Alle Unterstützung wird mir zuteil.
Gott, ich danke dir für mein Leben.
Gott, ich danke dir für meine Gesundheit,
für meinen Erfolg und für deine und meine Liebe.

„Sara, von nun an lebst du Vergebungsbewusstsein. Dir ist es immer möglich, auf die Menschen mit Liebe und Licht zuzugehen. Du verbindest die Menschen und wirkst klärend in jeder Runde."

Da ich meine Vergebungen lange schon gemacht habe, fällt es mir sehr leicht, diese Worte zu fühlen. „Sara, sehr schön, das ist wunderbar. Ich sehe, wie dein Herz leuchtet", sagt Uriel zu mir. „Wir können weitermachen. Sara, bist du nun bereit, dein Entscheidungsbewusstsein in seiner vollen Größe zu leben?", fragt mich Uriel.

„Ja!", antworte ich

Mit jedem Schritt habe ich das Gefühl, genau das sei der Schlüssel für meine Selbstständigkeit. Ich erfahre und fühle es selbst, und so kann ich es später weitergeben. Und bei diesem Gedanken höre ich wieder Uriels Worte.

„Sara, dann sage nun!"

Um mein Leben hier und jetzt zu ändern,
geht es um all meinen Mut.
Mut für meine Veränderung,
Mut, meine Opferrolle loszulassen.
Mut aufzustehen,
Mut zu glauben.
Gott, ich rufe dich, lass mich sehen,
lass mich fühlen,
dass es sich lohnt, hier und jetzt mutig zu sein.
Ich beginne jeden Tag mit dir, Gott.
Ich beginne jeden Tag an mich zu glauben.
Ich beginne jeden Tag mein neues Ich zu erschaffen.
Ich beginne jeden Tag meine Träume zu verwirklichen.
Ich beginne jeden Tag mich zu lieben,
so ist es ein Anfang jeden Tag neu.
Wenn am Morgen die Sonne aufgeht,
kann ich meinen Wert fühlen.
Meine Entscheidungen für mein Leben
tragen mich durch die Helligkeit.
Selbstbestimmt erlebe ich mein Leben, warm und weich.
Im Einklang mit der Welt lebe ich meine Einzigartigkeit.
Ich finde immer den sicheren Halt.
Ich kann Altes hinter mir lassen,
bin aufgestanden im Licht,
meine Seele heilt Tag für Tag.
Ich fühle, Liebe ist in mir
und ich bringe die Liebe zu den anderen.
Für mich ist eine neue Zeit angebrochen.
Jeden Augenblick erlebe ich das Wunder der Liebe,
alles wird nun klar.
Selbstsicherheit hat die Unsicherheit verdrängt,

meine Energie ist gebündelt zum lichtvollen Strahl.
Ich kann entscheiden,
ich bin offen für die Verantwortung in meinem Leben.
Ich sehe die Möglichkeiten, die mich zu meiner Bestimmung führen.
Ich kann entscheiden.

„Sara, es erfüllt dich Entscheidungsbewusstsein, lebe es, spüre es, weite deine Entscheidungen aus, um deine Visionen zu leben. Ein Hauch, nein, kein Hauch, es ist wie ein schöner Sturm, der mir zeigt, wie mein Leben läuft. Wie sich alles neu entscheidet durch meine Bereitschaft, mich voll auf meine Bestimmung einzulassen." Und so höre ich wieder Uriel sprechen:
„Sara, dann sei jetzt bereit, deinem Glauben den nötigen Raum zu geben. Bist du bereit?", fragt er mich.
„Ja, ich bin bereit für meinen wahren Glauben", sage ich.
„So bete, Sara." Uriels Stimme klingt jetzt ganz ehrfürchtig und er fordert mich noch mal auf:
„Lass uns gemeinsam beten."
Ich höre die Worte in meinem Geist, ehe ich sie ausspreche. Und so höre ich unsere beiden Stimmen beten und singen zugleich. Eine kosmische Energie macht sich breit und wird zur göttlichen Energie in mir und um mich herum.

Gott, ich bitte dich,
lass mich angebunden sein an dich, meinen Vater.
Gott, ich bitte dich,
lass mich angebunden sein an die Muttergottes.
Gott, ich bitte dich,
lass mich geduldig sein für den rechten Zeitpunkt.
Gott, ich bitte dich,
lass mich deine ganze Unterstützung spüren.

Gott, ich bitte dich,
lass meinen Neuanfang mit göttlicher Präsenz gefüllt sein.
Mögen Geduld und Demut mein Leben füllen,
mögen Zuversicht und Glauben mein Leben füllen,
mögen Dankbarkeit und Fröhlichkeit mein Leben füllen.
Danke, Gott, für all das, was du mir gibst. Danke.
Durch die goldene Sonne lasse ich mich wärmen.
Durch die goldene Sonne mache ich die Sonnenenergie zu meiner Energie.
Durch die goldene Sonne spüre ich, wie ihre Kraft zu meiner Kraft wird.
Durch die goldene Sonne spüre ich, wie ihre Ausdauer zu meiner Ausdauer wird.
Durch die goldene Sonne spüre ich das Licht in mir.
Durch die goldene Sonne spüre ich, wie wundervoll ich bin.
So glaube ich an dich, Gott im Himmel, an die himmlischen und irdischen Helfer.
Zentriere meine Energie und fülle mich jeden Tag mit Licht und Liebe und Heilung.

„So erfahre und lebe Glaubensbewusstsein, Sara."
Ich spüre den Glauben, der fest verankert in mir ist, und bin bereit, die nötigen Schritte zu gehen, die die nächste Stufe für mich bereithält.
„Sara, bist du bereit, dich jetzt deinem Wahlfreiheitsbewusstsein zu öffnen?", fragt mich Uriel. Und ich antworte wieder mit den Worten:
„Ja, ich bin bereit."

Sara, du hast die Stiefel angezogen, um loszugehen.
Du hast entschieden, deinen Weg und deine Bestimmung zu gehen.
Die Liebe begleitet dich in deinem Herzen.

*Frei von allen Wertungen kannst du die anderen fühlen
und geöffnet begegnest du dir zum allerersten Mal.
Aufgeregt bist du, wissend in deinem Herzen
führt deine Seele die Worte des Lichts zu dir.
So ist heute alles neu.
Entschieden im Augenblick ermöglichst du dir den Zugang zu einer
neuen Dimension
Und so sage:
Neue Welt, ich komme.
Neue Welt, ich schwinge.
Neue Welt, ich bin bereit
für ein Leben in Harmonie.
Neue Welt, ich sehe.
Neue Welt, ich verändere.
Neue Welt, ich bin bereit
für ein Leben in Dualität.
Neue Welt im Gleichklang.
Neue Welt vereint.
Neue Welt in Göttlichkeit
für ein Leben im Seelenklang.
Losgelöst von Raum und Zeit
gibt es Platz für die Unendlichkeit.
Ein Leben ohne Form,
entspringt dem Dasein,
geführt von Gott in Sphären des Himmels.
Geöffnet im dritten Auge
erlebst du den wahren Geist.
Geschult und vereint
in deiner Seele, bist du frei zu entscheiden.
Du erkennst deine Wahlfreiheit deines Lebens
und lebst deine Seelenanteile vollendet.*

„Sara, es erfüllt dich Wahlfreiheitsbewusstsein."

Ich habe das Gefühl, dass mein ganzer Körper mit göttlicher Energie gefüllt ist. Jede Zelle meines Körpers fühlt sich so schön an, wie ich es noch nie erlebt habe.

„Sara, du bist wundervoll", sagt Uriel wieder und erklärt mir weiter: „Es ist die göttliche Energie", und es kommt noch größer.

„Sara, bist du bereit für dein Liebesbewusstsein?", fragt mich Uriel.

„Ja, ich bin bereit!" Ich hauche nur noch. Meine Gefühle überwältigen mich.

Sara, so lebe dein Liebesbewusstsein.
Erfüllt von Glück, in Vertrauen gehüllt
kannst du lieben wie in keinem anderen Leben.
Du kannst träumen, du kannst bauen,
Du kannst Liebe neu entflammen
wie in keinem anderen Leben.
Erfüllt von Liebe bist du bereit für deine Bestimmung
wie in keinem anderen Leben.
Erfüllt von Bestimmung, gehüllt in Liebe,
erkennst du dich wie in keinem anderen Leben.
Das Tor der Liebe öffnet sich.
Du siehst das Licht, es verscheucht die Finsternis.
Die Worte der Liebe erreichen dein Herz und du glaubst an dich.
Deine Erkenntnis kann die Liebe sein,
die es gibt, in dir und um dich herum.
Den Schmerz der Vergangenheit kannst nur du lösen.
Gib ihn frei und lass etwas Neues entstehen,
vertraue dir, denn nur so kannst du das Tor der Liebe weit öffnen.
Freier Zugang zum Tempel des Lichts,
hier wohnt die Liebe, die keine Bedingung kennt.

Du gibst deine Energie in den Strahl der Liebe,
bündelst und verstärkst dieses Licht
und erhellst den Tempel des Lichts.
Gezündet ist dein Licht für dein Liebesbewusstsein,
hier und jetzt und für immer, ewiglich.

„Sara, es erfüllt dich Liebesbewusstsein", so höre ich Uriel fast singen. Dann fragt er mich:
„Sara, bist du nun bereit, die Treppe des Herzens zu gehen? Dann antworte mir mit Ja."
„Ja, ich bin bereit", sage ich mit klopfendem Herzen. Sara, die Treppe steigst du herauf.

Die erste Stufe deines Wertes umhüllt dich mit Liebe.
Die zweite Stufe deiner Freiheit umhüllt dich mit Liebe.
Die dritte Stufe deiner Vergebung umhüllt dich mit Liebe.
Die vierte Stufe deiner Entscheidungen umhüllt dich mit Liebe.
Die fünfte Stufe deines Glaubens umhüllt dich mit Liebe.
Die sechste Stufe deiner Wahlfreiheit umhüllt dich mit Liebe.
Die siebte Stufe der bedingungslosen Liebe umhüllt dich mit Liebe.
Die achte Stufe der Heilung umhüllt dich mit Liebe.
Diese Liebe so grenzenlos, so frei, so groß und so rein.
Es erreicht dich in der Stille, in der Unendlichkeit,
in der Ewigkeit des Lichts.

„Öffne, weite, heile, spüre, fühle und lebe diese Energie in ihrer Vollendung", sagt Uriel zu mir.
„Sara, bist du bereit, den freien Zugang zu deinen Toren des Lebens zu haben?
Sara, ich möchte nun, dass du die Worte, die Botschaft der Tore des Lebens sprichst. Lass uns diese Worte gemeinsam sprechen."
Und so stimme ich ein und weiß genau, wie die Worte lauten,

wie ein Impuls sind die Worte bereits in meinem Geist, bevor sie zum Ausdruck gebracht werden, von mir und Uriel. Und so sprechen wir, singen diese Worte ins Leben.

Die Tore des Lebens
Die Regie meines Lebens
lebe ich in meiner Wahlfreiheit.
In der Erkenntnis der Vielfalt der Menschen
unterstütze ich meine Brüder und Schwestern in Liebe.
Meine Entscheidungen sind positiv und voller Licht.
In der Erkenntnis meines Wertes bin ich frei, jeden Tag
so zu leben, wie es mein ureigener Wunsch ist.
Und durch meine Selbsterkenntnis führe ich ein Leben
völlig selbstbestimmt, voller Lebensfreude und Leidenschaft.
Die Schöpfung verstehe ich als menschliches Trainingsfeld.
Den Menschen zugewandt, vergebe und verbinde ich mich mit den Engeln.
Meine Hellsinnigkeit eröffnet mir die Wege,
die Menschen zu fühlen und ihnen den Weg zum Herzen zu eröffnen.
In völliger Hingabe für das tägliche Sein
vollende ich den Energiekreis meines Lebens.

Nun höre ich wieder Uriels Stimme allein:

Wir danken der göttlichen Unterstützung,
wir danken für die irdischen Helfer und die überirdischen Helfer
auf unserem Weg zum Herzen in unsere Bestimmung.
Von nun an spüren, fühlen, leben wir unsere Bestimmung.
Von nun an öffnen, weiten, heilen wir unser Herz.
Von nun an sind wir offen für die Impulse unserer Tore des Lebens.

Danke.
Danke für unseren Wert,
danke für unsere Freiheit,
danke für unsere Vergebung,
danke für unsere Entscheidungen,

danke für unseren Glauben,
danke für unsere Wahlfreiheit,
danke für unsere Liebe,
danke für unser offenes, geweitetes und heiles Herz.
Danke.

Nachdem wir die Worte gesprochen haben, schweige ich, und auch Uriel überlässt mich meinen Gedanken. Ich habe jedes Zeitgefühl verloren. Wie lange sitze ich hier an meinem Schreibtisch und beschreite den Weg zum Herzen? Ich habe keine Ahnung. Einiges habe ich schon erlebt, aber das hier ist einfach großartig, wundervoll. Und so großartig und so wundervoll, wie dieser Weg war, so fühle ich mich auch.

Und dann sage ich zu Uriel: „Danke, danke für diese Vision, danke für diese Bestimmung."
„Sara, ich habe dir zu danken, es ist mir eine Freude, Lichtkindern zu dienen. Und ich bin froh, dabei sein zu dürfen, wenn etwas Neues entstehen darf", erklärt mir Uriel.
„Wie meinst du das, dabei sein zu dürfen, wenn etwas Neues entsteht?", frage ich ihn.
„Sara, es ist gerade in deinem Herzen entstanden, diese Reise oder diese Affirmationen habe ich vorher noch nie gesprochen. Du hast sie ins Leben gerufen. Und wie du schon erfahren hast, sind es deine Werkzeuge für deine Bestimmung. Du wirst deinen Weg gehen, in deiner Praxis, und dieser Weg wird geprägt sein von dieser Erfahrung", erklärt mir Uriel lächelnd.

„Ich soll das ins Leben gerufen haben, wie mache ich das denn?", will ich von Uriel wissen.

„Am Anfang steht dein Wunsch und dann kommt die Empfängnis. Nach der Empfängnis kommt die Reifung und schlussendlich die Geburt, so ist es auch bei dir gewesen. Heute ist der Tag der Geburt und ich denke, wir, du, hast allen Grund zu feiern. Rufe deinen Mann und deine Freunde an und teile ihnen mit, was heute geboren ist."

Mit diesen Worten verschwindet Uriel und ich sitze an meinem Schreibtisch und bin hin und weg. Geburt, ja, so fühlt es sich an. Ich spüre noch ein wenig Anstrengung, Kraft und Mut, die ich aufgebracht habe. Aber alles rückt ein wenig zur Seite, weil das Gefühl des Glücks, der Beschenkung, so überirdisch ist. Bevor ich jetzt Peter anrufe, möchte ich das Erlebte noch in ein Gedicht fassen, und so schreibe ich:

Geburt erfahren zur wahren Bestimmung,
verschiedene Bewusstseinsebenen erklommen.
Treppe emporgestiegen und den Zugang zu den Toren des Lebens bekommen.
In großer Runde bringe ich es zur Kunde, der Weg des Herzens ist frei.
Empfangen das Leben, das Licht und die Vision zu leben die Bestimmung,
bringt die Herzen zum Beben.
In völliger Einheit für die Bestimmung
lasse ich euch spüren, fühlen und leben, im Herzen frei und heil,
die Geburt der Stunde in euren Leben.
Allen Mut und eure Kraft habt ihr für eure Empfängnis gegeben,
die Anstrengung im Tragen fällt von euch ab.

*Vereint in den Wehen gelegen, erhebt sich euer Geist
und verbindet sich mit eurer Bestimmung.
Die Geburt wird getragen von Glückswogen,
zu erkennen die Herrlichkeit des Seins im Leben.*

Ich rufe Peter an und versuche ihm zu erzählen, was sich gerade abgespielt hat. Ich erzähle auch, dass wir heute feiern werden. Unsere Freunde rufe ich im Anschluss an dieses Gespräch an und freue mich, dass alle Zeit haben.

Danach vergehen die Wochen ganz still und leise. Die erste Euphorie ist vorbei, der Alltag holt mich ein. Leider kommt immer noch kein Patient, das Telefon schweigt mich wieder mal an, als ob es mich bestrafen will für so viel Hoffnung. Ich versuche bei mir zu bleiben und arbeite in dieser Zeit an mir selbst. Konditioniere mein Bewusstsein und Unterbewusstsein immer wieder und versuche herauszufinden, was noch fehlt. Eines Abends komme ich zu dem Schluss, dass es noch um meinen Wert geht. Ich fühle mich noch nicht so viel wert, dass ich eine erfolgreiche Praxis haben darf.

So suche ich nach dem Weg, wie ich meine erfolgreiche Selbstständigkeit fühlen lerne. Wie kann ich es erleben? So wie die Eröffnung meiner Praxis oder auch meine Buchveröffentlichung, die ich schon gesehen und gefühlt habe. Wie bringe ich mich in dieses Gefühl? Es wird eine wichtige Antwort sein, denn wenn ich es herausfinde, kann ich das auch weitergeben an meine Patienten. Ich meditiere und warte auf eine Antwort von Gott. Ich versuche Uriel zu kontaktieren, aber nichts passiert, er kommt nicht in meine Träume und auch nicht mit einer Botschaft zu mir. Es ist wie verhext.

So bin ich ziemlich frustriert, und dann wird Leon krank und ich bringe alle Energie auf, ihn zu pflegen. Die Nächte sind kurz und ich bin sehr müde. Es vergeht eine ganze Weile, bis Leon wieder gesund ist. Nach drei Wochen Krankheit, in denen ich nicht in der Lage war, meinen Sohn zu heilen, ist die Nacht da, in der ich dem Ruf der Erneuerung folge.

„Sara, es wird Zeit, dass du deine alten Muster und Systeme bereinigst. Diese Muster und Systeme hast du viele Jahre in deinen Zellen abgespeichert und so sind sie immer noch irgendwo in dir abgelegt. Denn sonst könnte in einer Stunde, die sehr anstrengend ist, egal ob körperlich oder mental, deine Krise kommen. Und du hast sicher gemerkt, dass du nach dieser herausfordernden Zeit in ein Loch gefallen bist."
„Ja, das stimmt! Ich frage mich, warum ich nicht einmal mein Kind heilen kann", frage ich Uriel ziemlich verzweifelt.
„Sara, es ist nicht so, dass du dein Kind nicht heilen kannst, sondern es liegt in jedem selbst. Dein Sohn muss auch bereit sein, den Heilimpuls anzunehmen. Und er hat es nicht getan, weil es für ihn wichtig war, diese Erfahrung zu machen. Heilung ist keine Manipulation, sondern es ist ein Geschenk und es muss auch immer die Bereitschaft da sein, dieses Geschenk annehmen zu können", erklärt mir Uriel.
„Ach Uriel, das ist schon ziemlich schwierig, ich fühle mich müde und ausgelaugt. Jede Nacht aufstehen, den ganzen Tag bereitstehen und kaum Luft haben, mich wieder aufzuladen, fällt mir sehr schwer", erkläre ich. „Sara, es ist eine große Herausforderung, Mutter und Vater zu sein, es sind mit die wichtigsten Erfahrungen, die ihr als Mensch machen könnt. Du hast es sehr

gut gemacht", erklärt mir Uriel lächelnd. „Ich habe gehört, dass du Leon dazu aufgerufen hast, Verantwortung für seine Heilung zu übernehmen. Ich habe auch gehört, dass du ihn unterstützt hast mit deiner Liebe. Dann geht es weiter darum, dass jeder Einzelne seine Heilfähigkeit einsetzt, denn sonst kann es nicht gelingen. Du hast also alles richtig gemacht", sagt Uriel.
„Aber wie kann ich denn jetzt die alten Muster und Systeme in mir auflösen?", frage ich Uriel.
„Sara, mache dich bereit, wir machen eine Reise. Sei bereit, dich auf einen Weg der Erneuerung einzulassen. Hier und jetzt bist du bereit, alte Muster, Familiensysteme und auch Gesellschaftssysteme loszulassen."

Stell dir vor, du bist in einem wunderschönen Raum. Dieser Raum gibt dir alle Ruhe, die du brauchst, um deine Gedanken, die jetzt noch im Außen sind, nach innen zu richten. Dieser Raum gibt dir alle Möglichkeiten, es so zu gestalten, dass du dich wohlfühlst. Stell dir diesen Raum vor, schau dich um, welche Farbe die Wände haben, wie der Boden aussieht. Fühle, ob es angenehm warm oder angenehm kühl hier ist. Suche dir einen Platz, lass dich völlig ein auf dein Gefühl, wo du sitzen oder liegen möchtest. Schau dich um und finde deinen Platz.

Während Uriel die Worte sagt, sehe ich einen schönen großen Raum mit hohen Stuckdecken. Die Wände sind weiß, aber durch wunderschönes Kerzenlicht und eine kleine Lampe stimmungsvoll angeleuchtet. Ich werde ruhiger, und die Spannung fällt von mir ab. Suchend blicke ich mich nach einem Platz um und entdecke dann eine Liege, die weich geschwungen ist, fast wie ein Kreis, der aufgestellt ist. Hier fühle ich mich eingeladen, es mir bequem zu machen. Ich lege mich nieder und blicke nach oben. Die Decke ist nicht nur mit Stuck versehen, sondern auch wunderschön bemalt. Ich sehe eine Frau auf diesem Bild, eine attraktive Frau auch für unsere Zeit, obwohl das Bild sehr alt sein muss. Weiters sehe ich einen Engel in einem hellen Gewand, der mich an Uriel erinnert. Dieses alte Bild hat zwei Seiten, eine dunkle und eine helle, dazwischen ist eine Brücke dargestellt und ich spüre eine Botschaft.

Die Brücke, die du geschaffen hast, ist für ein Leben losgelöst von der Angst der alten Zeit, sie bringt dich in die neue Zeit. Heilerin des Lichts, nun ist deine Zeit gekommen, zu gehen und zu bleiben im Licht.

Alte Systeme wissend, löst du dich von der Macht des Egos und durchflutest dich mit der Erinnerung der Liebe. Im Wissen der Macht des Lichts klärst du fühlend und füllend mit Liebe die Vergangenheit.

Du bereinigst die Familiensysteme und auch die Gesellschaftssysteme in dir. Heilerin des Lichts, Sara Glück, nun ist die Zeit da, das Licht zu leben, zu spüren und zu fühlen.

Du erkennst deine wahre Größe im irdischen Spiel und erlebst die absolute Liebe im überirdischen Spiel.

Als Geistheilerin sind dir keine Grenzen gesetzt. Du erleuchtest die Seelen und gibst die Heilimpulse in die Zeit des Lichts.

Dann spricht Uriel: „Nun gehe mit deinem Blick noch weiter in dich hinein, schaue, welches Bild du siehst." Wieder schließe ich meine Augen und sehe einen großen Kristall. Einen Kristall, der aussieht, als ob hier drei Kristalle vereinigt sind, Bergkristall, Rosenquarz und Amethyst. Die Worte Gesundheit, Liebe und Erfolg, die wie ein Wegweiser auf einem Weg leuchten, strahlen mir entgegen. Es entsteht in mir ein Gefühl, das sich ausdehnt, hell und klar. Leuchtend überstrahlt es einfach alle Wege, die zu dem Kristall führen. Meine Füße spüre ich, sie sind nackt, so wie auch ich nackt bin.

Ich spüre eine angenehm warme Luft um mich herum und gehe mit Bedacht, aber voller Gewissheit diese Wege. Und wie von Zauberhand sind es nicht mehr drei Wege, sondern nur noch einer. Das Licht wird immer heller. Auch ich fange an zu leuchten, über, neben und auch unter mir leuchtet es so zauberhaft, märchenhaft. Ich weiß nicht, wie ich es beschreiben soll. Ich beginne zu schweben. Dann erreiche ich den Kristall, berühre ihn, und wie ein Feuerwerk bei Nacht sprühen die Funken um mich herum. Ich fühle mich völlig angenommen. Alle Erinnerungen eines alten Musters kann ich nicht mehr wahrnehmen.

„Sara, nun mache dich bereit, die allumfassende Liebe, das allumfassende Licht und den allumfassenden Frieden zu leben."

Mit diesem Satz fühle ich den Funken und das Feuer sich in mir ausbreiten. Dieses Feuer der Liebe, des Lichts und des Friedens belebt mich völlig neu. Ich spüre, wie ich immer tiefer einatme, und es fühlt sich so an, als ob ich mit jedem Atemzug die Liebe und den Frieden in mich einsaugen möchte. Beim Ausatmen lasse ich alles los, was mich noch schwer gemacht hat. Eine Weile atme ich und merke dann, dass sich jede Zelle erneuert. Sonst braucht mein Körper Monate, um jede Zelle zu erneuern, jetzt geschieht es in wenigen Augenblicken.

„Sara, das machst du wunderbar. Jetzt kannst du alle gelebten Emotionen, die du irdisch gefühlt und erlebt hast, mit Licht füllen. Mach es so, wie du es in deinem Körper, in deinen Zellen gemacht hast, lass es durch deine Atmung geschehen."

Hell und klar fühle ich wieder das Gefühl der Liebe wie ein Feuer des Friedens. Es laufen verschiedene Situationen vor meinem geistigen Auge ab. Ich sehe mich als Kind in Situationen, in denen ich mich nicht geliebt oder nicht angenommen gefühlt habe, und sehe, wie sich die Situation jetzt verändert. Ich fühle mich auf einmal geliebt und obwohl die äußeren Umstände gleich erscheinen, belebt sich mein Geist, ich heile und verjünge mich in meinem Sein. Und so geht es noch öfter um meinen Wert. Ich sehe meine erste zerbrochene Liebe, wie verletzt ich war und wie meine Gefühle des „Nichtgeliebtseins" und „Nichtgesehenwerdens" sich auflösen. Mein Selbst wird größer und schöner. Ich fange immer mehr an zu sehen. Ich im Arbeitsleben, da wo Menschen mich schlecht behandelt haben, wie ich zum Beispiel gekündigt worden bin. Weiter sehe ich die Zeit, in der ich so lange auf ein Kind gewartet habe und alle Schuld bei mir sah. Wie ich mich kleinmachte, wie ich mich selbst erniedrigte – und dann sehe ich das friedvolle Feuer voller Liebe und Licht, welches mich heilt und verjüngt. Und ich nehme wahr, welchen wundervollen Menschen ich da erblicke, wie hübsch, erfolgreich, wie wertvoll ich bin. Ich sehe dann die Zukunft. Ich nehme auch wahr, dass meine Beziehung zu meinem Mann noch glücklicher, noch intensiver wird, weil sie erfüllt ist auf allen Ebenen. Ich sehe mich als Mutter, sehe, wie wundervoll sich unser Sohn entwickelt. Und ich sehe mich als Heilerin, als erfolgreiche Heilpraktikerin und als Geschäftsfrau, die in ihrer Vollendung lebt. Tränen des Glücks laufen mir über die Wangen, mein Körper zittert vor lauter Gefühlen. Es erfasst mich eine so große Gewissheit, dass das, was ich gerade sehe, gelebte Wahrheit ist. Dass meine Zukunft so aussieht, hier und jetzt. Mein Gesicht wird von einem Strahlen erfasst, ich muss plötzlich lachen und weinen zugleich. Ich lache und lache. Uriel lässt mich in meinen Gefühlen noch eine Weile verweilen. Eine ganze Zeit liege ich nur da, bis er zu mir sagt: „Sara, es wird nun Zeit, ins Hier und Jetzt zurückzukommen. Deine Reise ist Wirklichkeit." Mit diesen Worten wache ich auf.

Als ich morgens dann in meiner Praxis sitze, starre ich mit offenen Augen vor mich hin und ein Lächeln kommt auf mein Gesicht. Ich kann es nicht erklären, aber ich weiß, dass meine Finger jetzt die Tastatur meines Computers berühren sollen. Wieder werde ich geführt und ich weiß auf einmal, dass es darauf ankommt, sich der eigenen Führung anzuvertrauen, zu warten auf den rechten Zeitpunkt und um Gottes Botschaft zu bitten. Dann kommt jede Antwort, auf die wir warten, von selbst. Und so fange ich an zu sehen, wie das Telefon klingelt, ich höre es schon klingeln, bevor es wirklich geschieht. Ich verbinde mich mit den Menschen, die nach ihrer Bestimmung suchen, und diese Menschen finden mich, über die Empfehlung anderer Menschen und über das Internet. Und so geschieht es. Gleich heute, als ich diese Botschaft bekommen habe, haben schon zwei Patienten angerufen, und so geht es weiter. Mein Terminkalender füllt sich und ich gebe diese Energie des Lichts weiter. Es bedarf des Glaubens und auch der Verbindung zwischen Seele, Geist und Herz. Die Menschen werden durch die Segnung eines

Heilers auf ihrem Weg erleuchtet. Nach der Erweckung (das Licht leuchtet auf in einem Menschen = Erweckung) steht es jedem frei, die Wahlfreiheit zu leben, um so seine Seelenanteile zu heilen, wie auch ich sie auf meinem Weg zum Herzen geheilt habe. Immer wieder können wir, wie auch ich selbst, eine Reise antreten und verschiedene Seelenanteile heilen. Durch jede Heilung kommt ein Stück von unserem wahren Geist an die Oberfläche. Mir steht die Poesie erst seit einiger Zeit zur Verfügung und ich darf die wunderschönen, klaren Botschaften an die Menschen weitergeben. So hat jeder Einzelne wundervolle, beglückende Botschaften für diese neue Welt. Nicht jeder wird künstlerisch unterwegs sein. Es wird Menschen geben, die werden ihre Wege irdisch erfahren und andere werden teilhaben an überirdischen Erfahrungen. Wir werden in einer Welt leben, die lichtbewusst sein wird, und so können wir in Frieden und Liebe leben. Meine Arbeit wird die Verbindung von Seele, Geist und Körper und Öffnung des Herzens sein.

Wir alle erhöhen die Schwingung in dieser Alten Welt für die Neue Welt. Mit meinem gefüllten Terminkalender reife ich in jeder Behandlung selbst ein Stück. Alles, was ich noch erfahren soll, bekomme ich gespiegelt, sodass ich einen Patienten mit diesen nicht heilen Seelenanteilen in meiner Praxis behandeln darf.

Erst nach einer Weile bemerke ich die Veränderung. Ich bleibe immer mehr bei mir und lebe völlig im Bewusstsein vom Licht der Liebe im Dienste an den Menschen und für die Menschen. Meine Vollendung als Heilerin ist vollbracht.

So geschieht es an einem Tag im April. Die Sonne lacht vom Himmel und der Tag fängt gut an. Eine Patientin, die schon zweimal bei mir gewesen war wegen chronischer Rückenschmerzen, die sich besonders in stressigen Situationen im Halswirbelbereich zeigten, kam heute erneut zu mir in die Praxis. Sechs Jahre schulmedizinischer Behandlung hat sie schon hinter sich. Auch hatte sie schon mehrere Therapien wie Akupunktur, Neuraltherapie, Massagen und auch Krankengymnastik durchführen lassen. An diesem Tag konnte meine Patientin Sandra wegen einer Kehlkopfentzündung nicht sprechen. Auch ein Paukenerguss war jetzt beim Hals-Nasen-Ohren-Arzt festgestellt worden, wodurch ihr Hörvermögen eingeschränkt war. Unser Termin lag also „zufällig" im Zeitfenster ihrer neuen Erkrankung. Während ich sie behandelte, bekam ich eine Eingebung und fragte ihre Seele nach dem Grund, warum sie nicht sprechen wollte. Und ich fragte sie auch, warum sie nicht hören mochte. Und so sprach die Seele meiner Patientin Sandra zu mir:

„Lange suchte ich den Weg, es ihr zu sagen, zeigte immer wieder, dass sie mich nicht hört.
Jetzt hat sie auch noch angefangen zu schweigen. Ich bin so traurig und allein.
Kannst du mir helfen, dass sie bereit ist, mit mir zu reden?"

Und so antworte ich der Seele:
„Was soll ich sagen? Ich stelle mich in deinen Dienst." „Kannst du mir helfen, Sandra es fühlen zu lassen?", *fragt mich die Seele.* „Was fühlen zu lassen?", *will ich wissen.* „Die Aufgabe, die auf sie wartet. Um sich selbst zu heilen, könnte sie die Entscheidung fühlen, die dafür nötig ist." „Ja, ich verstehe. Möchtest du, dass ich sie etwas ganz Bestimmtes fühlen lasse?", *frage ich die Seele zurück.*

„Es geht in eine Zeit zurück, als Sandra noch ganz klein war, sie war zwei Jahre alt. Damals war sie sehr krank, sie hatte eine Lungenentzündung. Die Umstände in dem Krankenhaus, in dem sie liegen musste, erlaubten nicht, dass ihre Mutter bei ihr sein konnte. Ihre Eltern durften sie nur durch eine Glasscheibe sehen. Es gab auch Zeiten, in denen die Krankenschwestern Sandras Hände festgebunden hatten (angeblich weil sie so unruhig war). Als ihre Eltern das sahen, haben sie darauf bestanden, Sandra sofort loszubinden. Und bei den weiteren Besuchen war Sandra auch immer losgebunden. Aber es war eine schreckliche Zeit für Sandra. Sie fühlte sich sehr allein und sie hat sich damals geschworen, keine Liebe mehr zu empfinden. Sie hat die Beweggründe dieser Trennung nicht verstehen können und in dieser Zeit hat sie dann auch entschieden, sich selbst nicht mehr zu lieben. Sie dachte, es würde einfacher sein. Aber es machte die Sache erst richtig schlimm. Ihre Mutter war, sooft sie konnte, dort, aber sie hat noch zwei weitere Kinder. Wie gesagt, damals konnten Eltern noch nicht im Krankenhaus über Nacht bleiben, so wie es heute möglich ist. Vielleicht könntest du mir helfen, sie an den damaligen Zeitpunkt zurückzuführen, und wir füllen diese Situation dann mit Licht und Liebe. Und dann könntest du mir auch helfen. Die späteren Situationen, die in ihr das Erlebte verstärkten und sie im Glauben ließen, dass sie allein sei, neu zu füllen", erklärte mir die Seele von Sandra ausführlich.

Ich bat Sandra, ihr Herz zu öffnen und sich auf eine Reise in die Vergangenheit zu machen. Außerdem bat ich sie, auch alle Ereignisse und Situationen, die hochkommen, mit Licht und Liebe zu füllen. Ich selbst verband mich mit der geistigen Welt und brachte die nötigen Heilimpulse in Sandras Seele, Geist und Körper. Die Zeitreise begann. Sandras Körper fing sofort an zu reagieren, sie weinte und ihr ganzer Körper schüttelte sich.

Mit jedem Ereignis wurden ihre Gefühle intensiver. Ich füllte sie fortwährend mit heilendem Licht. All die schmerzhaften Emotionen der gelebten Vergangenheit kamen an die Oberfläche und für Sandra war es sehr anstrengend. Die Öffnung der Knotenpunkte war sehr wichtig für ihre Heilung. Um sie alles fühlen zu lassen, verband ich sie in der Behandlung mit ihrer Mutter. Sie erlebte die Krankenhaussituation noch einmal. Hier sprach ihre Mutter diesmal so schützend zu ihr, dass, als die Besuchszeit der Mutter vorbei war und sie nach Hause gehen musste, Sandra wie in einem Kokon mit Liebe eingehüllt in ihrem Bett lag. Und die Energie reichte bis zum nächsten Besuch der Mutter. Die Mutter betete außerdem abends für Sandra, so klein, wie sie war, fühlte sie sich in dieser Zeit so verbunden mit ihrer Mutter, dass sie sogar lächelte. So konnte sie die Vergangenheit verändern. Wir gingen dann noch einen Schritt weiter. Wir ließen das Gefühl noch größer werden, so rief Sandra nach ihrem Vater und ich bekam die Botschaft:

Ein Berg so hoch, dass ich glaub, ich kann es nicht schaffen.
Alle Kraft, die ich hab, nehme ich mit,
doch kurz vor dem Gipfel breche ich zusammen.
Das Gefühl so übermächtig der Angst und des Alleinseins,
macht mich ganz steif.
Mein ganzer Körper kribbelt und
meine Sehnsucht so groß nach dir, meinem Vater,
dass mein Herz fast zerbricht.
So geht in der Stunde dieser Geburt
mein Leben in eine neue Dimension.
Meine Stimme erklingt und ruft nach dir.
Halt mich, Vater, lieb mich, Vater,
lass mich nicht allein, und dann höre ich dich.

*Erschöpft liege ich in deinen Armen
und blicke in dein Gesicht.
Sehe die Liebe in deinen Augen nur für mich.
Sie erreicht mein Herz, das kennt so viel Schmerz.
Beglückt es nun und ruft fröhlich im Sein,
lieb mich, mein Leben.
Erklungen die Liebe in mir,
heilt sie mich in jedem Augenblick.
Alle Verletzungen werden frei
und bringen die Liebe und das Licht allein.
Gehe Hand in Hand zum Gipfel,
sehe den Horizont weit und frei.
Klarheit und Reinheit vereinen sich in mir
und lassen mich leben im Glück.*

Als ich diese Botschaft bekam, schüttelte Sandras Körper sich so intensiv, dass sie ihre Hände suchend nach meinen ausstreckte. Ich hielt ihre Hände, folgte der Eingebung, berührte ihren Bauch und dann ihren Hals. Sie war überwältigt in ihren Gefühlen, so tief saß der Schmerz, und dann folgte die Lösung. Sie wurde ruhiger und so sprach die Seele diesmal in Verbindung mit Geist, Seele, Körper und allen Seelenanteilen zu mir:

*Ich gehe nun den Weg meiner Bestimmung und ich fühle, meine Bestimmung ist die Liebe.
Diese Liebe ist in mir und diese Liebe soll ich spiegeln. Ich bin jetzt bereit, Liebe zu leben in mir und um mich herum.*

Ich lasse Sandra in ihrem Gefühl und unterstütze ihre Erkenntnis mit Licht und Liebe. Weiter fülle ich ihren ganzen Körper mit heilender Energie, bis ich das Gefühl habe und außerdem die Botschaft von ihrer Seele bekomme, dass alle Zellen neu gefüllt sind. Alle Ereignisse, die sie früher noch schmerzten, sind lichtvoll geworden. Als ich meine Behandlung beendet habe, sprechen Sandra und ich noch lange.

Sie ist erstaunt, dass ein Ereignis, das so lange zurückliegt, einen so großen Einfluss auf ihr Leben gehabt hat. Und mit jedem Satz kommt ihre Stimme zurück. Erst als sie eine Weile gesprochen hat, bemerkt sie es selbst und sagt laut: „Meine Stimme ist wieder da, wie kann das sein?" Ich antworte ihr: „Du hast es entschieden, alles ist deine Entscheidung. Und du hast gerade neu entschieden, dich zu lieben. Diese Liebe lässt dich heilen. So heilte deine Stimme und auch dein Ohr", antworte ich lächelnd. Und sie erzählt mir weitere Situationen, die sie erlebt hat. Es ging um einen weiteren Krankenhausaufenthalt, als sie neun Jahre alt war, und auch um eine Liebe, die zerbrach. Am Ende unserer Sitzung sehe ich ein Lichtkind vor mir sitzen, still, gereinigt, klar voller Liebe für sich. Als wir uns verabschieden, sehe ich ihre Bestimmung aufs Neue, die Liebe.

Meine Patientin hat sich auf ihre Reise gemacht und auf ihrem Weg zum Herzen fand sie ihre Bestimmung. Ein großer Tag für sie und auch ein großer Tag für mich als Heilerin. In Dankbarkeit sehe ich der göttlichen Energie entgegen. Fühle mich berufen zu dienen meinen Brüdern und Schwestern zugleich. Dieser Tag sollte noch mehr für mich bereithalten.

Zum zweiten Termin an diesem Tag erscheint ein Mann, der sich nach langer Suche auf den Weg zu seinem Herzen gemacht hat. Dieser Mann hat scheinbar alles, was „Mann" so braucht, um glücklich zu sein. Er ist verheiratet, hat ein Kind und auch seine Arbeit macht ihn zufrieden. Doch gibt es etwas in ihm, das ihn immer wieder zweifeln lässt. Ein Gefühl des sich Nicht-öffnen-Könnens und damit auch ein kreisrunder Haarausfall, der ihm das Leben schwermacht. So kommt er in meine Praxis und glaubt eigentlich nicht, dass ihm irgendjemand helfen kann. Nur durch die Bitte seiner Frau hat er sich entschlossen, diesen Weg zu versuchen. Während des eingehenden Gespräches erzählt mir Patrick, welche Dinge er unternommen hat, um seine Haare wiederzubekommen. Er erklärt mir auch, dass er oft nicht klar denken kann und dass Gespräche, die scheinbar schwierig sind, in ihm ein Gefühl auslösen, weglaufen zu müssen. So bekomme ich während dieses Gesprächs eine Botschaft:

Weibliche und männliche Seelenanteile sind vereint,
wollen gelebt werden in ihrer Zweisamkeit.
Heilwerden in dir geschieht durch dich.
Sei offen für die Veränderung, glaube an die Größe in dir.
Sie ist bereit zu spielen, leicht und zart
und doch ganz stark, als Mann es zu erleben.
Eine Frau erhellt dein Sein,
doch du allein lebst dich allein.
So wundervoll, so aktiv fängst du an die Vielfalt deiner Männlichkeit zu erleben.
Siehst auf einmal Möglichkeiten in dir, die dich selbst überraschen.
Bekommst Zugang zu deiner Bestimmung,
ein Traum, eine Vision, empfängst du in deiner Weiblichkeit.
Gezeugt durch deine Manneskraft,
kannst du es in die Wirklichkeit bringen.
Dadurch belebst du deine Wahrheit und wirst heil in dir.

Nach dem Gespräch behandle ich Patrick und ich bitte seine Seele, mit mir zu sprechen. So frage ich sie, was passiert ist. Ich frage auch, in welcher Situation Patrick entschieden hat, seinen „männlichen Wert" nicht zu leben. Lange muss ich warten, bis die Seele bereit ist zu antworten. Das Ego von Patrick übermächtig und kontrolliert. Doch mit dem Licht der Liebe sieht die Seele den Weg nach Haus und ist bereit zu antworten. So spricht die Seele von Patrick zu mir:

Einst wurde ich weggesperrt, zu groß der Schmerz, der Verlust der mütterlichen Liebe.
Der Vater es klein gemacht, das Licht, konnte nicht fühlen die Verbindung zu mir.
So frage ich nach:
„Was ist passiert, was kann ich tun, damit wir die Vergangenheit neu fühlen und füllen?"
So antwortet die Seele: *„Hilf mir die Mauer einzureißen, damit der Zugang zum Herzen frei ist."*
„Welche Hilfe benötigst du? Was möchtest du sagen?", frage ich erneut nach.
So antwortet die Seele mir:
„Einst sah ich meine Mutter, wie sie stand am Abgrund, verzweifelt im Kampf mit meinem Vater.
Doch meine Liebe als Sohn so groß, dass ich sie hielt, dabei vergaß ich mich.
So vergingen viele Jahre in Finsternis.
Ich vergaß, wer ich bin, ein Mann mit Stärke und Licht.
Nun ist der Zeitpunkt gekommen, da das Verborgene zu mir kommt.
Ich will mich öffnen und sehen den Mann des Lichts."

„Wunderbar", sage ich zu Patricks Seele, „ich freue mich, dir im Dienste zu stehen. Lass uns gemeinsam die Vergangenheit ins

Licht führen." So bitte ich Patrick, sich zu öffnen. Ich frage ihn, ob er bereit ist für seine Erneuerung. Dabei fühle und sehe ich die Angst vor der Vergangenheit. Seine Tränen fließen über sein Gesicht, doch fühlt er es nicht. Ich frage erneut und fülle ihn mit Licht, und dann antwortet er: „Ja, ich bin bereit." Er geht auf die Reise in die Vergangenheit, erst ganz leise, dann ganz laut kommt die Liebe zu ihm. Sie öffnet, sie weitet, sie heilt sein Herz von dem Schmerz. Dann spricht die Seele erneut zu mir:

Zwei Seelen treffen sich im Königreich und sehen, wie alles begann.
Verabredet, geboren und einander wissend gehen wir ins Leben,
losgelöst von Angst in die Bestimmung.
In der Bestimmung finden wir das Licht.
Leben unsere wahre Größe, beleben unsere Träume
und erleben unsere Visionen.
Die Vergangenheit strahlt wie ein Stern,
der gewachsen ist wie ein Baum, fest verwurzelt und doch frei.
Einen Wald um uns kann ich sehen, mancher Baum noch klein wie mein Kind,
schaut empor und sieht meine Krone, will finden seine Bestimmung wie ich.
So lautet meine Bestimmung: Lebe, lehre und ehre die Seelen der Bestimmung.

Ich verankere die Bestimmung von Patrick in seinem Herzen. Nach der Behandlung ist Patrick entspannt und erzählt mir von weiteren Ereignissen in seinem Leben, die ihn lähmten. Und zum ersten Mal, sagt er, kann er frei erzählen, sein Kopf sei klar und auch seine Haare haben nicht mehr die Wichtigkeit für ihn wie vorher. Denn ihm ist bewusst, dass seine Größe nicht über seine Haare definiert ist. So kann ich es auch hier leuchten sehen, als er geht in seine Bestimmung.

Nach diesem wundervollen Vormittag hole ich meinen Sohn vom Kindergarten ab und bin mir gewiss, dass ich noch von Patrick hören werde. Am Abend erzähle ich meinem Mann von diesem wunderbaren Erlebnis und erkenne nun die volle Tragweite dieses Geschehens. Mein Therapiekonzept der „Weg zum Herzen" hat sich hier erfüllt. Ich, Sara, erlebte selbst die Heilung, um nun die Heilung in die Menschheit zu bringen.

Meine Tage sind angefüllt mit meiner Tätigkeit im Dienst der Liebe und des Lichts und mit meinem erfüllten Dasein als Mutter und Frau. Und so träume ich in dieser Nacht wieder von Uriel. Wie beim ersten Mal gehe ich durch das Tor und sehe wieder den Baum mit einer Schaukel. Und wieder gehe ich schaukeln, doch diesmal schaukle ich so hoch, dass ich fast den Himmel berühre. Ich fühle mich frei, ich lebe frei, ich liebe frei und ich heile frei. Nach einer ganzen Weile springe ich ab, während ich ganz oben bin, und dann beginne ich zu fliegen. Ich sehe mich wie einen Adler, der lange auf einem Hühnerhof gelebt hat und im festen Glauben war, dass er ein Huhn sei, und jetzt auf den höchsten Berg mitgenommen wurde von Uriel. Und Uriel wirft mich in die Höhe in der Gewissheit, dass ich ein Adler bin und kein Huhn. Er lässt mich los und dann falle ich – und erkenne, fühle die Bestimmung. So fliege ich und sehe die irdische Welt und die kosmische Welt, ich sehe die Dimensionen vereint – das Leben, die Liebe und das Licht. Und dann komme ich zurück auf die Erde, verneige mich vor Uriel in Dankbarkeit für seine Unterstützung auf meinem Weg ins Licht. Tiefe Liebe erfüllt mein Herz, mein Gesicht lächelt und meine Augen strahlen im Licht Gottes. Und so hat Uriel noch einen Auftrag für mich. „Sara, nun bist du Meisterin des Lichts, deine Aufgabe ist nun zu dienen der Menschheit und zu lehren die Kinder des Lichts", erklärt mir Uriel lächelnd. Wie zu einem Vater, Bruder, Freund und Lehrer zugleich fühle ich die Verbundenheit mit ihm, und so antworte ich: „Uriel, ich danke dir und Gott zugleich für meine Führung und ich nehme meine Aufgabe zu dienen und zu lehren an. Und so kommt eine Botschaft für mich:

Erst Schüler, dann Lehrer zugleich.
Gehe den Weg des Lichts mit euch.
Führe die Menschheit ins Herz, dann zum Licht.
Erleuchte für die Verbindung ins kosmische Licht,
den Schüler der Liebe ins meisterliche Licht.
Die ewigen Schwingungen im losgelösten Raum der Unendlichkeit
bringen die innerste Absicht des Schülers und Meisters zugleich
in die Herzen der Brüder und Schwestern des Lichts.
Das Licht geboren, das Licht gezündet und das Licht gelebt,
erfahren die Fülle des Schülers und Lehrers zugleich.
Begnadet die Menschheit im Licht,
zu leben Schüler, Meister, Lehrer des Lichts.
O Welt, du Königreich des Lichts.

Mit diesen Worten, die ich laut aussprach, verabschiede ich mich von Uriel. Ich weiß, dass es kein Abschied für immer ist, denn wir sind über mein erhöhtes Bewusstsein zu jeder Zeit verbunden.

Ich verstehe nun, dass der Weg zum Licht nicht mit der Vision aufhört. Sondern es ist mein Anfang, poetisch heilend zu schreiben und zu dienen im Licht.

DREI MONATE SPÄTER:

Es ist Sommer, ein schöner, warmer Tag im Juli, und heute kommt mein Patient Patrick noch mal in die Praxis. Seit unserem Termin im April habe ich ihn nicht gesehen, sehr wohl aber gespürt. Und als ich die Türe öffne, kommt mir ein Mann entgegen, den ich so noch nicht gesehen habe. Sein Haar ist voll. Das überrascht mich nicht, aber sein Auftreten. Er strahlt ein so großes Licht aus, dass es mein Herz erfüllt, zu sehen, dass er seine Bestimmung lebt. Während unseres Gespräches erzählt er mir, dass er jetzt unterrichte. Sein Hobby, der Computer, habe ihm den Weg gezeigt, Menschen zu unterrichten. Er hat einige Veränderungen durchgeführt. Er ernährt sich besser und hat angefangen, regelmäßig Sport zu machen. Er und seine Frau sind glücklicher denn je, denn er kann seine Gefühle und Wünsche nun frei äußern. Und auch sein Sohn, dessen Entwicklung früher etwas schwierig war, lebt jetzt seine Bestimmung. Er erzählt auch, dass er mit seinen Eltern gesprochen hat. Die Vergangenheit könne er nun in einem anderen Licht sehen und er belebe die vergangenen Situationen als Mann. Seine Gefühle, die versteckt waren, seien ihm heute bewusst und er lebe in der Erkenntnis seiner Bestimmung. So erzählt er mir auch, dass er heute erfolgreicher im Beruf ist. Sein Verstand sagt ihm zwar manchmal: Wie kann das alles geschehen sein, in nur drei Monaten? Weiter erzählt er mir, dass seine Haare innerhalb eines Monates gewachsen seien. Da seit meiner Behandlung die Haare nicht mehr im Vordergrund gestanden hätten, sei es ihm gar nicht aufgefallen, dass sie begonnen hätten nachzuwachsen.

Erst sein Sohn sagte beim Toben: „Papa, da wachsen Haare." Und Patrick erzählt mir dann mit einem Lächeln, dass er selbst nicht aufgesprungen sei, um nachzusehen, sondern er habe die Veränderung gefühlt, die in ihm vorgegangen war, lange bevor die Welt es sehen konnte. Und als er sich verabschiedet, dankt er mir für den Weg in seine Bestimmung.

Und auch Sandra kommt wieder zu einem Termin in meine Praxis. Nach dem großen Ereignis, in dem sie ihren Schmerz auflösen konnte, blickt sie nun vielen Dingen anders entgegen. Sie hat ihrem Vater in einer Situation sagen können, dass sie ihn sehr liebte, und sie hat ihm auch gesagt, wie sehr sie sich wünschte, dass er es auch sagte. Ihr Vater war zwar nicht in der Lage, ihre Worte zu erwidern, doch hatte er Tränen in den Augen und nahm sie in den Arm. So konnte Sandra ihre Bestimmung weitergehen, weil sie entschieden hat, ihre Wünsche zu sagen. Auch ihr Verhältnis zu ihrer Mutter hat sich geändert. Die beiden haben ein langes Gespräch geführt und beide haben offen über ihre Gefühle gesprochen. Seit dieser Zeit hat Sandra keine Rückenbeschwerden mehr. Sie fühlt sich glücklich und zufrieden. Auch ihre Partnerschaft hat von dieser Behandlung profitiert. Sie grenzt sich ab, wenn es nötig ist, ohne verletzt zu sein. Sie spricht auch bei ihrem Freund offener über ihre Gefühle und Wünsche. Sie bleibt in Liebe und dadurch ist es auch für ihren Freund einfacher, seine eigenen Seelenanteile zu heilen. Von Zeit zu Zeit kommt Sandra nach wie vor in meine Praxis und wir besprechen aktuelle Dinge und ich bringe die Energie ihrer Bestimmung wieder ins Gleichgewicht.

EIN JAHR SPÄTER:

Auf dem Weg ins Licht erlebe ich nun die Auferstehung. Es ist kurz vor Ostern, und ich bekomme den Impuls, die Botschaft aufzuschreiben.

Der Weg zur Auferstehung steht bereit,
alle Zeichen sind geschrieben,
der Stern leuchtet klar und hell der Sonne entgegen.
Geleuchtet in der Vergangenheit, doch die Zweifel groß,
denn das Tal der Dunkelheit ist karg und leer geworden
im festen Glauben an das Licht.
Nun ist die Stunde der Auferstehung im Licht,
die Mutter suchte mich und fand mich nicht,
doch ich gehe in die Welt, um zu bringen das Licht.
Der Vater, wissend meines Lichts, bereitete mich vor
auf Zweifel in eurem Licht.
So sprang ich von irdisch zu überirdisch,
von bewusst zu lichtbewusst in alle Galaxien,
um zu bringen die Liebe und die Heilung im Licht.
Vater und Mutter schicken mir die Botschaft im Wissen, dass ich sie
weitergebe an euch.
Wir sind die Töchter und Söhne des Lichts,
die Brüder und Schwestern, die den Auftrag haben, zu leben das
Licht.
Alle Länder und Kontinente, alle Religionen haben die Menschen
vereint,
so leben sie nur noch Lichtbewusstsein im täglichen Sein.
Erkennt die Botschaft des Lichts, zu leben die Liebe.

Meine Arbeit in der Praxis hat eine neue Dimension angenommen.

Die Menschen kommen nun, um Heilung zu erfahren, aber vor allem um zu lernen das Leben im Licht. Ich lehre das Licht und gebe das Licht, und meine Schüler leben, lehren und ehren das Licht.

Die Kinder der Lichtzeit tragen den Auftrag, zu finden den Weg nach Hause.

Die Vergangenheit zeigt mir den Weg.
Das Licht in mir wächst von Stunde zu Stunde.
Meine Worte überraschen mich,
sind gewählt nicht von mir, sondern von dir.
Seelenzauber heilt das vergangene Leben,
im Körper bemerkt und doch nicht meins
wähle ich die Erkenntnis in der Gegenwart.
Losgelöst von Raum und Zeit heilten so die Vergangenheit,
die Gegenwart und die Zukunft.

So wartet die Welt auf mich, eine Seele aus alter Zeit.
Die ist bereit zu erzählen, wie das Gestern war.

*Geschichte nennen wir es und können uns nicht vorstellen,
dass es Menschen waren, wie du und ich,
die das Leid des Gestern geschehen ließen.*

*Jetzt wird der Menschheit klar,
denn Heilung ist der Erfolg aus der Erkenntnis.*

*So können wir es neu beleben, die Geschichte, das Gestern
und die Alte Zeit wird wichtig, um der Neuen Zeit die Erkenntnis zu geben.
Das Leid von einst war wichtig, und nun können wir es beleben mit
all unserem Licht.*

*Der Weg zum Licht, glaubst du, kannst gehen ihn nicht.
Drehst dich im Kreis, denkst, die anderen müssen sich ändern,
damit du kannst leben, nicht allein.
Doch weiß ich, Kind des Lichts, dass deine Zeit ist gekommen,
zu gehen, ins Licht.
Gemeinsam Hand in Hand, im Kreis des Sonnenscheins,
sollst du blicken in den Spiegel der Zukunft.
Deine Wahrheit ist nicht die Wirklichkeit.
Schau ins Jetzt ohne Wertung.
Bleibe bei dir, gib die Liebe und das Licht.
Lebe es von nun an, fühle es von nun an, jeden Tag und jede Nacht.
lass die Liebe leben, im Spiegel des Lichts.*

Ich bin wundervoll.
Sehe mich im wahren Schein,
blicke in mein Spiegelbild und lächele mich an
und kann sagen:
„Ich bin wundervoll."
So sehe ich es glitzern in meinen Augen,
die kosmische Energie des göttlichen Scheins,
Ich bin wundervoll.
Es wird strahlend, mein Lächeln,
kann ganze Berge umfassen.
Ich bin wundervoll.
Den Schnee sehe ich schmelzen,
und die Knospen suchen den Blick nach oben,
so sehe ich es, die Welt ist wundervoll.
Voller Wunder bin ich, jeden Augenblick.
Sende die Energie in mich und fühle,
ich bin wundervoll.
So kannst auch du anfangen, zu sagen,
ich bin wundervoll.
Du kannst beginnen die Welt zu sehen,
als Ort der Wunder.

So kann auch das Wunder in dir geschehen,
lass uns dein Herz füllen
mit den Worten: Ich bin wundervoll.

Die Stiefel angezogen, um loszugehen.
Du hast entschieden, deinen Weg deiner Bestimmung zu gehen.
Die Liebe begleitet dich in deinem Herzen.
Frei von allen Wertungen kannst du die anderen fühlen,
und geöffnet begegnest du dir zum allerersten Mal.
Deine Wangen sind gerötet, so aufgeregt bist du.
Wissend in deinem Herzen, führt deine Seele die Worte des Lichts zu dir.
So ist heute alles neu, entschieden im Augenblick,
ermöglicht dir den Zugang zu einer neuen Dimension.

Trag deinen Namen in die Welt hinaus.
Glück wirst du genannt, so hast du den Auftrag, Glück zu bringen als Botschafter der Liebe.
So sah ich, dass auch meine Vorfahren Glück im Gepäck hatten, denn auch ihr Name war Glück.
Unsere gemeinsamen Spuren verloren sich, doch heute trafen wir uns, und in unserem Bewusstsein ist Glück.
Dieses Glück zieht ein Band quer über die Republik und löst Glück aus.
So erkennen wir, dass wir sind Kinder des Glücks.
Dadurch wird alles Schwere ganz leicht, und in unserem Herzen entspringt die Glücksblume.
Der Weg zum Herzen öffnet den Weg zum Licht.
Ein wundervolles Gefühl, eine große Weite wird mir zuteil.
Meine Freude klingt wie ein Lachen und Weinen zugleich
und bringt mir den Weg zu meiner Bestimmung.

Meine Bestimmung ist meine Heilung zugleich.
So gehe ich mit Herz, Licht und Geist in die Erfüllung.
So glückselig sehe ich mich in der Erfüllung
und fühle, meine Vollendung ist wie ein Funkenstrahl des Universums,
ein Anker des Lebens ist die Liebe,
der Wegbereiter der Bestimmung.
Du kämpfst noch in den Tiefen des Ozeans um dein Leben
und ich eile dir entgegen, gebe dir die Luft, die du brauchst zum Leben.
So suche den Platz deines Lebens und mache dich auf zum Weg des Lebens.
Nun sitzen wir am Lagerfeuer des Lebens.
Vereinen die Geister, lassen Seelen tanzen,
wie das Feuerwerk in der Nacht.
Die Weite des Meeres zeigt uns die Unendlichkeit des Lichts.
So erkennen wir die Vielfalt der Gefühle und spüren die Luft des Lebens.
Wir atmen, tanzen, singen und wirbeln umher,
können nicht widerstehen, das Leben zu gehen.
Finden die Wege des Herzens, des Lichts und der Bestimmung.

Der Weg nach Hause

Gewidmet meinen Brüdern und Schwestern
im Licht der Liebe.

Im farbenprächtigen Spiel,
im Dienste der Menschheit,
fand ich die Erfüllung auf dem Weg nach Hause.

Der Weg nach Hause
brachte nicht das, was ich dachte,
denn ich erfahre wahre Wunder nun
und erlebe meine wahre Frequenz
in der Verbindung der Ahnen und der Verwirklichung
in diesem Leben.

*Ein Hauch der Liebe brachte die Wende,
mich in die Welt zu bringen.
Die Netze verbunden,
die Kontakte gemacht,
die Schätze gehoben,
jetzt geöffnet für die Welt.
Und die unglaubliche Schönheit
der ganzen Menschheit
erfüllt mich im hellen Schein.*

*Aufgabe, Mission, Vision zur Wirklichkeit gemacht.
In Ewigkeit verbunden,
über alle Kontinente hinweg,
durch alle Zeiten vereint,
sehe ich die Herrlichkeit.*

*So verschmelze ich zur Einheit
meiner wahren und innersten Gefühle.
Und lebe in jeder Zelle Licht
und gebe in jede Zelle Liebe.
Darf die heiligen, wahrhaftigen, friedvollen,
lichtvollen Momente teilen
mit euch, meinen Brüdern und Schwestern,
von dieser Welt und von jener Welt.
So danke ich dem Licht,
lobpreise ich das Licht.*

Viele Jahre sind vergangen, seit ich meinen Weg zum Herzen fand. Heute habe ich ein stolzes Alter erreicht, in dem es nicht wichtig ist, welche irdische Zahl es trägt. Denn die Ärzte von damals hätten mir nicht zugetraut, dass ich leben kann mit der Diagnose: Rachen-Krebs mit Metastasen in der Lunge. Doch ich fand Gott auf meinem Weg. Und ich verstand, dass ich eine neue Energie entstehen lassen kann, wenn ich es nur wirklich will. Und ich wollte es in diesem Leben schaffen, was ich häufig schon versucht hatte.

Die letzten Jahre waren wunderschön, denn meine Frau Elisa und ich lebten unsere Liebe stärker denn je. Mein Verhältnis zu meinen Töchtern ist von einer Innigkeit geprägt, die ich vorher nie in meinem Leben gespürt habe. Durch die Erfahrung auf meinem Weg zum Herzen fand ich heraus, dass ich etwas geben möchte für die Welt im Licht. Weiter dachte ich, mit dem Weg zum Herzen höre alles auf. Doch nun wird mir klar, dass meine Geschichte weitergeht. So wie schon damals weiß ich nicht, wie es wird, aber heute erwarte ich freudig die Botschaften von Gott. So sitze ich in meinem Garten. Es ist Ostern, in diesem Jahr ist es jetzt schon ungewöhnlich warm. Sara, meine Tochter, und Peter, ihr Mann, sind mit unserem Enkelkind Leon zum Mittagessen gekommen. Heute strengt mich alles etwas an. Mein Körper ist alt geworden und ich merke, dass meine Zeit bald kommt, um nach Haus zu gehen. Mein Herz fühlt sich eingeengt an, und in diesem Augenblick kommt eine Botschaft für mich:

Ich friere und ich suche die Sonne,
doch sie wärmt mich nicht genug.
Plötzlich ist mein Glaube klein,
weil ich nicht weiß, wie ich soll gehen.

Dann kommt die Hand meiner Tochter,
sie bringt mir die lichtvolle Energie,
beglückt mein Herz und wärmt mich sehr.

Gemeinsam schauen wir in den Himmel.
Sie zeigt mir die Verbindung nach Haus.
Sehe ein Strahlen, das durchbricht die Wolken
und lässt mich fühlen die Liebe auf all meinen Wegen.
So kann ich wieder glauben,
dass ich bin, beschützt auf meinem Weg nach Haus.
Irdisch meine Tochter, die mir zeigt das Licht,
überirdisch Gott und seine Engel, die mir senden das Licht.

Soll warten, bis die Zeit ist gekommen.
Meine Lebensaufgabe ist noch nicht vollendet.
Soll noch schreiben das Licht, das zu fühlen ist,
auf dem Weg nach Haus.

Und so wie in den Zeilen, die mein Herz erreichen, fühle ich auf einmal die Hand meiner Tochter auf meinem Arm. Sie fragt: „Papa, bist du müde?" „Ja, Sara, ich bin ein wenig müde", antworte ich ihr. Und als ich diese Worte sage, spüre ich ihre Wärme und ihr Licht in mir. Es lässt meinen Körper ganz warm und ruhig werden.

Es ist einzigartig, wie sich die Dinge entwickelt haben. Sara hat ihren Heilpraktiker gemacht. Sie hat ihre Geschichte des Lichts aufgeschrieben und sie hat aus meinem ersten Buch und ihren

Botschaften ein Therapiekonzept gemacht. „Der Weg zum Herzen" und der „Weg zum Licht" sind Wege für jeden Einzelnen geworden.

Sara ist nun eine erfolgreiche Heilerin, die unsere ganze Familie mit viel Licht beschenkt. In diesem Augenblick wird mir bewusst, dass ich ein Lichtkind brauche zur Unterstützung auf meinem Weg nach Haus. So wie Uriel Sara auf ihrem Weg ins Licht begleitet hat, so wird Sara mich begleiten. Bewusst und lichtbewusst, irdisch und überirdisch. Das rührt mich zu Tränen. Sara sagt: „Papa, du hast noch Zeit, lass alles reifen." Sie lässt mich mit diesen Worten allein und schenkt Leon ihre Aufmerksamkeit. Ich gehe meinen Gedanken nach und bekomme eine Botschaft von meinem alten Freund im Himmel:

Reise nach Haus bedeutet, Vorbereitungen zu treffen,
die Koffer zu packen, alles Unnütze hierzulassen.
Das Herz zu klären und noch einmal meinen Abschied zu feiern.
So sollen wir uns aufmachen als Ursprungsfamilie, mit Schwiegersöhnen und Enkelkindern zu feiern.

Diese Eingebung wirkt in mir wie eine Zündung. Sofort entstehen Bilder in mir: Wir alle fahren gemeinsam in die Ferien. Und ich weiß auch, wie wir es machen. Ich werde uns ein schönes Ferienhaus suchen. Und wir werden einen Zeitpunkt finden, zu dem alle Zeit haben. Und ich meine wirklich alle, meine Frau Elisa, meine Töchter Petra, Marie und Sara sowie meine Schwiegersöhne Harald, Andreas, Peter und unsere Enkelkinder Melissa, Lisa, Paul und Leon. Sara kommt einmal pro Woche zu uns, um uns zu behandeln. Sie macht eine Energiesitzung mit uns beiden, aber manchmal reden wir auch nur. Sara und ich ziehen uns auch schon mal in mein Arbeitszimmer zurück. Sie erzählt mir dann von ihren Visionen, und so habe ich zu ihr eine ganz besondere Beziehung. Die letzten Jahre sind stiller geworden, aber sehr glücklich. Elisa und ich haben endlich die Zeit genutzt und uns ein paar Träume erfüllt. Wir sind viel verreist, haben eine Kreuzfahrt gemacht und uns für soziale Projekte eingesetzt. So stand unser Leben nie still, aber es ist trotzdem ruhiger und erfüllter gewesen als all die Jahre zuvor. Trotz all dieser positiven Eindrücke fallen wir doch manchmal in die alten Strukturen zurück. So erlebe ich nach all der herrlichen Zeit manchmal Augenblicke, in denen ich mich missverstanden fühle. Meine Töchter und auch Elisa wollen mir sagen, wie ich mit meinen Kräften besser umgehen soll. Dabei bin ich doch ganz klar im Kopf und kann es selbst entscheiden. Bei diesen Gedanken versinke ich in meiner inneren Welt, die etwas für mich bereithält:

Stur bin ich geworden, es fällt mir schwer, die anderen zu hören.
Glaube manchmal, es gibt nur meine Wahrheit,
so sehe ich die anderen oft im Kampf gegen mich,
dabei suche ich nur mich.
Mein Körper schränkt mich ein.
Will laufen, essen und trinken, wie es mir gefällt,
doch spüre ich die Grenze, die mich hält.
Das Licht zu erreichen im Feuer der Nacht,
bringt mich dem Himmel nah.
Der Nebel trägt die Strahlen durch die Luft,
sodass ich rieche den Sonnenduft.
Dieser Lebensduft erreicht mein Herz im Schmerz,
meine Wut verraucht, so lasse ich los und vertraue fest
auf den Weg nach Haus.

Ja, vielleicht bin ich etwas stur geworden. Aber es stört mich, dass ich mit meinem physischen Körper nicht mehr so umgehen kann wie früher. Meine Knochen, mein Magen und auch die Nachwirkungen meiner früheren Krankheit haben Spuren hinterlassen. Damals, als die Diagnose „Rachen-Krebs" in mein Leben kam, hatte ich mich für eine Strahlentherapie entschieden, lange bevor ich meinen Weg zu Gott fand. Und diese Strahlentherapie hat meine Schleimhäute im Halsbereich ordentlich zerstört, und so gibt es heute beim Essen viele Einschränkungen. Aber ich bin gewiss, dass dies mich nicht abhält vom Leben, denn ich weiß vom Licht. Und dieses Licht begleitet mich nach Haus, wenn meine Aufgabe erfüllt ist.

Ich beginne mit der Planung unserer Reise. Mit den Kindern habe ich schon gesprochen und alle sind einverstanden. Nach vielem Hin und Her legten wir dann endlich einen Termin fest: Da mein Geburtstag und die Geburtstage der Zwillinge Maria und Sara nur vier Tage auseinanderliegen, bietet es sich an, diese Tage zu nutzen.

Die Planung habe ich übernommen, einzig Sara wird mir helfen, ein wenig Programm in unsere spirituelle Reise zu bringen. Eines Abends kommt Sara zu mir und berichtet mir von einer Vision. Sie erzählt mir auch von einem neuen Therapiekonzept: „Auf dem Weg nach Haus". Sie erklärt mir, wie wichtig es sei, den Menschen zu zeigen und sie fühlen zu lassen, welche schöne lichtvolle Welt auf sie wartet, wenn sie aus diesem irdischen Leben gehen. Sie lässt mich teilhaben an ihrer Vision und zeigt mir auf, dass sie jedem Einzelnen eine Zeitreise in die Vergangenheit schenken kann, damit er sich erinnern kann, wie es zu Hause war. Sie erklärt mir auch, dass nur derjenige, der wirklich seine Aufgaben hier in dieser Welt vollendet hat, diese Reise mit der Erkenntnis abschließen kann, wer er war. An diesem Abend haben wir beschlossen, dieses Buch gemeinsam zu schreiben. Wenn ich mich aus dieser Welt hier verabschiede und der Welt zeigen möchte, wie es ist, werde ich nicht mehr schreiben können. Und so wird es Sara mit ihrem Lichtwesen sein, die die Tore sieht und die Eröffnung auf dem Weg nach Haus der Welt offenbart. Und so erklärt mir Sara ihre Botschaft und ich schreibe sie auf:

Dein erster Schritt ist getan. Dein Herz ist frei,
dein Herz ist weit und du bist bereit zu gehen in die Welt des Königreichs.
Lass alles ruhen, was du nicht brauchst, um zu gehen.
So mache deinen Geist frisch und rufe den Engel Metatron.

Die Welt, in die du gehst, wird nicht wie diese sein, sei gewiss, es wird schöner sein.
Losgelöst von Angst, die du kennst, aus deinem irdischen Leben kehrst du nach Haus zurück.

Erst dürfen wir deine Seele noch reinigen.
So lass Metatron erscheinen, denn nur er kennt deinen wahren Plan und er entscheidet, ob du auf deinem Weg nach Hause bist.

Nach diesen Worten hält Sara inne. „Papa, es ist ziemlich verrückt, aber Metatron sagt zu mir, dass wir noch warten sollen, bevor wir weiterschreiben dürfen. Und, Papa, ich habe gelernt zu warten, wenn es wichtig ist. Geduld ist ein großes Geschenk in dieser Welt. Aber wenn du willst, erzähl ich dir etwas über Metatron."

So erklärt mir Sara, dass Metatron nicht wie die anderen Erzengel, wie zum Beispiel Uriel und Michael, auf „el" endet, sondern Metatron sei ein besonderer Erzengel. Er wird in manchen Systemen nicht zu den Erzengeln gezählt, sondern als „Engelfürst" oder „König der Engel" bezeichnet. Weiter erklärt sie mir auch, dass Metatron der Engel des Anfangs und des Endes, die Geburt des Lichts aus der göttlichen Leere, aus der Einheit sei. Hinter ihm liege der Raum, in dem alle Möglichkeiten enthalten sind. Metatron schreibe und lese in der Akasha-Chronik (dem kosmischen Gedächtnis) und kenne somit alle Seelen aller Welten. Er kenne ihre bisherigen Wege und auch ihren Lebensplan und somit den Weg, den sie gehen sollten.

Der Erzengel Metatron sei ein perfekter Ratgeber, wenn wir uns an einer Kreuzung des Lebens befinden, er könne uns Hinweise für die korrekte Richtung geben. Er vermöge auch das Göttliche und Menschliche zu vereinen. Er könne den Menschen, wenn er sich zur entsprechenden Reife entwickelt habe, den Aufstieg in die überirdische Ebene ermöglichen. Durch ihn können wir Heilung in der ganzen Tiefe unseres Seins erfahren. Er könne uns den Zugang zu den spirituellen und esoterischen Wissenschaften ermöglichen. Außerdem würden wir durch ihn auch lernen müssen, den spirituellen Hochmut des Alleswissers und Alleskönners abzulegen. Wir können durch seine Energie tief verborgenes Wissen in uns selbst wiederfinden.

Wir verbringen den Abend mit Metatron und ich bin wieder einmal erstaunt, was Sara alles weiß. Nach unserem langen Gespräch in meinem Arbeitszimmer gesellen wir uns noch zu Elisa. Elisa fragt Sara nach den Engeln und ihren Aufgaben. So erklärt sie uns beiden, wie wichtig die Engel für die Menschen immer waren, nicht nur bei Jesu Geburt, sondern immer und alle Zeit.

„Der Erzengel Michael gilt als der mächtigste Engel, dessen Name ‚Wer ist wie Gott?' bedeutet, abgeleitet aus dem hebräischen ‚Mikha-el', Michael ist wohl der bedeutsamste Schutzengel. Er spendet nach dem Tod Schutz und trägt die Seelen der Verstorbenen sanft ins Himmelreich", erklärt Sara lächelnd. „Was ist mit dem Erzengel Chamuel?", will Elisa wissen. Sie habe gehört, dass er die Kraft des Herzens sei. „Das stimmt, Mama. Chamuel ist ein Erzengel, seine Bedeutung ist ‚Gott ist mein Ziel', das wird aber auch als ‚Kraft des Herzens Gottes' interpretiert. Als Herr des Krieges und des Mars, des Planeten der feurigen Leidenschaft, spielt er in der Überlieferung der Engel eine zwiespältige Rolle, denn ihm werden sowohl düstere als auch lichte Charaktereigenschaften zugeschrieben. Ihr seht, die Engel haben eine wichtige Rolle in unserem irdischen Leben", erläutert uns Sara. „Und wisst ihr was? Gabriel ist der Schutzengel von Leon. Gabriel bedeutet ‚die Macht Gottes' oder auch ‚die Kraft Gottes'. Er ist der Engel der Verkündung von Jesu Geburt und es gehört zu seinen Aufgaben, die ungeborenen Seelen der Kinder durch die Schwangerschaft bis zur Geburt zu geleiten. Ich habe kurz nach Leons Geburt von einer hellsichtigen Frau erfahren, dass Gabriel immer über Leon wacht. Wenn wir mit Leon beten, danken wir Gott und auch dem Engel Gabriel."

„Das wusste ich nicht", sage ich zu Sara. „Wie hat Leon das denn empfunden?", will Elisa wissen. „Weißt du, Mama, manchmal war es für ihn ganz leicht und er hat einfach mit mir gebetet, und manchmal hatte er auch keine Lust. Aber wir haben dann auch erlebt, dass er im Alter von drei Jahren morgens beim Frühstück sagte, dass er heute Abend die Bibel lesen möchte. Wir haben ihm eine Kinderbibel gekauft, als er zwei Jahre alt war. Anfangs hat er immer die Geschichte mit Noah und der Arche am liebsten gelesen. Mit den Jahren veränderte er sein Interesse und wir konnten auch die anderen Geschichten mit ihm lesen. Irgendwann wollte er etwas über die Engel wissen. Ich erzählte ihm vom Erzengel Raphael, dessen Name ‚Gott heilt' bedeutet, oder von Uriel, was ‚Gott ist mein Licht' bedeutet, aber auch von Gabriel, seinem Schutzengel, und seinen Aufgaben. Leon ist damit aufgewachsen, ganz natürlich." Sara schaut auf die Uhr und sagt: „Mensch, ist das schon spät, morgen muss ich wieder früh raus. Peter wird sich schon fragen, wo ich bleibe."

In der folgenden Nacht träume ich vom Erzengel Michael. Ich sehe eine wunderschöne Wiese, sie ist mit unzähligen Blumen übersät, eine schöner als die andere. Es duftet herrlich, und ich sehe ganz jung aus. Ich bin vielleicht zwanzig, ein junger Mann mit nackten Füßen, einem weißen Hemd und einer hellen Hose. Plötzlich erscheint wie aus dem Nichts eine Gestalt. Diese Gestalt ist in ein Gewand gehüllt und lässt mich mein Hüpfen unterbrechen. Ich schaue hin und mir wird klar, das ist Michael, mein Schutzengel. Die ganzen Jahre wusste ich es nicht, dass auch ich einen Erzengel als Schutzengel habe, aber nun fühle ich es. Und so spricht mich Michael an: „Henry. Schön, dass du dich erinnerst, ich freue mich schon darauf, dich zu begleiten, wenn die Zeit reif ist. Wenn du willst, können wir noch ein wenig in die Vergangenheit schauen." „In die Vergangenheit schauen, warum das?", frage ich. „Henry, manches könnte ja in einem anderen Licht sein, als du glaubst", antwortet mir Michael. „Komm mit, Henry, ich möchte dir etwas zeigen."

Ich gehe mit ihm, und während ich gehe, merke ich, dass ich jünger werde, zuletzt bin ich etwa sechs Jahre alt. Ich sitze ziemlich traurig an einem Teich und angle. Dann höre ich die Stimme von Michael: „Henry, schau, es ist ganz leicht, die Welt zu verändern. Schau dir diesen Teich an, er ist voller Fische,;auch wenn du heute keinen gefangen hast, so ist er doch voller Fische." „Aber warum fange ich dann nichts?", höre ich den kleinen Henry fragen. „Weil du nicht daran glaubst", antwortet mir Michael. „Wie kann ich denn glauben?", frage ich in meinem jungen Ich zurück. „Henry, mit deinem Herzen, schaue genau hin, fühle, spüre und lebe dein Herz, dann glaubst du. Und wenn du glaubst, dann siehst du schon den Fisch an deiner Angel, und du kannst ihn schon riechen auf dem Feuer und sogar schon schmecken auf deiner Zunge." So bemerke ich, dass der kleine Henry versucht, zu glauben, aber er schafft es nicht allein. So bittet mich Michael: „Henry, willst du deinem jüngeren Ich nicht helfen?" „Wie kann ich das?", frage ich ihn. „Durch deinen Glauben, Henry", antwortet Michael.

Mit meiner ganzen Gedankenkraft stelle ich es mir vor und immer wieder konzentriere ich mich auf den Glauben, bis es plötzlich an der Angel zuckt. Der kleine Henry ist ganz aufgeregt und holt den Fisch ein. In seinen Augen glänzen sogar ein paar Tränen. Und ich, der große Henry, bemerke die Veränderung in mir, ich weiß, dass dieser Zeitpunkt, dieser Glaube, eine wichtige Rolle in meinem späteren Leben spielen wird. Michael lässt mich noch eine Weile diese Szene beobachten und sagt dann, es sei Zeit zurückzukehren. Dann befinde ich mich wieder auf der Wiese und die Morgensonne scheint auf mein Gesicht.

Meine Kraftlosigkeit ist verschwunden. Am Abend rufe ich Sara an und erzähle ihr von meinem Traum. Und sie sagt zu mir:

„Papa, schreib es auf, es werden wichtige Botschaften kommen, die für den Weg nach Hause bestimmt sind."

So warte ich, kommst du wirklich zu mir
Oder hast du dich im Namen geirrt?
Ich sagte dir, ich bin nicht der, den du suchst,
doch deine Antwort war: „Doch du bist der, zu dem ich will."
Ich gebe dir deinen Glauben zurück an dein Glück.

Während ich an meinem Schreibtisch über die Vergangenheit nachgrüble, kommt Michael in meine Gedanken. „Alles hat seine Zeit, alles hat seinen Platz, und Vertrauen ist der Schlüssel für viele Situationen. Denk an den kleinen Henry und jetzt an den großen Henry, Glauben und Vertrauen sind die Grundpfeiler des Lebens. Lasse los, und du bekommst die Fülle, denke und fühle die gewünschte Situation, und erlebe die Erfüllung schon vorher. Henry, für die Vollendung auf deinem Weg hast du die Möglichkeit der Reinigung und Klärung der alten Zeit. Du kannst mit mir dein Leben mit Licht füllen, da, wo es noch dunkel ist. Dann kannst du es auch in einem neuen Licht sehen. Es gab viele Augenblicke, in denen du glaubtest, es wäre dunkel, dabei war ganz viel Licht vorhanden. Mit deinem erhellten Bewusstsein, durch deinen Weg zum Herzen, bist du heute in der Lage, deinen vollen Glauben und dein Licht in dein vergangenes Ich zu geben. Damit wird die Energie frei und du wirst bereit sein, deinen Weg nach Haus zu erleben, in deiner vollen Größe", erklärt mir Michael.

„Heißt das, es war damals gar nicht so hoffnungslos, wie ich glaubte?", fragte ich Michael.

„Nein, schau mal genau hin: Du sitzt hier am Ufer des Flusses, die Stille um dich herum ist da und doch kommt ein Mann ‚zufällig' an deinem Ort vorbei. Glaubst du, das ist ohne Bedeutung?", fragte mich Michael erneut.

„Ich weiß, es gibt keinen Zufall, es gibt nur die Entscheidung für oder gegen etwas. Und in dir war der Glaube, einen guten Job verdient zu haben, so groß, dass Gott dir die Möglichkeit gegeben hat, es zu entscheiden. Du weißt ja auch, du hättest nicht mit diesem Mann sprechen müssen. Doch du warst offen und hast in dir entschieden, dass der Zeitpunkt nun gekommen ist, zu arbeiten und einen guten Job zu finden. Und so hast du, wie schon damals, als du krank warst, die Verantwortung übernommen, also frei entschieden, gesund zu werden."

Elisa sitzt noch auf der Terrasse und genießt den schönen Abend mit einem Buch. Aber auch ihr ist wohl das Licht ausgegangen, denn ihr Buch liegt auf ihren Knien und sie schaut in die Ferne.

„Elisa, Schatz, träumst du?", frage ich sie. So schaut sie auf und blickt mich liebevoll an und sagt:

„Henry, der Abend ist so schön. ich genieße die Ruhe. Früher war hier immer etwas los, die Kinder sind herumgetollt, wollten abends nicht ins Bett gehen. Später unsere Enkelkinder, die für Leben sorgten, und jetzt sind die auch schon so groß, dass Oma und Opa nicht mehr so gefragt sind. Aber ich finde es schön, hier zu sitzen und einfach nur zu sein."

„Elisa, ich habe nichts anderes getan in meinem Arbeitszimmer. Die Ereignisse von früher habe ich mit meinem heutigen Bewusstsein und meinem Glauben erneut betrachtet. Es erfreut mein Herz und auch du erfreust mein Herz, Elisa, ich liebe dich", sage ich zu meiner Frau. Ich setze mich neben sie und nehme ihre Hand.

„Weißt du noch? Früher haben wir uns manchmal vorgestellt, wie es sein könnte, miteinander alt zu werden. Und hätten wir gewusst, welche Turbulenzen wir erleben, hätten wir es wohl anders entschieden", sage ich zu Elisa.

„Nein, Henry, nur das Wie hätten wir anders entscheiden können. Wir hätten mit unserem heutigen Wissen unsere Liebe immer über alles gestellt, und damit wärst du vielleicht nicht krank geworden und wir hätten vielleicht viele Jahre nicht so unglücklich gelebt", antwortet mir Elisa.

„Ja, das stimmt wohl, hätte ich Gott schon früher gefunden, hätte ich schon viel früher gefühlt, welch wundervolle Frau ich an meiner Seite habe", sage ich lächelnd. Elisa sieht mich an und küsst mich auf den Mund. Mehr Worten bedarf es nicht. Nach diesem besonders schönen Tag gehen wir ins Bett und ich schlafe traumlos ein.

Ich suche nach einem Ferienhaus, das groß genug für uns alle ist. Ein Haus gefällt mir besonders gut, es ist sehr groß, hat 200 m² Wohnfläche und einen großen Garten. Im Keller befinden sich eine Sauna und ein Pool, das wäre für die Kinder schön. Auch wenn sie jetzt schon fast alle erwachsen sind, würden sie sich sicher freuen, ein wenig toben zu können. Im Garten gibt es einen kleinen Pavillon, den wir für gute Gespräche nutzen könnten, die fernab von der ganzen Familie geführt werden sollen. Denn ich bin mir sicher, dass es Gespräche mit jedem Einzelnen geben wird, mit meinen Töchtern und auch mit meinen Schwiegersöhnen.

Ich frage an, ob das Haus zu diesem Zeitpunkt frei ist. Nachdem ich das gemacht habe, versuche ich mich darauf zu konzentrieren, warum wir oft in Situationen keine Lösung für unser Problem finden. Warum stecken wir fest und sind gefangen und warum sehen oder fühlen wir die Veränderung nicht? Warum müssen wir so lange Jahre warten, bis wir verstehen, dass wir es auch früher hätten haben können? Warum warten wir darauf, dass die anderen für uns die Verantwortung übernehmen? Warum sind wir uns selbst im Weg? Warum zweifeln wir sofort wieder an uns, wenn etwas passiert, das wir nicht verstehen? Diese Fragen beschäftigen mich immer wieder aufs Neue. Ich suche eine Lösung, denn es ist nicht so, dass ich durch meinen Weg zum Herzen alles verstanden habe. Viele Dinge sind mir heute noch nicht klar. Was sich verändert hat, ist, dass ich heute Situationen besser erkenne und nach Lösungen Ausschau halte. Ich versuche immer, mir klarzumachen, dass es eine Entscheidung ist, die Dinge positiv oder negativ zu sehen. Und ich kann alles einfach abgeben und mir durch Gott die Unterstützung geben lassen im festen Glauben an all meine Möglichkeiten. Und so glaube ich auch, dass er mich leiten wird auf meinem letzten Weg, der geschrieben und gelebt werden will.

Drei Tage später ruft mich Sara an und erzählt, dass sie einen Traum hatte. Sie erzählt, dass ihr Metatron begegnet sei. Sie sei durch das Tor gegangen wie damals, als sie Uriel zum ersten Mal begegnet ist. Nur diesmal habe Metatron auf sie gewartet und er habe sie mit den Worten „Hallo Sara, mein Licht, schön, dass du da bist" begrüßt. „Papa, ich kann dir sagen, da habe ich ganz schön gestaunt. Ich habe nicht gewusst, dass Metatron zu mir kommt. Ich habe gedacht, er kommt zu dir. Weiters habe ich ihn dann gefragt, warum er zu mir kommt. Was, glaubst du, hat er geantwortet?", fragt mich Sara. „Liebes, ich habe keine Ahnung", antworte ich ihr. „Papa, er sagte, ich sei die Heilerin des Lichts und ich sei bestimmt dazu, den Weg zu finden, nach Hause. Ich bin die Wegbereiterin für dich, um den Himmel des Lichts zu finden. Und dann kamen folgende Worte für mich:

Himmel des Lichts, wo bist du?
Ich stehe ganz allein, doch dein Strahl war immer da.
Die Tränen weinte ich mit dir, doch vergaß ich dich nie.
Gebrochen war die Verbindung zwischen uns,
doch ich fühlte deine Nähe.
Nun ist die Zeit gekommen.
Himmel des Lichts, zu sehen, wo sind wir.

Nachdem ich diese Botschaft bekommen hatte, hat mich Metatron gebeten mitzukommen. Wir sind an ein Krankenbett gegangen. Eine Frau lag in diesem Bett und Metatron erzählte mir, dass sie an Lungenkrebs mit Metastasen in den Knochen und im Gehirn leidet. Ihre Tochter und auch ihr Mann sitzen an ihrem Bett. Alle kennen die Situation, denn die Nieren arbeiten nicht mehr, und Wasser hat sie auch schon in der Lunge. Alle Vorkehrungen sind getroffen, um in zwei Tagen das Krankenhaus zu verlassen. Wenn sie dann noch lebt, wird sie in einem Hospiz betreut.

Ich frage Metatron, warum er mich hergebracht habe. ‚Sara, ich möchte dir zeigen, wie wertvoll es ist, ganz offen mit dem Sterben umzugehen. Wenn alle Menschen wie Maria, so heißt die Frau, die in diesem Bett liegt, mit dem Sterben umgehen würden, hätten wir den Weg nach Hause schon längst gefunden', erklärt mir Metatron. ‚Was ist das Besondere an dieser Frau?', frage ich. Metatron erzählt mir, dass sie Kontakt mit ihrem Engel aufgenommen hat. Sie hat ihn in ihren Träumen gefunden und so hat sie die Fragen, die sie hatte, mit ihm geklärt. Sie hat ihre irdischen Dinge geregelt, sich verabschiedet von den Menschen, die sie liebt. Sie hat festgelegt, dass es keine Trauerfeier geben soll, sondern eine Abschiedsfeier mit dem Hintergrund des Heimkehrens. Sie möchte Luftballons in den Himmel steigen lassen, ihre Lieblingslieder sollen laufen und alle sollen in den Tag schauen und aufschreiben, was besonders schön gewesen ist. Auch hat Maria erkannt, dass die Krankheit keine Strafe für sie ist. Sondern sie hat in ihren Träumen erkannt, dass sie ihre Herausforderungen nur begrenzt gelebt hat, und nun darf sie Geduld und Demut leben, bis sie von dieser Welt geht. Diese Erkenntnis macht sie heil in der Seele, sodass sie für ein nächstes Leben bereit ist. Und, Papa, was dann geschah, berührte mein Herz, denn ich hörte diese drei Menschen singen. Sie singen von ihrem wahren Wert, von Herzen, die geöffnet sind, und vom kosmischen Glanz. Es berührte mich so sehr, dass ich Tränen in den Augen hatte.

Metatron lächelte mich nur an und sagte dann: ‚Sara, du fühlst die Verbindung zur Erde und zum Himmel. Das ist gut so, du kannst in die Herzen sehen. Was kannst du sehen? Sage es mir!' ‚Es ist so klar und so rein, ich sehe die Zuversicht bei Maria, glücklich und frei nach Hause zu kommen. Und bei der Tochter sehe ich die Lösung, das Freigeben vom Irdischen zum Überirdischen. Weil sie den Wunsch der Mutter spürt, dass ihr Augenblick gekommen ist, zu gehen. Der Mann tut sich wohl am schwersten, er wollte vor ihr gehen, aber seine Zeit ist noch nicht reif. So spüre ich seine Hand, die nach seiner Frau greifen möchte, doch er traut sich nicht', erkläre ich Metatron. ‚Ja, Sara, dann lass uns ihm helfen. Er sieht dich nicht, so gib ihm dein

Licht.' Und so gab ich ihm das Licht der Liebe. Ich bat um den Zugang und heilte seinen Seelenanteil und schenke ihm seine Sprache, sodass er seiner Frau sagen kann, was er fühlt. Und es war so unglaublich, plötzlich hörte ich diesen Mann sprechen. ‚Es ist alles so hell geworden, Maria, darf ich deine Hand nehmen?', höre ich den Mann sagen. Und seine Frau nahm seine Hand entgegen und beide lächeln und dann war ein Lichtstrahl zu sehen und ihr Engel kam, um sie abzuholen. Die Tochter saß da und sah das Licht auch, und so war es wie eine Treppe, vor der Maria stand. Unten am Anfang stehen ihr Mann und ihre Tochter und oben der Engel, der sie begleitet. Es gab aber keine Verzweiflung, sondern die Irdischen helfen dem Lichtkind ins Überirdische.

Es ist so schön, ich kann es kaum mit Worten beschreiben. So etwas habe ich noch nie erlebt. Dann geht sie den Lichtweg und die Atmung von Maria hört in diesem Moment auf. Mann und Tochter sitzen noch lange da, ohne nach der Schwester zu rufen. Sie spüren, dass das Geleit noch nicht zu Ende ist. Metatron und ich senden weiter unser Licht und ich bin berührt und beglückt zugleich. Fast wie ein Kind, welches auf die irdische Welt kommt, erlebe ich die Rückkehr nach Hause. Freude, Rührung und das Wissen, es wird jetzt alles anders für diese Menschen sein, erfüllen mein Herz. Danach bekomme ich noch eine Botschaft, Papa, und ich glaube, sie ist für dich."

Welt, so schön scheinst du, so irdisch zeigst du mir das Leben.
So lass mich schmecken den Tag, bevor er endet.
So lass mich hören die Worte, die du mir spendest.
So lass mich sehen die Hand, die du mir reichst.
So lass mich warten auf den Augenblick.

Sodass ich sehen kann die Treppen.
Sodass ich fühlen kann meinen Engel.
Sodass ich erkennen kann das Licht und mich.
Welt, so schön bist du, es erfüllt mich Freude, dass ich hier gewesen bin,
um zu erleben die irdische Zeit und nun zurückzukehren ins Himmelreich.

„Sara, ich gehe sofort in Resonanz mit diesem Thema. Es ist schön und doch löst es etwas in mir aus. Es berührt mich", sage ich mit Tränen in den Augen. „Es ist fast so, als ob ich gerade einen wichtigen Schritt gegangen bin auf dem Weg nach Hause. Ich fühle mich gut, aber es hängt vielleicht mit der Angst zusammen, die ich bis jetzt so tief in mir gefühlt habe", versuche ich es weiter zu erklären. „Welche Angst, Papa?", fragt mich Sara. „Es ist so ein Gefühl, dass ich alleine bin auf meinem Weg. Und jetzt habe ich das Gefühl, wenn die Kraft der irdischen Menschen nicht reicht, dann kommen Lichtwesen, Lichtheiler, wie du und die Engel, die die Menschen auf ihrem Weg begleiten. Es fühlte sich so wunderschön an, nicht traurig, sondern berührend, so wie du es beschrieben hast. Und deine Erzählung konnt ich so real fühlen, als ob du es direkt in mein Herz gesetzt hast. Danke, Sara, dass du es mir erzählt hast. Dieses Gespräch war sehr wichtig für mich und ich suchte nach Ergänzung im Traum des Lichts, mit Michael, meinem Engel."

Es dauert einige Nächte bis Michael zu mir kommt. Und wieder komme ich auf die Blumenwiese. Heute sind es nicht nur wilde Blumen, die ich sehe, sondern auch wundervolle Sonnenblumen. Es erinnert mich an den Herbst, wenn auch alles andere eher wie Sommer aussieht. Mitten auf der Wiese steht heute eine Bank. Auf der sitzt Michael und winkt mir freudig zu. Ich winke zurück und merke, dass ich mindestens fünfzig Jahre alt bin. Ich bin wohl selbst der Herbst. Ich gehe zu Michael und setze mich neben ihn. Er fragt mich: „Wonach suchst du, Henry?" „Ich weiß es nicht so genau, aber ich fühle, dass etwas noch fehlt", versuche ich ihm zu erklären. „Henry, alles ist da, setze dich mal aufrecht hin und schließe die Augen. Und nun schaust du mal nach innen!", befiehlt mir Michael. Michael legt mir seine Hände auf den Kopf und an meine Stirn. Und mit einem Mal wird es ganz hell, ich muss lächeln und in mir wird es klar. Ich bekomme eine Botschaft.

Herr, ich bin hier.
Die Glocken läuten es ein, die Reise zu beginnen.
Über den Dächern dieser Welt kann ich laufen.
Hänge die alte Jacke in den Schrank und befreie mich so von Zauberhand.
Früchte des Lebens trage ich im Herzen.
Mein Körper ist gespannt und bereit, sich zu befreien von der Last des Lebens.
Lange vor dieser Zeit betrat ich diesen Pfad schon einmal.
Aber nun ist der Augenblick gekommen,
sich zu öffnen und in ein Bewusstsein zu gehen,
welches ist nicht von dieser Welt, sondern von jener Welt.
So kläre ich die Zeit, die ich habe,
und erlöse die anderen für die Zeit, die sie haben.
Komme aus dem alten Leben in ein neues, um meine Bestimmung zu finden,
die ist, zu finden das Licht, die ist, zu leben das Licht,
die ist, zu geben das Licht, und die ist, zu bringen das Licht nach Hause.

„Michael, warum habe ich die Bestimmung, das Licht zu finden, es zu leben und zu geben und es dann nach Hause zu bringen?", frage ich Michael. „Henry, es geht jetzt um deine wahre Größe, und die ist das Licht. Wie deine Tochter hättest auch du heilend in der Welt sein können, aber du hast dich dazu entschieden, irdische Dinge anzugehen. Henry, du bist hier in diese Welt gekommen, um die Wiederbelebung und das Wiedererwachen zwischen Weltklugheit und bewusster Lebensgrundlage zu erfahren. Das heißt, Erwachen ist die karmische Vorbereitung, auf einer inneren Stufe wieder zu erwachen, die du schon mal gelebt hast. Du hast all das schon gekonnt und nun wolltest du es beleben, du hattest dir vorgenommen, Zorn in Liebe aufzulösen und Stolz, Lüge, Neid, Habsucht uns vieles mehr einfach in Liebe aufzulösen. Und so hast du die Kraft des Wagenlenkers ohne Gewalt für dieses Tun bekommen.

Du hast diesen Zauberstab bekommen, um viele Menschen zu beleben und so wieder Ordnung und Kraft in Gleichklang zu bringen. Leider hast du dich in deiner Vergangenheit manchmal entschieden, Kraft und Ordnung nicht im Gleichklang zu leben, und so hast du auf dich und auf andere Druck ausgeübt. Angst vor dem eigenen Versagen, Angst vor Gewöhnlichkeit, Angst vor Schmerz und viele andere Ängste hatten Platz in deinem Leben. Aber nun ist der Augenblick gekommen, dass du die Regie übernimmst, dass du dich aussöhnst mit deiner Bestimmung, deine Hellsinnigkeit zu leben, um frei die Lebensfreude weiterzugeben, um so völlig frei in deiner Entscheidung zu sein, für deinen Weg nach Hause.

Wenn du jetzt bereit bist, können wir die Seelenanteile heilen, die wichtig sind für die Worte, die du noch sprechen willst mit deiner irdischen Familie." „Ja, ich bin bereit, Michael. Ja, ich möchte meine Bestimmung leben und ich möchte meine Bestimmung an die nächste Generation weitergeben. Ich bin auch bereit, das Licht mit nach Hause zu nehmen und die Welten zu öffnen für die Verbindung nach Hause." Als ich diese Bereitschaft in ihrer vollen Größe fühle, kommen Gedanken zu mir und ich muss sie jetzt mitteilen. So sage ich zu meinem Engel: „Michael, ich empfange gerade eine Eingebung. Ich muss gerade an meinen Enkel Leon denken, an Saras Sohn, und ich habe das Gefühl, dass er die nächste Generation der Heiler in dieser Familie verkörpert. Ich sehe einen Mann, der das Schicksalsrad, die belohnende Bewusstseinsenergie, neu entstehen lässt. Ich sehe Leon Glück, der auf seine innere Stimme hört, der schon als Kind die Gnade des Wachstums der Liebe erfahren durfte. Er wird schöpferisch tätig sein, sobald ich die Verbindung geschaffen habe. Außerdem sehe ich auch, dass Sara und Leon alle missglückten Lebensbeziehungen der alten Welt in Liebe auflösen werden."

„Sehr gut, Henry, das ist ein wichtiger Schritt für die Verbindung der Welten, den du gerade gemacht hast", sagt Michael zu mir.

„Michael, jetzt musste ich so alt werden, um das zu erleben", antworte ich lächelnd.

„Manchmal erfordert es die ganze Weisheit des Lebens, um an diesen Punkt zu kommen. Die Welt wird dir dafür danken, Henry", sagt mir Michael. „Und, Henry, die Gespräche mit deinen Lieben werden die nächsten Schritte sein", erklärt er mir, und damit ist unser Treffen beendet.

Ich erzähle Elisa von meinem Traum. Sie ist tief bewegt. Zwei volle Tage brauche ich, bis ich mit Sara sprechen kann. Ich musste mir erst mal selber darüber klar werden, was und wie ich das Erlebte erzählen kann. Und da ich glaube, dass es für alles einen Zeitpunkt gibt, habe ich es einfach abgegeben.

Die Woche verging und Sara kam, um Elisa und mich zu behandeln. Die Behandlungen bewegten oft mein Inneres. Manchmal bekam ich einen Impuls, über verschiedene Dinge nachzudenken, oder ich entspannte meinen Geist und meinen Körper auf besondere Weise. Heute erzählte ich Sara von meiner Begegnung mit Michael, von der Botschaft und auch von der Vision mit Leon. „Ich weiß schon lange, dass Leon seine Aufgabe in der Heilung hat, aber ich lasse den Dingen ihren Lauf, damit er sich entwickeln kann. Leon hat schon mit dreieinhalb Jahren gesagt, dass er einmal in meiner Praxis arbeiten und auch heilend tätig sein will", sagt mir Sara und blickt mit einem Lächeln in die Vergangenheit zurück. „Wenn Leon früher hingefallen ist, wollte er immer meine Hände auf der verletzten Stelle haben. Oft kam es vor, dass er zu mir ins Bett kam und immer meine Hände bei sich haben wollte. Er musste dann aber lernen, dass nicht er bestimmen konnte, wie ich, seine Mama, die geistige Welt arbeiten ließ, sondern dass er das Geschenk der Energie annehmen kann und Vertrauen in seine eigenen Fähigkeiten der Selbstheilung haben darf", ergänzte Sara ihre Gedanken über Leon.

SARA

Ein Tag im Mai brachte eine besondere Begegnung, die ich unbedingt meinem Vater erzählen will. Ich war gerade unterwegs zu einem Krankenbesuch, als mich auf der Straße eine Frau ansprach. Nach ihrem Aussehen zu urteilen kam sie aus einer südländischen Region, sie hatte tiefschwarze Haare und war von einer zierlichen Statur. Diese Frau stellte sich mir als Karin vor und sagte, ich solle mir einen Tee aus Zinnkraut und Schafgarbe mischen lassen. Ich schaute sie an und fragte interessiert nach, warum sie mir das empfiehlt.

Sie antwortete nicht auf meine Frage, sondern sagte zu mir, ich solle drei Zahlen auf ein Blatt Papier schreiben. Ich stellte meine Tasche ab, denn ich war neugierig darauf, was Karin mir erzählen wollte. „Schreibe auf! Vier, Sieben und Neun! Du hattest vor langer Zeit einen Unfall mit dem Auto, es war aber nur ein Blechschaden. Du hast einen Menschen verloren und es geht noch ein Mensch, den du sehr liebst. Es hatte jemand in deinem nahen Umfeld ein großes Problem mit Alkohol."

Ich war erstaunt, denn alles stimmte. Ich hatte vor Jahren einen kleinen Autounfall. Das hatten wir wohl schon fast alle mal. Aber dass ein Mensch ging, und auch das mit dem Alkohol, konnte sie nicht wissen. So sagte sie mir voraus: „Du wirst über neunzig Jahre alt werden, du wirst auf der ganzen Welt berühmt werden und mit deinen heilenden Händen den Menschen die Liebe und das Licht bringen!"

Obwohl ich eine „Arzttasche" bei mir hatte, konnte sie nicht davon ausgehen, dass ich eine Heilerin bin. Deshalb überraschte mich ihre Aussage sehr. Sie bat mich mehrmals, sie ernst zu nehmen und mir diesen Tee zu besorgen. Und sie erklärte mir die Wirkung von Zinnkraut und Schafgarbe so: „Das Zinnkraut gehört zu der Familie der Schachtelhalme, die wohl eine der ältesten Pflanzenfamilien auf der Erde ist. Man hat in Versteinerungen Exemplare gefunden, die weit über 300 Millionen Jahre alt sind. Zinnkraut besitzt einen hohen Gehalt an Kieselsäure und ist daher gut für Knochen, Nägel und Haare. Durch die entwässernde Wirkung des Zinnkrauts kann der Körper mit dem daraus gewonnenen Tee gut durchgespült werden. Es gibt einmal die Wirkung auf körperlicher Ebene. Aber durch die Ahnenkraft, die dieser Pflanze innewohnt, bekommst du außerdem den Zugang zu deiner wahren Kraft.

Die Schafgarbe oder auch Achillea millefolium erhielt wahrscheinlich ihren Namen von dem griechischen Helden Achilles, dem Helden mit der Achillesferse. Die Schafgarbe wurde von Druiden zur Heilung verwendet, aber auch zur Vorhersage des Wetters. Trinke diesen Tee, um deine Weissagungskraft zu verstärken. Laut einer Sage aus Irland war die Schafgarbe die erste Pflanze, die Jesus als Kind gepflückt hat. Deshalb bringt die Schafgarbe Glück, aber sie soll auch den Beckenbereich unterstützen, weil sie eine entkrampfende Wirkung besitzt. Diese Verbindung soll dir Glück bringen und du wirst von Ahnen Heilung erfahren", so schloss Karin ihre Erklärung ab.

Ich fragte Karin: „Woher kommst du?" „Ich komme aus Ungarn und reise mit einem Zirkus umher. Alle Frauen in meiner Familie weissagen, ich mache es ausschließlich bei Menschen, die mir begegnen. So verdiene ich mir ein wenig Extrageld, um mir das Leben im Zirkus zu erleichtern."

Ich dankte ihr für ihre Worte und gab ihr ihre Energie in Form von Geld zurück. Ein Erlebnis, das nicht so häufig vorkommt, und trotzdem gab es auch in mir Zweifel, wie ernsthaft ihre Weissagung war. Denn sie hatte auch versucht, mir Angst zu machen, ich solle vorsichtig sein mit meinen Worten und auch mit bestimmten Menschen.

Am Abend rief ich meine Freundin Sonja an, um mich mit ihr zu besprechen. Wir kamen beide zu dem Schluss, dass Karin sicher eine gute Arbeit leistet. Aber Worte der Angst sind nicht unsere Sprache, denn wir sprechen die Sprache der Liebe. „So ist es sicher eher eine Prüfung, wie du deinen Weg gehen würdest, wenn etwas in dein Leben kommt, das dir Angst machen könnte", fasste Sonja unser Gespräch zusammen. Ich besorgte mir die Tees am nächsten Morgen, aber ich beschloss auch, ihr besonders viel Licht und heilende Liebe zu schicken, um ihr Herz zu heilen, welches viel Böses erlebt hat. Weiter fühlte ich die Botschaft:

Demut empfinde ich für alle Menschen.
Ihr Wissen, ihr Erlebtes, ist wichtig für die Welt.
So gebe ich Licht und Liebe hinein,
da es transformiert will sein.
Für die Welt der Ahnen,
bin ich bereit es zu wandeln,
denn ich bin ein Kind des Lichts,
ich bin eine Heilerin im Frieden,
ich bin das Wissen von gestern, von heute und von morgen.
So danke ich den Menschen, den Gelehrten, den Heilern und den Weissagern dieser Welt
für die Bestimmung des Lichts.

Meinen Vater bat ich, diesen Text für unser Buch bereitzulegen. Die Woche verging in meiner Praxis mit vielen wundervollen Erlebnissen. Zwei meiner Patientinnen begegneten ihrem Engel in meiner Behandlung. Beide Frauen sind Mütter und erzählten ihren Kindern von diesem Erlebnis. Und für diejenigen unter uns, die die Engel längst erkannt haben, wird es nicht verwunderlich sein, was diese Kinder sagten. Das eine Kind, ein Mädchen, sagte zu seiner Mutter: „Ich bin froh, dass du deinen Engel jetzt auch mal gesehen hast." Ganz selbstverständlich und klar, im Wissen ihres eigenen Engels. Die andere Mutter fragte ihr Sohn: „Wie sieht denn dein Engel aus?" Die Mutter konnte es aber nicht beschreiben. Daraufhin beschrieb der Junge seinen Engel und er erzählte auch, dass sein Engel ihm unsichtbare Geschenke mache. Die Mutter fragte verwundert nach, was das für unsichtbare Geschenke seien. Und der Sohn erklärte ihr, dass sein Engel ihm Freude schenke, wenn er mal traurig sei. Diese Worte berührten die Mutter sehr, denn seit sie geschieden war, war es nicht immer einfach für ihren Sohn. Und sie hatte eigentlich das Gefühl, dass ihn Gott nicht so recht interessierte.

Ich sehe immer wieder, welche wunderbaren Dinge geschehen, wenn wir unser Herz öffnen. So ändert sich nicht nur das Leben der Person, die sich auf den Weg zum Herzen macht, sondern auch die Familie wird bereichert durch die einzelnen Schritte. Ich möchte viele Eltern ermutigen, ihre Kinder ernst zu nehmen. Engel oder imaginäre Freunde der Kinder sind wichtige Pfeiler für die kindliche Entwicklung. Wir können das Beten ganz selbstverständlich in das Abendritual einbauen. Es können selbst formulierte Texte sein, mit denen wir unseren Kindern beibringen, dankbar zu sein. Selbst für die Eltern, die bis jetzt keinen Glauben besitzen, ist es möglich, anzufangen zu danken. Sie können danken für das, was sie haben, für die Familie, die Eltern, das Materielle, dafür, dass sie genügend zu essen haben, für die Freunde und vieles mehr. Alles beruht auf Entscheidungen, zum Beispiel auch derjenigen, sich aufzumachen in seine Bestimmung.

HENRY

Es berührt mich, Saras Zeilen zu lesen, denn ich wäre sicher nicht stehen geblieben, wenn mir eine Frau auf der Straße eine Weissagung hätte machen wollen. In meiner Jugend spuckte man eher auf diese Menschen. Ich weiß, dass es nicht richtig ist. Dennoch hätte ich ein ungutes Gefühl gehabt und durch meine gefühlte Erfahrung aus meiner Jugend wäre ich nicht in der Lage gewesen, frei und ohne Vorurteil dieser Karin gegenüberzutreten. Diese Gedanken machten mir klar, dass ich diesen Seelenanteil noch mit Licht auffüllen möchte. Es gibt keine Menschen mit niedriger Ordnung und doch gibt es Situationen, in denen ich es empfinde; und ich bin nun bereit, dies zu lösen. So bitte ich in meinem Gebet alle Menschen, denen ich in diesem Leben Unrecht getan habe, um Verzeihung. Ich bitte auch Michael, mir bei dieser Vergebung zu helfen. So träume ich von meiner Blumenwiese und ich sehe mich direkt neben Michael sitzen auf dieser Wiese. Erst schweige ich und suche nach den richtigen Worten, aber dann sind sie auf einmal da. „Michael, warum verurteile ich Menschen? Warum tue ich es noch heute, obwohl ich es besser weiß?" „Henry, es geht um deinen Wert. In deiner Kindheit und auch in deinem ganzen Leben ging es darum, größer als die anderen zu sein, etwas zu erreichen und von oben nach unten zu schauen. Und jetzt möchtest du die Aussöhnung auf Augenhöhe erleben, ein wunderbarer Wunsch und eine Erkenntnis, die dich in deinem Leben hier bereichert."

Nach diesen Worten sehe ich eine wunderschöne Hängematte, die an zwei Bäumen festgemacht ist. Michael bittet mich, es mir bequem zu machen. Immer schon habe ich von einer Hängematte geträumt. Sie verbindet für mich die Leichtigkeit der Kindheit mit der Freiheit, es sich aussuchen zu können, wie man sich betten möchte. Ich sehe, wie die Wolken am Himmel vorbeiziehen. Wunderschöne Wolken, große und kleine, Wolken, die sich in andere Wolken schieben, und die anderen, die sich lösen und selber zu einer eigenen Wolke werden. Eine Zeitlang träume ich vor mich hin, bis mir bewusst wird, dass Michael immer noch neben mir steht. „Henry, genieße es ruhig. Denn es ist so, wie du immer gedacht hast, Leichtigkeit und Freiheit kannst du fühlen. Du hättest dich auch schon vorher mal trauen können. Eine Hängematte ist keine große Anschaffung, nur eine kleine Entscheidung, in einen Laden zu gehen und eine zu kaufen und sie dann aufzuhängen. Und das Gefühl der Leichtigkeit und Freiheit nimmst du jetzt mit und wir beleben die Vergangenheit damit. Leicht und frei kannst du jetzt um Vergebung bitten." Mit diesen Worten schließe ich die Augen und gehe zurück in die Vergangenheit. Ich sehe mich auf einem Boot und dieses Boot schippert langsam auf einem Fluss. Am Ufer begegne ich vielen Menschen, sie winken mir freundlich zu. Dann sehe ich auch Menschen, die nicht so freundlich winken. Diesen winke ich besonders freundlich zu und bitte leicht und frei um Vergebung. Ich schicke das Licht der Liebe mit Michaels Hilfe zu diesen Menschen und dann winken sie mit einem Lächeln zurück. Meine Fahrt setze ich fort. Ich wiederhole diesen Vorgang immer wieder, bis ich an einem großen See ankomme, in den der Fluss mündet. In mir ist es ganz hell geworden, ich weiß, dass ich manche Entscheidung in der Vergangenheit getroffen habe, die nicht so lichtvoll war. Aber ich spüre auch, dass ich sie hier und jetzt bereinigt habe und fortan alle Menschen mit gleichem lichtvollen und liebevollen Respekt für ihre Entscheidungen annehmen kann. Meine Herausforderung, die Menschen mit all ihrer Andersartigkeit, mit all den neuen Wegen für mich, nicht nur akzeptieren zu wollen, sondern auch zu fördern, ist mein großes Anliegen. Mit diesem Gefühl schwinge ich hier in meinem Boot hin und her, bis ich merke, dass ich wieder in meiner Hängematte liege. Michael steht noch immer neben mir und lächelt mich an. „Nun, Henry, siehst du, wie leicht es war und wie viel Freiheit du besitzt?", fragt mich mein Engel Michael. „Ja, ich konnte die Freiheit fühlen. Es war wundervoll. Eine große Bereicherung für meinen Weg", antworte ich.

Als ich am nächsten Tag den Briefkasten öffnete, sah ich eine Schrift, die mir sehr bekannt vorkam, und doch wusste ich im ersten Moment nicht, wer mir schreibt. Erst als ich den Brief öffnete, begann mein Herz zu klopfen.

Lieber Henry,

lange ist es her, dass wir uns sahen. Ich glaube, du erinnerst dich noch an mich.

Als wir damals im gleichen Betrieb gearbeitet haben, sind wir Freunde geworden und durch eine dumme Meinungsverschiedenheit haben wir beide unsere Freundschaft aufgegeben.

Henry, ich bin alt geworden und ich hoffe, dass dich meine Zeilen bei bester Gesundheit erreichen. Ich habe mir vorgenommen, aufzuräumen in meinem Leben, und dabei gehst du mir nicht mehr aus dem Sinn. Ich möchte dich um Verzeihung bitten, und wenn du Lust hast, würde ich mich gerne mit dir treffen. So schlage ich dir, in der Hoffnung, dass du kommst, einen Treffpunkt vor:

Am 15. Juni am Ufer des Rheins, wo wir uns damals zum ersten Mal begegnet sind, um 15:00 Uhr.

Wenn es dir nicht möglich ist zu kommen, aus welchem Grund auch immer, danke ich dir trotzdem, dass wir uns begegnet sind in diesem Leben.

Alles Liebe

Klaus

P.S. Meine Anschrift und Telefonnummer auf der Rückseite

Als ich den Brief zu Ende gelesen habe, stehen mir die Tränen in den Augen. Die Nacht, meine Fahrt der Vergebung und jetzt das. Nicht zu fassen! Klaus und ich, ja, wir waren gute Freunde damals, eigentlich kann ich mich gar nicht mehr erinnern, warum wir stritten. Irgendwann habe ich dann eine neue Stelle angenommen, wir haben uns nicht mehr gesehen, und so ist dieser Streit dann einfach zwischen uns geblieben. Natürlich möchte ich ihn wiedersehen, auch für mich ist die Klärung und Bereinigung der alten Zeit von Bedeutung. Mir wird klar, dass ich wohl viele Menschen getroffen habe, mit denen ich das Licht hätte leben können. So fühle ich jetzt aber auch die Chance, es neu zu entscheiden. Und wenn ich von dieser Welt gehe, und so wird es wohl auch Klaus gehen, werden wir unsere Begegnung in Liebe zurücklassen. Für ein weiteres Leben können wir uns dann mit anderen Herausforderungen beschäftigen. So setze ich mich hin und beantworte seinen Brief. Nicht per E-Mail, sondern handgeschrieben.

Lieber Klaus,

Ich freue mich sehr, dass auch du bei bester Gesundheit bist und du dir den Ruck gegeben hast, mir diese Zeilen zukommen zu lassen.

Gerne treffe ich dich am 15. Juni an der besagten Stelle. Danke, dass du an mich gedacht hast.

Bis bald

Henry

SARA

Heute sitze ich über meiner Buchführung. Diese Arbeit verrichte ich nicht so gerne, aber es ist ja erforderlich. Wenn ich an die Anfangszeit zurückdenke, da hatte ich immer mehr Ausgaben als Einnahmen. Heute ist es doch anders. Ich verdiene mehr Geld, als ich ausgeben kann. Ich unterstütze Hilfsorganisationen und habe selber einen Verein gegründet, der Menschen unterstützt, die einen Traum verwirklichen möchten, wie ich ihn hatte, als es um die Verlegung meines Buches ging. Ich habe Menschen einen Job gegeben, denen es schwerfiel, etwas zu finden, weil sie zum Beispiel alleinerziehend waren. Und ich bin sehr dankbar für die große Entwicklung meines Vereins, der „Der Weg zum Herzen" heißt, und ich danke hier allen Menschen, die dieses Projekt mit Spenden unterstützen. So haben die letzten Jahre meiner Reifung zu meinem beruflichen Erfolg beigetragen. Meine Freundin Sonja und ich haben einen eigenen Verlag gegründet, weil es damals nicht so einfach war, mein erstes Buch zu verlegen. So sind wir beide Buchverleger geworden mit unserem Verlag „Herz-Licht-Haus". So verlegen wir heute nicht nur meine Bücher, sondern geben vielen Menschen die Chance, ihre Werke für die Welt zugänglich zu machen. Dadurch haben meine

Familie und ich eine finanzielle Freiheit bekommen, von der ich früher nie zu träumen gewagt hätte. Mein Mann Peter konnte so damals eine neue Seite für sich entdecken. Als unser gemeinsames Einkommen so hoch war, dass wir genügend Rücklagen bilden konnten, um unser Haus abzubezahlen, hat Peter seinen alten Job gekündigt und noch mal die Schulbank gedrückt. Dann hat er die ganze technische Leitung unseres Verlages übernommen, er hat sich in das Thema so vertieft, dass Sonja und ich uns nun auf die Entwicklung in der Welt konzentrieren konnten. So ist „Herz-Licht-Haus-Verlag" eine besondere Anlaufstelle für viele Lichtprojekte geworden. Viele Augenblicke meiner Behandlungen halte ich nach wie vor in meinen Gedichten fest. Ich möchte den Menschen diese offenen Worte der Heilung zugänglich machen. Und heute möchte ich den Menschen durch die Vision „Der Weg nach Haus" eine Türe öffnen, durch die jeder gehen kann, wenn es so weit ist. Und so möchte ich von einer Frau erzählen, die ihre große Liebe nur kurz leben durfte.

Hilde und Walter lernten sich erst im Alter von etwa fünfzig Jahren im Urlaub kennen. Für beide war es nicht die erste Liebe. Aber sie erfuhren durch diese besondere Liebe eine Intensität auf emotionaler und auch auf sexueller Ebene, wie sie sie noch nie erlebt hatten. Da Walter in Freudenstadt und Hilde in Köln wohnte, war es anfänglich nicht so einfach, diese Liebe auch im Alltag zu leben. Nach zwei Jahren des Pendelns zog Hilde zu ihrem Walter. So lebten sie ein ganzes Jahr glücklich, bis bei Walter Krebs festgestellt wurde. Lungenkrebs in einem nicht mehr operablen Stadium. Der Primärtumor lag genau hinter dem Brustbein und hatte auch schon Knochenmetastasen gebildet. Walter entschied sich gegen eine Chemotherapie, er und Hilde wollten die Zeit, die sie noch hatten, so unbehelligt wie möglich erleben. Beiden war klar, was auf sie zukommen würde.

So vergingen drei Monate, bis Walter den Weg nach Hause antrat. Die ganze Zeit war seine Hilde an seiner Seite. Sie unternahmen kurze Reisen, wie es eben der Gesundheitszustand von Walter zuließ. Sie suchten auch im naturheilkundlichen Bereich nach Heilungschancen. Der Prozess war aber schon sehr fortgeschritten und Walter hatte auch nicht die Erkenntnis, die er brauchte, oder sagen wir mal, er brauchte genau die Erkenntnis, dass seine Hilde bis zum Schluss in Liebe bei ihm bleiben würde. Denn eine Liebe wie diese hatte er noch nie erlebt, ohne Bedingung, einfach für sein Dasein. Die letzten vier Tage waren kräfteraubend für beide, Hilde wurde nach drei Tagen des Wachens von der Krankenschwester nach Hause geschickt, um wenigstens ein paar Stunden zu schlafen. Als Hilde weg war, traf Walter seine Vorbereitung. Er sprach mit seinem Engel. Als er noch scheinbar gesund war, wäre es nicht so selbstverständlich für ihn gewesen, mit seinem Engel zu sprechen. Erst jetzt, als ihm bewusst war, dass es Zeit war zu gehen, brauchte er nicht darüber nachzudenken, ob es Engel gibt oder nicht. So bat er seinen Engel, ihn auf seinem letzten Weg zu begleiten. Und er bat auch, auf seine Hilde aufzupassen, wenn er nicht mehr auf der irdischen Welt weilte.

So wartete Walter auf Hilde, bis sie ausgeschlafen hatte. Als sie wieder an seinem Bett saß, bedankte er sich für die wundervolle Zeit, die sie miteinander erleben durften. Walter sagte Hilde, wie dankbar er sei, dass ihr Licht und ihre Freude ihm sein Leben hell gemacht hätten und dass er immer auf sie gewartet habe. Er sei traurig, dass die Zeit nur so kurz war, aber dankbar, dass er diese Liebe mit ihr erleben durfte. So kam der Zeitpunkt, dass das Licht kam, und sein Engel wartete auf ihn, um ihn zu begleiten in die Welt der Ahnen. Hilde hielt seine Hand und durch ihre Liebe konnte er gehen nach Hause.

Dann wurde es in Hildes Leben erst einmal dunkel. Sie war wütend und traurig zugleich, dass Gott ihr Walter genommen hatte. Sie konnte in Freudenstadt nicht bleiben, zu groß war der Schmerz der Erinnerung. So zog sie zurück nach Köln und versuchte ihr Leben wieder aufzubauen. Lange Jahre lebte sie im Schmerz der Vergangenheit, bis sie auf Empfehlung zu mir kam. In unseren Gesprächen und auch durch meine Behandlung kamen die alten Gefühle wieder ans Licht. Ihre Gelenkprobleme, weswegen sie ursprünglich zu mir kam, waren Ausdruck ihrer Begrenzung dieser Liebe. Ich bat Walters Seele um Freigabe und Lösung dieser Liebe für dieses irdische Leben. Außerdem bat ich ihren Engel, die Aufgabe des Aufpassens zu übernehmen. Und so machte ich Hilde frei für eine neue Liebe. Die geistige Welt entzündete ihre Liebeskraft und Sinnlichkeit. Ihre Seelenanteile heilten so. Hilde erzählte mir, dass sie in einer Woche in den Urlaub fahre. Sie habe diese Reise allein geplant und sie freue sich sehr. Sie kann gar nicht sagen, warum sie sich so sehr freut, aber in ihr ist so ein großes Gefühl, dass sie zu diesem Zeitpunkt an diesem Ort sein solle. In meiner Behandlung bekam ich eine Vision, von der ich Hilde aber nichts erzählte. So sah ich schon den neuen Mann an ihrer Seite, eine Liebe, die sie tanzen lassen würde im Leben. Nachdem wir uns verabschiedet hatten und als wir uns nach sechs Wochen wiedersahen, können sich die meisten nicht vorstellen, was sich zugetragen hat.

Als Hilde im Flugzeug auf dem Weg in ihren Urlaubsort ist, setzt sich ein sehr netter Mann neben sie. Er ist bestimmt zehn Jahre jünger als sie und sie lachen und unterhalten sich die ganzen vier

Stunden in dem Flieger. Sie stellen dabei fest, dass sie im gleichen Hotel untergebracht sind, und so beginnt eine Liebe für Hilde, von der sie nicht mehr zu träumen gewagt hätte. Sie erzählt, dass Manfred genau wie sie aus Köln komme, und sie sind sich sicher, dass sie ihr Leben miteinander verbringen werden. Hilde hat Manfred von Walter erzählt und auch von meiner Behandlung. Da Manfred ein sehr sensibler Mann ist, versteht er Hilde ganz besonders und sie danken Walter für die Freigabe. Auch erzählt Hilde mir, wie sehr sich ihr Leben geändert hat. Die Traurigkeit, die immer wieder in ihr Leben kam, ist komplett verschwunden. Wenn sie heute an die Zeit mit Walter denkt, sind es immer Gefühle der Liebe und Dankbarkeit für diesen Lebensabschnitt, die ihr Herz erfüllen. Ihr Leben mit Manfred ist mit vielen schönen Dingen gefüllt, sie gehen tanzen, ins Museum oder sie gehen mit ihren Enkelkindern in den Zoo. Sie lernt gerade Spanisch mit ihrem Manfred, denn sie wollen eine Reise machen. Sie dankt mir von Herzen und ich freue mich, dass Hilde ihren Weg zum Herzen gefunden hat. Als wir uns verabschieden, fällt Hilde noch ein, dass sie nach meiner Behandlung in der ersten Nacht einen Traum hatte. Sie sah einen jungen Mann und sie sah die Liebe. Es war wunderschön. Sie hätte nie gedacht, dass es Wirklichkeit sein wird. Es war schon in den morphischen Feldern zu lesen gewesen für mich und auch in ihrem Traum, der Hilde die Information gebracht hatte. Diese Energie konnte nur irdisch real werden. Und es ist so, dass jeder auf seinem Weg nach Hause die Dinge erfährt, die für ihn wichtig sind. So wie es bei Walter die Liebe war, die immer da ist, selbst wenn wir die irdische Welt verlassen. Denn alles ist Energie und so können wir die Menschen, die Seelen, bitten, sich zu lösen von der irdischen Welt, wenn es uns einschränkt. Und wir können auch diese Seelen bitten, uns Unterstützung zukommen zu lassen, wenn es für die Klärung der irdischen Welt nötig ist. Mit dem nötigen Licht und der Liebe sowie dem Respekt werden die Seelen sich bereit erklären, ihre Weisheit für uns fließen zu lassen.

HENRY

Die Tage und Wochen gehen dahin und am Morgen des 15. Juni bin ich schon gespannt auf mein Treffen mit Klaus. Ich versuche mich zu erinnern, welche Art von Beziehung bzw. Freundschaft wir in diesem Leben hatten. War Klaus immer schon ein Mensch mit viel Tiefgang? Hatte ich das damals nur nicht bemerkt? Ich war vielen Dingen damals verschlossen. Warum sucht er jetzt trotzdem den Kontakt zu mir? So bitte ich Michael, meinen Engel, mich zu unterstützen. Nach einer Dreiviertelstunde komme ich an meinem Zielort an. Ich habe noch eine halbe Stunde Zeit. Also nutze ich die Gelegenheit, um mich ein wenig umzuschauen, das letzte Mal war ich hier, als die Kinder noch klein waren. Klaus ist schon da. Ich bin total verblüfft. Wir wollten uns eigentlich am Café treffen und doch sind wir über das morphische Feld hier zusammengetroffen. Auch er erkennt mich sofort und kommt auf mich zu. An ihm sehe ich, wie alt wir geworden sind. Seine weißen Haare und eine Brille lassen ihn würdevoll aussehen. Seine Schritte sind von einer Leichtigkeit geprägt, die ihn jünger erscheinen lässt. Wir begrüßen uns herzlich, umarmen uns und klopfen uns gegenseitig auf die Schulter. „Henry, altes Haus, ich freue mich, dich zu sehen", sagt Klaus lächelnd zu mir. „Ich hätte nicht gedacht, dass wir uns wiedersehen", entgegne ich. „Henry, du bist der Letzte auf meiner

Liste", berichtet mir Klaus. „Wie der Letzte? Von welcher Liste?", frage ich nach. Sofort sind wir im Gespräch, keine Stille, sondern Kommunikation direkt auf tiefer Ebene. Ich bin beeindruckt. Klaus erklärt mir, dass er sich mit seinem achtzigsten Geburtstag vorgenommen hat, die missglückten Lebensbeziehungen wiederzubeleben. „Und ich habe dich als Letzten auf meiner Liste, da wir uns immer am ähnlichsten waren." „Was meinst du damit, Klaus?", fragte ich nach. „Aber warte noch mit der Antwort, Klaus. Lass uns in das Café gehen und eine Tasse Kaffee trinken! Dort ist es doch etwas gemütlicher." Klaus stimmte zu und wir gingen schweigend die nächsten zehn Minuten nebeneinanderher. Im Café angekommen, bestellten wir uns jeder eine Tasse Kaffee und eine Flasche Wasser dazu. Dann kam Klaus zurück auf meine Frage. „Henry, ich traf in der Kur eine Frau, die sich mit den spirituellen Dingen des Lebens auskannte. Und diese Frau sagte zu mir, ich solle mal schauen, was ich aus meiner Krankheit einsichtsvoll lernen könnte. Es gab Gespräche, in denen mir klar wurde, dass ich aus meinem Schicksal, aber auch aus dem Schicksal anderer meinen Erfahrungsschatz bereichern kann. Auf diesem Weg fand ich Gott und ich ließ mich leiten, denn ich nahm mein Schicksal an, aber ich gab die Verantwortung nicht mehr an die Ärzte ab, sondern ich übernahm die Regie in meinem Leben. Und so möchte ich im Frieden irgendwann von dieser Welt gehen können. Deshalb brachte mich meine innere Führung zu dir. Ich bitte dich um Vergebung. Ich möchte dir meine Hand reichen, als Zeichen meines Friedens, meiner Liebe und meiner Dankbarkeit für deine Freundschaft von damals. Ich weiß, dass du ein Mensch warst und bist, auf den man sich verlassen kann. Und ich habe aus deiner Bereitschaft, Menschen zu helfen, viel gelernt. Auch wenn ich es damals nicht zugeben wollte, habe ich deine Größe gesehen. Vielleicht machte mir das gerade Angst." „Klaus, deine Worte sind sehr eindrucksvoll für mich und ich bin dir sehr dankbar, dass du diesen Schritt gegangen bist", erkläre ich Klaus. „Ich denke, wir wissen beide, dass auch du diese Größe hast, denn sonst säßen wir jetzt nicht hier." Dann erzähle ich Klaus meine Geschichte, vom Krebs, von meiner Heilung auf körperlicher Ebene und auch davon, wie ich Gott gefunden habe. Ich erzähle ihm von meinen Töchtern, besonders von Sara. Weiter erzähle ich ihm von Elisa, wie weit wir uns entfernt hatten und wie glücklich wir nun leben. So vergingen die Stunden und es wurde Zeit, sich zu verabschieden. Ein wunderbarer Nachmittag endete mit Klarheit und Zukunft für die Zeit, die wir noch haben.

Am Abend kommt Michael zu mir. Ich sitze an einem Fluss und Michael setzt sich neben mich. „Henry, heute ist ein wichtiger Tag für dich", begrüßt mich Michael. „Ja, es war schon etwas Besonderes, einen Menschen nach so langer Zeit wiederzusehen. Seine Worte berührten mich sehr. Warum war es so wichtig für mich, Michael?", frage ich meinen Engel. „Ihr beide steht kurz davor, nach Hause zu gehen, und so will ich dir zeigen, wie man sich vorbereiten kann. Deine Liste ist doch auch schon geschrieben, Henry", sagt mir Michael. „Meine Liste?", frage ich zurück. „Ja, sicher, du hast doch entschieden, dass du mit allen sprechen willst, wenn ihr eure Reise macht", antwortet mir Michael lächelnd. „Ach das. Das ist meine Liste? Aber du hast wahrscheinlich recht und vielleicht gibt es in meinem Leben noch mehr Menschen, die auf diese Liste gehören", sage ich überlegend. „Ja, Henry, denke darüber nach", bittet mich

Michael. Schweigend sitzen wir am Fluss und ich werfe ein paar Steine über die Wasseroberfläche, sodass sie springen. Die Vergangenheit lässt mich grübeln und ich überlege mir, mit wem ich noch sprechen möchte. Welche Angelegenheit, welche Beziehung ist noch nicht geklärt? Aber mir fällt nichts ein. „Henry, lass dir Zeit, es wird schon der richtige Impuls kommen. Wenn es etwas zu klären gibt, dann sei gewiss, dass dich deine Führung hinbringt."

SARA

Am Abend telefonierte ich mit meinem Vater und er erzählte mir von der wunderbaren Begegnung mit seinem alten Kollegen und Freund Klaus. Papa erzählte mir auch von seinem Traum und der Liste für seinen Abschied. Froh, dass er seine Gefühle offen leben kann, wird mir Folgendes bewusst: Wenn jemand den Henry von früher erlebt hätte, würde er es nicht glauben, wie aufgeschlossen er allen Dingen gegenüber geworden ist. Auch meine Entwicklung hätte ich als ganz junge Frau mit zwanzig Jahren nicht für möglich gehalten. Eines Morgens bekam ich folgende Vision:

In der Meisterschaft fand ich meine Bestimmung.
Nun bin ich bereit, in der Gnade und Ehre des Lichts
zu leben die unermesslich reiche Fülle im Hier und Jetzt.
Aus meiner Herzensessenz gebe ich die absolute Liebe,
den absoluten Frieden und die absolute Heilung
in die Körper und Seelen dieser Menschheit.

Mein Geist ist erfüllt vom Wissen der Ahnen,
und mein Bewusstsein ist erweitert.
Durch diese Öffnung war ich bereit für die Segnung durch Gott.
Ich, sein Kind, bin ein Kind der Liebe.
Ich, sein Kind, bin ein Kind des Lichts.
So ist meine Vision schon zur Wirklichkeit geworden
durch meine Aufgabe in der höchsten Vollendung der poetischen Schrift.
So zündete ich die lebendige Frequenz in mir und euch,
um zu erkennen und zu erfahren das Herzlicht im Haus des Vaters auf dem Weg nach Haus.

Meine Geistkraft, mein Bewusstsein wurde immer mehr erweitert. Auf einmal konnte ich mit meinen telepathischen Fähigkeiten Menschen erreichen und mir wurde auch die Öffnung für die wahre Fernheilung zuteil. Meine Geistesausbildung nahm Formen an, die meiner wahren Größe entsprachen. In vielen Leben hatte ich diese Lehre des Lichts und der Liebe bereits bekommen und in diesem Leben sollte ich es als Frau, in seiner ganzen Breite leben. Durch meine Eltern und vor allem durch meinen Vater bekam meine Entwicklung eine Schnelligkeit, die mich manchmal selbst erstaunte. So entstand auch eine telepathische Verbindung zu meiner Nichte Melissa. Meine Nichte Melissa ist mein Patenkind. Durch die frühere schlechte Verbindung zu meiner Schwester Petra war eine Beziehung von Tante und Nichte schwierig aufrechtzuerhalten gewesen. Meine Schwester Petra war wie mein Vater damals sehr von ihrer eigenen Welt beherrscht! Alle, die nicht in ihr Lebensschema passten, wurden einfach ignoriert. Und so geschah es damals auch mit mir. Sie konnte meine Entwicklung nicht verstehen. Sie war von alten Mustern unserer Kindheit gefangen und erlebte die gleiche Eifersucht wie als Kind. Erst durch ein Ereignis, welches das frühere Muster reinigte, konnten wir uns wieder an die Hände fassen. Dann geschah etwas, was eine gewisse Dynamik in diese Situation brachte. An einem Sonntagmorgen telefonierte ich mit meiner Mutter Elisa und wir sprachen über die Problematik meiner Beziehung zu meiner Schwester. Meine Mutter äußerte, wie sehr ihr das wehtue, uns so zu sehen. Und sie habe auch schon mal versucht mit Petra zu sprechen. Aber in ihr selbst war die Wut zu groß, um ein gerechtes Gespräch zu führen. Sie erzählte mir, dass sie mit Melissa mal gesprochen habe. Mit ihren fünfzehn Jahren ist Melissa ein sehr vernünftiges Mädchen, das tolle Sozialkompetenzen aufweist. Nach unserem Telefonat bekam ich eine Vision. Diese Vision war sehr tränenreich. All die Trauer, die Wut und die Enttäuschung, die diese drei Menschen gefühlt haben, brach aus mir heraus. Während ich weinte, sagte ich folgende Gedanken laut:

Als du auf die Welt kamst, war ich beglückt.
Dann baute ich mit dir Bausteintürme.
Im Sommer tobten wir im Wasser herum.
Dann verloren wir uns durch verschiedene Umstände,
ich die Tante, nicht fähig die Konflikte zu lösen.
Du die Nichte, zu klein es zu verstehen.
Doch meine Liebe entzog ich dir nie.
Stolz sehe ich dich heranwachsen
sehe, wie sich deine Größe ausbreitet.
Die Straße ist leer und doch können wir auf ihr gehen.
Es erfordert Mut, sich den Umständen zu widersetzen,
aber es versöhnt die Menschen.
So können wir es neu bestimmen.
Losgelöst von gestern bestimmen wir das Heute,
reichen uns die Hände und verbinden die Schwestern.

Nachdem dies gesagt war, kam gleich die nächste Botschaft, in der ich mich mit meiner Ursprungsfamilie im Kreis stehen sah:

So stand ich nun im Kreis und bewegte mich nicht,
still ist es geworden, und mein Herz weint für dich,
leise klingen die Tränen in meinen Ohren.
Ich warte schon auf dich.
Lange ist es her, dass deine Worte mich erreichen wollten,
aber für dieses Leben ist die Zeit gekommen,
dein Herz neben meines zu stellen.
So warte ich schon lange,
mit offenen Armen stehe ich da.
Bin bereit das Licht zu vereinen,
um zu stehen, Hand in Hand mit den Meinen.

Und mir wurde klar, dass diese Dunkelheit erleuchtet werden muss, wenn wir später Papa gemeinsam gehen lassen wollen. Und so wurde die folgende Vision auf den Weg gebracht.

Nimm unsere Hände, vertraue.
Fünf Menschen halten sich im Kreis, fühlen sich so stark,
gestützt und begleitet von den Menschen, die wir lieben, vergrößern
wir unsere Verbindung und nehmen dich in unsere Mitte.

Die Zeit ist da, bereit zu sein.
Im Licht vereint und in Liebe gehalten,
kannst du gehen ohne Schmerz,
nur in Glückseligkeit für die Erfahrung,
als Mann, als Vater und als Opa.

Wir danken dir, dass wir mit dir leben durften,
deine Liebe und dein Vertrauen, dass du immer für uns da warst
und an unserer Seite standest.
Dies macht uns zu einem Teil von dir.

Auch wenn es irdisch schwer zu verstehen ist,
gibt es in unseren geöffneten Herzen die Gewissheit,
alle Liebe bleibt vereint.
Tiefer als der tiefste See,
höher als der höchste Berg,
hinweg über alle Horizonte und durch alle Galaxien
trägt dich unsere Liebe nach Haus.

Ich traf meine Nichte Melissa in der Stadt. Sie war, so wie ich, alleine unterwegs. Melissa erzählte, dass sie eigentlich mit einer Freundin verabredet war. Sie habe aber im letzten Augenblick abgesagt und so sei sie alleine losgezogen. Wir sprachen ganz offen und ich erzählte ihr, wie leid es mir tue, dass ich sie in den letzten Jahren nicht wirklich als Patentante begleiten durfte. Wir reichten uns die Hände und sie gab mir ihre Handynummer. Ein Grundstein war gelegt, die Vergangenheit zu beleben, zu verzeihen und neu zu beginnen. All mein Heilwissen, meine Liebe und all das Licht ließ ich meiner Schwester Petra zukommen. Mit Melissa baute ich ein Band des Lichts auf, welches die Beziehung im Licht der Liebe unterstützen sollte. Melissa brauchte nichts weiter zu tun, denn sie hatte durch das Gespräch mit mir ihre Tore aufgemacht, sodass sich unsere Seelen verbunden hatten.

Zwei Wochen nach meinem Treffen mit Melissa traf ich meine Schwester „zufällig" bei meinen Eltern. Ich spürte sofort, dass es eine neue Energie gab, die uns umgab. Dann war es eine Fügung: Unsere Blicke trafen sich und ich war in der Lage, ihre Seelentür zu öffnen. Damals wusste sie noch nicht, was wirklich passierte, doch ihre eigenen Worte überraschten sie: „Sara, es tut mir leid! Ich habe dir Unrecht getan, denn ich verstand deinen Weg nicht. Es war für mich einfacher, dich aus meinem Leben zu streichen. Aber ich habe mich in der letzten Zeit viel mit Papas Geschichte beschäftigt und ich glaube, ich habe heute die ganze Tragweite verstanden. Weißt du, damals, als wir Paps' Rückkehr gefeiert haben, konnten wir uns an den Händen halten. Aber ich war noch nicht so weit, dir zu vergeben. Nun aber habe ich verstanden, dass ich dir gar nichts vergeben muss. Denn ich fühle, dass ich mich selbst eingeschränkt habe, so wie Papa es vor vielen Jahren auch gemacht hat. Aber ich bin durch ein Gespräch mit meiner Tochter Melissa darauf gekommen, dass ich anders leben möchte. Danke, Sara! Ich weiß nicht, was du gemacht hast, aber ich bin froh, dass du es gemacht hast." „Petra, nicht ich, sondern Gott bringt die Liebe zu uns. Ich bin nur sein Bote und so komme ich seiner Bitte nach und lebe die Liebe. Auch ich danke dir für deine Liebe, für deine Worte und deine Bereitschaft, dich zu erfahren. Petra, willkommen in meiner Welt, willkommen in meinem Herzen, du hast immer einen Platz in meinem Herzen, ich liebe dich", mit diesen Worten nehme ich Petra in die Arme und wir haben beide Tränen in den Augen. Unsere Eltern haben sich zu Beginn unseres Gespräches zurückgezogen, weil sie wussten, dass wir das allein klären müssen.

HENRY

Endlich hatte es den Impuls gegeben, dass meine Töchter aus ihrer Sprachlosigkeit herauskommen. Obwohl Sara und Petra nichts über den Inhalt ihres Gespräches erzählt haben, wusste ich, dass es etwas mit meiner Liste zu tun hat. Denn ich weiß, dass ich meine drei Töchter vereint brauche, außerdem die Energie meiner Schwiegersöhne und Enkelkinder und natürlich die meiner Frau, um den Weg nach Hause nicht nur zu gehen, sondern ihn frei zu machen für die irdische Welt. Es geht um die Lüftung des großen Geheimnisses des Sterbens. Mit meiner Familie, mit Sara, unserer Heilerin, werden wir der Welt den Weg aufschreiben. Wir werden offenlegen, wie der Weg zu gehen ist, aber vor allem auch das, was danach kommt. Künftige Generationen werden in der Gewissheit aufwachsen, dass es nach dem irdischen Leben kein Ende gibt, sondern dass wir dann das überirdische Sein leben werden. Dieses überirdische Leben beinhaltet spannende und erweiternde Bewusstseinsebenen, die uns bereichern für das nächste Leben auf der Erde. Wir werden niemals mehr vergessen. Das Wissen unsrer Ahnen wird immer in uns sein. Wir leben, wenn wir auf diese Erde kommen, auf dem höchsten Bewusstseinslevel.

Mir wird auf einmal klar, was ich da schreibe. Das hieße: Es gäbe keine Angst mehr, keinen Machtmissbrauch, keine Gewalttaten, weil alle im erhöhten Bewusstsein leben. Dann wären wir auch frei von Krankheit, weil wir alle selber Heilungskräfte hätten und weil wir jeden Tag die tägliche Seelenreinigung durchführen. Die Kinder würden in der Schule nicht nur in Mathematik, Rechtschreibung und naturwissenschaftlichen Fächern unterrichtet, sondern auch in der Seelenhygiene. Alle Menschen würden Lichtwesen sein, alle Kinder würden des geistigen Heilens auf mehreren Ebenen mächtig sein. Jeder Mensch könnte im Lichtbewusstsein heilen auf materieller Ebene, er könnte materialisieren und dematerialisieren. Auf den Körper bezogen hieße das zum Beispiel, bei Knochenbrüchen den geistigen Impuls geben und so Materie wieder neu entstehen lassen oder bei Geschwülsten den Blockaden den geistigen Impuls geben, sie aufzulösen. Träger des Lichts wären jeder und jede, alle würden in der Lage sein, ihren Körper mit ihrem Bewusstsein zu verlassen, um andere Lichtwesen bei ihren Projekten zu unterstützen. Die dritte Ebene stünde den Meisterseelen zur Verfügung, sie würden die Quelle der Impulsgebung, den Geistraum, betreten können. Dadurch wäre die Beschränkung von Raum und Zeit völlig aufgehoben.

Unglaublich, was ich hier aufschreibe. Ich muss Sara anrufen, denn mir war nicht klar, dass dieser Tag eine so große Bedeutung für die Welt haben würde. „Sara, du glaubst nicht, was mir heute passiert ist", versuche ich meiner Tochter am Telefon zu erklären. Völlig berauscht von meinen Worten, erfasst mich eine Glückswelle. „Papa, das ist ja wunderbar. Ich wusste es, es gibt keine Zufälle, sondern alles hat seine Bestimmung. Und gerade die kleinen Ereignisse rufen die großen Taten hervor. Ich fühle, das ist es", antwortet mir Sara. „Wie soll es jetzt weitergehen?", frage ich meine Tochter. „Paps, das werden wir sehen. Hab Geduld, noch ist die Zeit nicht gekommen. Jetzt lass uns erst mal das eine verankern", erklärt mir Sara. „Du hast ja recht, ich bin wieder zu ungeduldig. Aber ich weiß manchmal nicht, ob ich noch genügend Zeit habe, es zu vollenden", sage ich zu Sara. „Papa, die Zeit, die du, die wir brauchen, bekommen wir. Der Auftrag lautet: Der Weg nach Hause. Alle Informationen, alle Visionen und alle gelebten Wirklichkeiten, die wichtig sind, werden wir bekommen, sei gewiss."

Nach diesen Worten ließ ich das Thema für heute ruhen. Am nächsten Tag kam Marie mit Paul zu Besuch. Die Beziehung zu Paul ist für mich immer etwas schwierig. Mittlerweile ist Paul in der Pubertät. Froh, dass Marie jetzt ihr Glück gefunden hat, schaue ich mir ihren Film des Lebens in meiner Gedankenwelt an. Letztes Jahr hat sie geheiratet und Andreas und sie sind sehr glücklich. Somit ist es auch für Paul ruhiger geworden. Marie war schon einmal verheiratet. Aus dieser Beziehung ist Paul entstanden und nach vielen Jahren der Unruhe ist jetzt endlich Frieden eingekehrt. Paul sieht seinen Vater regelmäßig und die beiden haben heute eine tolle Beziehung. Den Nachmittag verbringen wir gemeinsam mit Marie und Paul, bis mein Enkel zum Fußballtraining muss. Danach erzähle ich Elisa von meinen Gedanken, dass Paul vielleicht Ähnliches wie Marie durchgemacht hat. „Henry, da ist bestimmt etwas dran, auch er sucht die Anerkennung. Auch wenn es nach der Heirat mit Andreas ruhiger geworden ist, habe ich oft das Gefühl, dass Paul die Vergangenheit noch nicht losgelassen hat", sagt Elisa zu mir. „Vielleicht können wir etwas ändern, denn ich habe ihn eigentlich auch nicht so angenommen, wie er ist. Ich hätte oft gerne einen Enkel gehabt." „Weißt du noch, Elisa? Damals in der Zeit zwischen der ersten Diagnose und dem Tag, als die Ärzte mir mitteilten, dass ich Metastasen habe, da habe ich oft mit dir gestritten.

Ich weiß, ich war damals so verletzend, ich habe versucht, alles zu bestimmen, und wenn du dich gewehrt hast, habe ich dich beleidigt. Ich war so voller Wut, so wie Paul es auch manchmal ist. Wütend auf die Welt, wütend auf die Menschen an meiner Seite, dass ich gar nicht erkannt habe, dass es meine Sicht des Lebens war. Erst als ich zu Gott fand und sich mein Bewusstsein anhob, konnte ich die Wut hinter mir lassen. Dann konnte ich erkennen, dass ich die Regie meines Lebens lange zuvor abgegeben hatte und mich dennoch beschwerte, dass es war, wie es ist. Ich hoffe, dass auch Paul seinen Weg zu Gott finden darf, um ganz heil zu werden", erkläre ich meiner Frau. „Henry, ich glaube, dass viel Potenzial in Paul steckt. Wenn er es erwecken würde, dann würde er leicht durch sein Leben schwingen", antwortet mir Elisa. So falle ich in ein Schweigen und bekomme eine Botschaft:

So klein bin ich und denke, ich verstecke mich vorm Leben.
Weiß nicht, warum es ist so schwer, denn mein Herz sehnt sich nach meinem Vater im Leben.
Ankommen im Glück, das wünsche ich mir, doch begreife ich es noch nicht.
Mein Weg, der Stern, ist meine Prophezeiung. So bringt ein Sommertag die Wende.
Verbinde mich mit der Zwillingsmacht und mache der Trauer ein Ende in meinem Leben.

Hüpfe ins Leben, wie es mir gegeben. Wie von Zauberhand sind Mutter und Vater in meinem Leben,
öffnen mein Herz, heilen meinen Schmerz und geben mir mein Werkzeug fürs Leben.

Mein Zauberstab fürs Leben ist mir gegeben. Zwischen Kraft, Glanz und Mitte
schwinge ich in mein Bewusstsein von der Anwesenheit Gottes in meinem Leben.

Ich lebe und gebe das Vertrauen auf Gott, erfahre mein Selbstvertrauen bei Tag und bei Nacht.
Am sternklaren Himmel beglücke ich mich selbst mit dem Weltvertrauen in meinem Leben.
Finde die Sonne und erhelle mein Leben für die Freundschaft in diesem irdischen Leben.

Ich bin gewiss, Paul ist schon auf seinem Weg, dem Stern, unterwegs. Noch geht er ganz leise, doch bald wird er hüpfen und seinen Zauberstab nutzen.

SARA

So rückt unsere Zusammenkunft immer näher, ich habe mir schon so manche Gedanken gemacht, was wir alle erfahren werden. Unsere Geburtstage, Papas und Maries und meiner, haben eine besondere Kraft. Für Papa wird es der letzte Geburtstag sein in diesem Leben. Es erfüllt mich aber nicht mit Traurigkeit, nein, ich bin mir gewiss, dass er einen wichtigen Schritt gehen darf, und so sehe ich die kommende Zeit als Geschenk des Himmels. Da mein Vater seine Seelenanteile geheilt hat und wir noch weitere heilen, bin ich ihm so nah wie noch nie in meinem Leben. Es erfüllt mich mit tiefer Dankbarkeit. Gestern habe ich ein sehr intensives Erlebnis gehabt. Eine meiner Patientinnen, deren Bruder ich auch kenne, kam mit dem großen Thema des Geschwisterstreits zu mir. Wir reflektierten diese Beziehung und gingen zurück in die Kindheit der beiden. Viele Umstände brachten Streit und Eifersucht in die Familie, sodass die beiden kaum eine Möglichkeit hatten, sich zu lieben in diesem Leben. So wurden diese Gefühle in die Erwachsenenwelt hineingetragen in dem Gefühl, ich bin nicht erwünscht und ich bin es nicht wert, geliebt zu werden. Beide Geschwister empfanden es, und doch erlebten sie es anders. In unserer Behandlung kamen dann diese Worte zu mir:

Bruder, öffne dein Herz und schenke mir dein Herz, mir, deiner Schwester,
denn all die Suche nach der Erneuerung kannst du lassen,
wenn du sie erblühen lässt, die Blume der Geschwisterschaft.

Verlassen, verzweifelt warst du.
Hinter vielen Mauern lebtest du dein Leben,
welches dir gegeben, doch warst du nie allein.
Nun wache auf und gebe dich hin deinem Leben.
Hast dein Licht für dein Herz bekommen
in der Geschwisterschaft.

Du heiliges Kind, stehe auf in deinem Schmerz,
denn deine Schwester hat all die Tränen mit dir geweint,
um dich zu begleiten in diesem Leben.

Ihr seid umgeben von der Liebe Gottes.
Vertraut auf die Liebe, die euch berauscht,
die euch neu entzündet, die alles Schmerzvolle wegschmelzen lässt,
um so die Familie zu vereinen.

Der Vater überirdisch, der über euch wacht,
stolz ist er, euch zu sehen haltend an den Händen.
Die Mutter unter euch, in die Arme genommen,
drei Kinder im Licht, so steht kein Platz mehr leer,
denn du, Bruder, bist hier.

Während dieser Worte weinte meine Patientin viele Tränen und ich durchlebte mit ihr ihre Verzweiflung. Dann gab ich ihr immer mehr Licht, und es wurde klarer und heller, bis ich die Worte der Heilung bekam:

Die Vergangenheit ist klar, die Seelen tanzen im Takt und bringen das Glück.
Gerufen die Liebe, geöffnet die Herzen, erfahren das Licht.
Der Duft der Blumen lässt uns schwingen über die Felder,
so leicht und so stark sind wir.
Familie irdisch und überirdisch, Familie im Glück.

Meine Patientin erzählte mir, dass sie das Gefühl gehabt habe, es sei etwas hereingekommen und es sei etwas gegangen. Wie Tintenkleckse, die auf einem Papier zu sehen sind, zog sich das Dunkle zurück. Dann sei in ihr das Gefühl hochgekommen, dass ihr Bruder und sie sich in die Arme genommen hätten. Sie hätten beide gefühlt, dass nun nichts mehr zwischen ihnen stehe. So verließ meine Patientin klarer und erhellter die Praxis. Ich sprach zu ihr: „Spreche die Worte für deinen Bruder jeden Tag. Warte ab, was passiert." Auch ich spreche jeden Tag die Worte und bitte beide Seelen, ihr Herz zu öffnen, zu weiten und zu heilen und so zu verzeihen. Am dritten Tag ist mein Fernkontakt so stark mit der Seele des Bruders verbunden, dass ich eine weitere Botschaft bekomme:

Wir verbrachten viele Leben als Liebende, als Bruder und Schwester und versprachen uns am Seelenstrand den Pakt des Lebens.
So bin ich gekommen in dies irdische Leben, um zu geben das Licht in dein Leben.

So erinnere dich an unseren Pakt im Leben, um ihn zu beleben und um es hinaus in die Welt zu geben.

Ich brauche nicht Liebe oder Schwester zu sein in diesem Leben.
Denn durch unseren Pakt fürs Leben sind wir verbunden für die Ewigkeit
und finden uns im Himmelreich.

Der Zeitpunkt ist gekommen, zu verzeihen im Leben.
Ich darf stehen an deiner Seite, fern und doch so nah bringe ich dir die Sterne klar.
Willkommen in unserem Leben und erlebe mit mir am Seelenstrand das Licht des Lebens.

Tief bewegt fühle ich die Liebe zu dieser Seele, mit der ich viele Leben teilen durfte. Ich wusste, dass ich die zündende Kraft bin, um die Geschwisterschaft zu lösen. Wie bei meiner eigenen irdischen Schwester darf ich geben das Licht, um die Welt zu vereinen. So erfahre ich immer wieder, wie wunderbar die Reise durch dieses Leben ist. Wir geben und lieben, wir erkennen und erfahren, so teilen wir uns mit und erweitern unser Bewusstsein Tag für Tag.

Nach zwei Wochen rief meine Patientin mich an. „In den Tagen nach der Behandlung bin ich erst mal in die Stille gegangen und habe mir in Gedanken meine Kindheit in die Seele zurückgerufen. Ich versuchte, Situationen, an die ich mich erinnerte, selbst mit Liebe zu füllen. Obwohl ich ruhiger wurde, fühlte ich noch Unsicherheit in mir, merke aber mit jedem Tag, wie ich bei mir bleiben konnte. So traf ich bei meiner Mutter meinen Bruder. Mein Herz klopfte in Erwartung, was nun geschehen würde. Aber mein Bruder blieb ganz ruhig, er schaute mich nur an. Ich dachte nur an das Licht und auch daran, dass ich mich gesehen hatte, in der Umarmung mit ihm. Vorsichtig lächelte ich ihn an, und tatsächlich, er lächelte zurück. Niemand sprach ein Wort, und doch wurde so viel gesprochen. Meine Mutter war aufgestanden und hatte sich aus dem Zimmer zurückgezogen. Es können Minuten oder sogar Stunden gewesen sein, es kam mir vor, als ob die Zeit stillstand.

Und dann stand mein Bruder auf und ging zu mir herüber und nahm mich einfach in den Arm. Er wiederholte immer und immer wieder: ‚Meine kleine Schwester, ich liebe dich. Ich wusste gar nicht, dass ich dich liebe. Ich liebe dich. Ich bin froh, dass es dich gibt in diesem Leben. Erst jetzt wird es mir bewusst. Ich liebe dich'."

Die Vergangenheit, das Erfahrene ist nur mit der Liebe zu vereinen. Sie haben sich beide verziehen und waren nun in dem Bewusstsein, dass sie sich brauchen in diesem Leben, um zu lieben. So darf jedem klar werden, dass es nie darum gehen darf, wer recht hat, sondern es darum geht, immer im Licht zu bleiben. Es gibt viele Erwartungen, aber auch Ablehnungen von Menschen aus moralischen oder gesellschaftlichen Gründen, aber in Wahrheit müssen sie nicht unserer Wirklichkeit entsprechen.

HENRY

Wir haben den Zuschlag für das Ferienhaus bekommen. Eine ganze Woche Zeit für die Verabschiedung. Ich freue mich sehr darauf. Auf der anderen Seite bin ich nachdenklich in diesen Tagen, denn ich habe lange nichts mehr von meinem Engel Michael gehört. Mir ist auch kein anderer Engel erschienen. Ist jetzt nicht die Zeit des Reisens gekommen? Ist unsere Reise identisch mit meiner Reise? Bleibt mir dann noch Zeit? Es ist Juli geworden und der zeigt sich in diesem Jahr besonders schön. Die Sonne lacht vom Himmel und Elisa und ich genießen die schönen lauen Sommernächte. Wir sitzen oft bis spätabends im Garten und sehen uns bei Kerzenlicht an. Es ist ein wenig so, als wollten wir unsere Gesichtszüge tief in uns verankern. Wenn ich Elisa anblicke, sehe ich sie oft als junge Frau vor mir sitzen. Ich sehe ihre Wärme und ihre Liebe für mich und auch für die Welt. Dankbarkeit erfasst mich, dass ich dies erleben darf, und dieses Gefühl breitet sich in mir aus. Ich bin mir voll bewusst, dass all das nie geschehen wäre ohne Gott, auf dem Weg zum Herzen.

In diesem Gedanken überkommt mich ein so tiefes Gefühl, dass ich auf einmal Tränen in den Augen stehen habe. Elisa schaut mich an und fragt: „Henry, was ist los?" „Elisa, ich muss dir etwas sagen", antworte ich, und dann sprudeln die Worte nur so aus mir raus. Während ich spreche, laufen mir und auch Elisa Tränen über die Wangen. Nicht aus Verzweiflung, sondern aus dem tiefen Gefühl für die offenen Worte. Ich weiß jetzt, dass wir beide ankommen.

Unsere Hände sind alt,
unsere Seelen weise und klug,
unser Geist verbunden.
So sehe ich in dein Herz.
Dein Antlitz lässt mein Herz höherschlagen,
denn ich sehe deine Liebe für mich.
Wie wunderbar, dass wir dieses Leben teilen durften
bis ins hohe Alter nun.
Wir sitzen auf unserer Bank
und ich fühle mich so jung,
dass ich bin bereit, es noch mal zu versuchen.
Lass uns gehen nach Haus,
um dann wiederzukommen,
auf der Straße des Lebens.

Lass uns versprechen,
nicht zu vergessen
auf dem Weg nach Haus.
Meine Liebe, meine Rose,
du bist das Licht meiner Welt.
Du bringst meine Seele zum Leuchten.
Du entzündest die Macht,
lass uns gemeinsam gehen
mit dem Licht nach Haus.

Nachdem ich geendet habe, schauen wir uns tief in die Augen und es ist mir, als würden unsere Seelen weitersprechen. So etwas habe ich noch nie erlebt. Ich habe keine Ahnung, wie viel Zeit vergangen ist, aber als wir unsere Worte wiederfinden, klingen unsere Stimmen zerbrechlich, so als ob wir etwas ganz Besonderes in den Händen hielten. Ich kann nicht mal sagen, was wir gesprochen haben, zu überwältigend sind unsere Gefühle.

Erst am nächsten Tag sind wir in der Lage, unsere Gefühle und das Geschehen zu reflektieren. Lange stellen wir alle möglichen Überlegungen an, ob es eine Botschaft war, dass wir gemeinsam gehen oder dass wir verbunden bleiben in unserer Liebe. Ob es vielleicht ein Thema für Michael oder Metatron ist. Nach einer Weile entscheiden wir, unser Ego frei zu geben und einfach abzuwarten. Dann wird es erst mal ruhig.

SARA

„Darf ich meiner Bestimmung einen größeren Rahmen geben?" war die Frage in meiner morgendlichen Sitzung, und so wartete ich auf die geistige Welt, die mir auch sofort antwortete. Uriel erschien und ich war sehr beglückt, ihn zu sehen. An seinem Auftreten merkte ich, die Freude war auf beiden Seiten gleichermaßen groß. Wir verneigten uns voreinander und dann schlossen wir uns in die Arme. In mir löste das ein Gefühl von Nach-Hause-Kommen aus und ich sprach: „Uriel. Wie freue ich mich, dich zu sehen." „Sara, du hast mich gerufen, so bin ich da und frage dich, was kann ich tun?", antwortet mir Uriel lächelnd. „Uriel, du weißt sicher, warum ich dich um deine Hilfe bitte. In mir ist das Bedürfnis, mich in die Welt zu tragen. Und so frage ich dich, wie soll ich das machen? Was ist der richtige Rahmen? Welche irdische Unterstützung benötige ich?", frage ich meinen himmlischen Helfer. „Sara, wir brauchen dazu die Hilfe der Erzengel. Begleite mich zum Turm der Engel", sagt Uriel und nimmt meine Hand. Wir gehen eine Weile schweigend nebeneinanderher, mein Herz klopft erwartungsvoll. Dann kommen wir an eine Treppe, die hinauf zu einem großen Palast führt.

Wir betreten die Eingangshalle und ich weiß gar nicht, wo ich zuerst hinschauen soll. Wunderschöne Fresken an der Decke, eindrucksvolle Kerzenleuchter und anmutige Figuren füllen diesen Raum, sodass es mir ein wenig den Atem verschlägt. Ich spüre die Energie dieses Palastes und bin tief bewegt. „Sara, komm nur weiter", sagt Uriel zu mir. Wir durchqueren die Eingangshalle, steigen die erste Treppe hinauf. Am Treppenlauf entlang hängen viele Bilder. „Hier hängen die Bilder, die Menschen von Engeln gemacht haben. Wie du vielleicht weißt, gibt es kein wirkliches Bild von Engeln. Wir nehmen die Gestalt oder das lichtvolle Aussehen an, welches ihr als Mensch braucht. Und diese Bilder sind die Geschenke an unsere Welt aus Dankbarkeit, aus Liebe zu unserer Verbindung", erzählt mir Uriel. Ein großartiges Gefühl steigt mit jeder Stufe mehr in mir auf, und als wir im zweiten Stock ankommen, führt mich Uriel durch einen schmalen langen Gang, der hinauf zum Turm führt. Dann müssen wir viele Stufen steigen, bis ich oben im Turm ankomme. Einen runden Raum sehe ich vor meinen Augen entstehen. Klangvolle Stimmen höre ich, sie singen wunderschöne Melodien. Uriel nimmt erneut meine Hand und lässt mich fühlen, dass ich erwünscht bin. Ich werde ganz ruhig und klar. Dann sehe ich den Chor der Engel, in ihrer Mitte die Erzengel Michael, Gabriel, Raphael, Jophiel, Zadkiel und Chamuel. Metatron steht als Engelsfürst inmitten dieser Engelschar. Uriel lässt meine Hand los und stellt sich zu den Seinen und ich bleibe einfach stehen, bin nicht wirklich fähig, irgendetwas zu denken. Bei dem Versuch, mich weiter auf meinen Atem zu konzentrieren, erfasst mich die Energie der Engel. Erst ganz sanft, dann stürmischer, wie wenn ein Kind den Eltern entgegenläuft und dann durch die Luft gewirbelt wird, so fühle ich mich. Die sieben Herrlichen und Metatron, ihr Fürst, nehmen mich in ihre Mitte. Vor mir Raphael, hinter mir Gabriel, zu meiner Rechten Michael, zu meiner Linken Uriel, über mir Jophiel, unter mir Zadkiel, in der Mitte wie ich Chamuel und Metatron, sodass es sich wie eine Pyramide anfühlt. Die Energie wird immer größer, bis ich vollendet im Licht bin und mich auch so fühle. Mein Gesicht leuchtet, meine Augen sind so beglückt, dass die Tränen in Strömen laufen und mein Herz lacht. So lache und weine ich zugleich, völlig angekommen im Licht der Liebe, schwebe ich. Kein Wort in meinem Wortschatz, das es beschreiben kann. Einfach nur erlebbar. Nachdem ich mich ein wenig an dieses Gefühl gewöhnt habe, gibt mir Uriel, mein Engel des Lichts, meine Frage wieder. Mit leiser Stimme höre ich mich fragen: „Ihr heiligen Engel, ich suche die Wege der Verbreitung der himmlischen Botschaft von Gott, zu bringen das Licht der Liebe auf dem Weg zum Haus." Metatron antwortet mit einer kraftvollen, dunklen Stimme:

„Kind auf dem Weg des Herzens,
Kind auf dem Weg des Lichts,
Kind auf dem Weg nach Haus,
verbinde die Wege, verbinde das Licht,
verbinde die Liebe im Haus deiner Mitte
und bringe die poetische Schrift in die Häuser der Menschen,
nutze die Medien und das weltweite Netz.

Einfach dastehend und nicht glauben könnend, was ich höre, klingt eine Frage in mir: Ich soll das Internet und die Zeitungen und das Fernsehen nutzen, um mich bekannt zu machen? So irdisch, das kommt mir doch sehr unwirklich vor. Meine Gesichtszüge entgleisen mir etwas, weil es mir zu einfach scheint. So spricht Uriel zu mir:

"Sara, du bist die Frau, auf die wir gewartet haben, so menschlich und doch so spirituell.
Du bist die Pfade gegangen, irdisch und überirdisch.
Fandst Zugang zu deiner Bestimmung.
Eröffnest die Menschen im Seelenklang, so kann es nur sein,
dass du die Menschen erreichen sollst, in der Neuen Welt ganz irdisch bis zum Himmelzelt.
Verbinde das Alte mit dem Neuen.
Nur so kannst du die anderen es erkennen lassen,
die Weisheit von einst, die Weisheit von heut,
die Liebe von einst, die Liebe von heut,
das Licht von einst, das Licht von heut.
Es ergibt in der Summe das Herz mit Licht im Haus des Vaters auf dem Weg nach Haus.

„Uriel, das verstehe ich nicht. Auf mich habt ihr gewartet? Das kann nicht sein. Ich bin zwar ein Lichtkind mit gelebten Leben in der Heilung, doch ist mein irdisches Leben klein, meine Meisterschaft hat gerade begonnen", versuche ich klarzustellen. „Nein, Sara, du irrst, deine Größe ist längst gereift, jetzt ist die Zeit, sie in die Bahnen zu lenken, für die du bestimmt bist. Dein altes Wissen ist hervorgehoben, wie ein Schatz, der lange versteckt war. Dein Licht ist jetzt geöffnet für die Welt und seine unglaubliche Schönheit soll der ganzen Menschheit zur Verfügung stehen. Das sind deine Aufgaben, deine Mission, deine Vision, deine gelebte Wirklichkeit.

Es erfordert nur einen Hauch, dich und deinen Geist den Menschen zu geben", antwortet Uriel. Und dann wird es in mir ganz warm, die Liebe und das Wissen meiner Größe beflügeln mich. Ich fühle mich wie eine von ihnen. Ich danke für die Worte. Ich bin bereit, den Geist, den ich empfangen habe, zu geben in die Welt. All die irdische Energie, wie zum Beispiel das Internet, soll und darf ich nutzen. Das ist mir nun klar geworden. Denn ich bin Geistheilerin der Neuen Zeit und im nächsten Moment bin ich überrascht, denn ich höre in mir die Worte: „Uriel begleitet mich auf dem Weg nach Haus. WARTE mal, auf meinem Weg nach Haus? Ist das der Weg nach Haus? Ist es gar nicht das Sterben? Ich fasse es nicht, ich glaube es nicht, Uriel, ist das der Weg nach Haus?", frage ich völlig verblüfft meinen Engel. „Sara, ja, du hast es gefühlt, es hat ein paar Sekunden gedauert, bis es in jeder Zelle angekommen ist", schmunzelt Uriel. „Der Weg nach Hause ist der Weg zu deiner eigenen Frequenz, deiner Verbindung zur geistigen Welt und deinem Austausch für die irdische Welt. Wenn ihr alle dies lebt, gibt es kein Sterben mehr, denn ihr begrenzt dieses Leben durch eure Gedanken. So können dein Vater und deine Mutter ewiglich verbunden sein mit dir."

Diese Nachricht trifft mich tief. Ich bin nicht in der Lage, irgendwas zu sagen, aber Uriel macht sich nichts daraus. Er lächelt vor sich hin und verabschiedet sich von mir mit den Worten: „Bis dann!" Einfach unglaublich, ich sitze lange da und sage kein Wort, zu groß ist das Ereignis. Als ich langsam aus meiner Meditation zurückkomme, wird mir erst klar, was ich gerade erfahren habe. Die ganze Zeit haben mein Vater und ich gedacht, der Weg nach Hause beinhaltet den Sterbevorgang, aber es ist nur ein kleiner Teil dessen, was er in Wirklichkeit bedeutet. Alle Erfahrungen waren nur nützlich, um die ganze Tragweite zu verstehen, und dann, wie in einem Nebensatz, ist

mir die Erkenntnis gekommen. Als ich abends im Bett liege, erzähle ich Peter von meiner Meditation. Während ich die Worte ausspreche, kommen mir wieder die Tränen. Ich fühle diesen Weg in seiner ganzen Dimension. Peter erzähle ich, dass ich nun in einem anderen Bewusstsein bin. Lange liege ich noch nach unserem Gespräch wach und gehe in meinen Gedanken das Geschehen immer wieder durch. Die Engel fühle ich, ich fühle das Licht und die Liebe und dann auch das Gefühl von zu Haus. Meine Seele liegt nun frei!
Am nächsten Morgen erzähle ich meinem Vater vom gestrigen Tag. Auch er ist tief bewegt.

HENRY

Sara erzählte am Telefon von ihrem gestrigen Erleben. Eine Wende in unserem Glauben, oder ist es vielleicht auch das Erkennen der wahren Wirklichkeit? Solange wir „beschränkt" denken, werden wir begrenzt sein. Vielleicht waren wir zu irdisch unterwegs. Das bedeutet, Sara und ich können unser Wissen weitergeben. Und dieses Wissen ist wie eine christliche Botschaft. Es ist wie: „Der Geist ist uns erschienen, um für die Menschheit zu verkünden die Botschaft."

Manche werden über uns lachen oder über uns urteilen, aber wir sind erleuchtet und bereit, dies weiterzugeben. Meine Frau sagt: „Henry, das heißt, dass wir verbunden bleiben, selbst wenn wir entscheiden, aus unserem Körper zu gehen; und dass unsere Gefühle gleich bleiben. Habe ich das richtig verstanden?" „Ja, Elisa, so ist es. Wann wir gehen und wie wir gehen, wird eine neue Bedeutung haben. Wir Seelen werden verstehen, dass diese Endlichkeit nicht existiert. Wir werden fühlen, dass wir verbunden sind und dass wir jede Verbindung herstellen können über alle Entfernungen und Zeiträume hinweg."

Als ich Sara am Nachmittag sehe, spüre ich eine große Freude in mir. Ich fühle mich jung. Auch Sara ist ganz beflügelt, zur Begrüßung nehmen wir uns lange in den Arm. Ich spüre ihre Energie, die noch größer ist als sonst. Elisa fragt: „Sagt mal, ist es dann so, dass der Weg nach Hause bedeutet, völlig frei in uns selber zu sein?" „Ja, Mama, diese Freiheit bedeutet, den Zugang zu deinem ganzen Potenzial zu haben. Alle Erfahrungen aus deinen vorherigen Leben, die dir nützlich sind, werden dir zur Verfügung stehen. Und das gibt dir selbstverständlich eine Freiheit, die grenzenlos ist", beantwortet Sara die Frage. „Und es ist auch so, dass alle Fragen, die du in deinem Leben hast, in dir und durch dich beantwortet werden können. Du kannst durch Meditation deinen Weg finden, egal ob der Weg zum Herzen, der Weg zum Licht oder der Weg nach Hause bei dir gerade ansteht. Und so wie Papa damals seine Reise angetreten hat und dadurch heil geworden ist, hat jeder die Möglichkeit, seinen Weg zu gehen. Es gibt Seelen, die einen Sprint machen, aber es kann auch sein, dass du einen Marathon daraus machst. Dies unterliegt alles der Entscheidung." „Ich sehe das auch so. Mein Weg war sicher nicht der schnellste. Aber darum geht es auch nicht, er war für mich richtig. Ich hatte einige Seelenanteile, die geheilt werden mussten, und ich durfte erst die Bereitschaft in mir fühlen, dass es geschehen konnte", erkläre ich meiner Frau. Wir sitzen bis in den frühen Abend zusammen, bis sich Sara verabschiedet. Danach vergehen die Wochen und ich bin mit den letzten Vorbereitungen für unsere Reise beschäftigt. Ich habe eine Liste geschrieben, was wir alles mitnehmen müssen, Proviant, Haushaltsgegenstände und vieles mehr. Mit einer Liege mache ich es mir bequem unter einem Baum. Ich schließe die Augen zu und bete. Dann bleibe ich in der Stille, höre die Vögel zwitschern und das Rauschen der Straße. Ich genieße den Duft unseres Gartens und höre unseren Brunnen plätschern. Dann falle ich in einen meditativen Zustand und begegne meinem Engel Michael. Wieder bin ich überrascht und doch im Wissen, dass die Botschaft für mich bestimmt ist:

So fange jeden Tag an mit dem Wissen, du bist der, der du bist.
Dein Weg hält viele Fragen bereit und dennoch bist du bereit zu gehen.
Deine Liebe zu deiner Familie ist groß, deine Leichtigkeit, die Straße noch mal zu gehen, hast du angenommen.
Du bist im Licht der Liebe vereint mit Elisa und hast den Pakt fürs Leben geschlossen, um euch wiederzusehen.
Eure Seelen noch nicht bereit, die Vollendung zu erfahren in diesem Leben, aber mit der Hilfe eurer Kinder werdet ihr leben ein Leben in der frühen Zeit.
So hört ihr die Seelen rufen nach euch und bleibt offen im Leben, könnt erfahren die neuen Rezepte fürs Leben und fühlt den Fluss des Lebens, den ihr vereint.

Mit diesen Worten begann Michael und so endet er auch. Er schickt mir Licht und Liebe für meinen Weg und bittet mich, auf unsere Reise zu warten. Danach nehme ich die Geräusche im Garten wieder wahr und komme zurück mit meinem Bewusstsein auf meine Liege, die hier unter dem Baum steht. Ich lasse das Gesagte nachwirken in mir und schaue einfach den Wolken zu. Erst als Elisa nach mir ruft, stehe ich auf und gehe in die Küche. Das Mittagessen ist fertig und ich freue mich auf eine schöne Mahlzeit.

Wieder mal verfliegen die Wochen und dann ist es endlich so weit. Vier Autos stehen vor unserer Einfahrt, ein wildes Getümmel von Menschen und Taschen hat sich hier gebildet, die Kinder sind aufgeregt, denn dass wir alle zusammen verreisen, hat es ja noch nicht gegeben. Die Sitzverteilung in den Autos haben wir frei gewählt. Sara ist der Fahrer unseres Autos. Peter fährt mit Leon und Paul, Marie fährt mit Andreas und Lisa, Petra mit Harald und Melissa. Nach einer ganzen Weile des Fahrens machen wir eine kleine Pause und kommen dann pünktlich zur Mittagessenzeit in unserem Ferienhaus an. Nachdem alle zwölf (Apostel) gegessen hatten, blickte Sara in die Runde und sagte: „Ich freue mich, dass wir das alle geschafft haben, hier zu sein. Paps und ich haben uns etwas überlegt. Im Keller gibt es einen schönen Raum, in dem wir alle eine Heilreise machen können. Alle dürfen mitmachen, wer Lust hat, kommt einfach um sieben Uhr runter. Es wird eine Familienreise sein. Wenn jemand nicht will, so ist das auch in Ordnung. Und eins noch: Wie ihr wisst, gibt es ein Schwimmbad hier im Haus, die Handtücher haben Marie und ich auf die Treppe gelegt. Wer also Lust hat, springt eben rein ins kühle Nass." Kurz vor sieben Uhr waren zu meiner Freude alle da. Unsere Reise konnte beginnen.

SARA UND HENRY

Alle sind gekommen und ich weiß, dass es wichtig ist, denn Papa und ich brauchen die Energie unserer Familie, um die Botschaft in die Welt zu bringen. Erst gestern Abend habe ich sie eingegeben bekommen. Mit leiser Stimme beginne ich unsere Familie zu führen:

Legt euch entspannt hin. Euer Geist ist klar, euer Herz ist geöffnet und frei. Macht euch bereit, hier zu sein, weil es unsere Familienreise nach Hause ist. Stellt euch vor, es ist ein wunderschöner Tag. Die Sonne scheint warm und der Himmel ist klar. Heute werden wir eine Wanderung machen. Ihr habt alle einen Rucksack auf eurem Rücken, in dem alles sein wird, was ihr braucht, und so könnt ihr euch aufmachen, unser Ziel, den Gipfel unseres Berges, zu visualisieren. Noch ist nicht mal ein Berg zu sehen. So bleibt erst mal bei dem Bild, dass ihr euch einen breiten Weg vorstellt. Dieser Weg muss so breit sein, dass wir alle Hand in Hand gehen können. Jeder von uns steht mit dem Menschen Hand in Hand, den er an der Seite haben möchte. Versucht voll in dieses Gefühl reinzugehen. Seht die Breite des Weges und fühlt die Hand in eurer Hand. Jeder kann den ersten Schritt wagen. Obwohl unser Weg so breit ist, können wir nicht sehen, wohin er uns führt. Eine Weile laufen wir einfach und jeder schaut in sich, was er empfindet. Dann wird der Weg auf einmal schmäler. Jeder Einzelne von uns weiß, dass wir so nicht weitergehen können. Wir müssen einander loslassen, aber wir wissen auch, dass es wichtig ist, dass wir nicht alleine dastehen. Denkt an die Freiheit und überlegt, wie wir weitergehen wollen. Wer geht mit wem, wer soll unsere Familie führen, wer ist das Schlusslicht, das auf alle ein Auge hat?

Nachdem jeder seinen Partner an seiner Hand gefunden hat, wird der Weg nicht nur schmaler und enger, er wird auch steiler. Wie aus dem Nichts ist vor uns ein riesiger Berg entstanden, auf dessen Gipfel wir ein Haus sehen können. Wir wissen, dass wir alle dort ankommen müssen.

Während Sara diese Worte sagt, fühle ich den Weg und ich fühle auch die Unsicherheit von Paul und Petra. Harald und Andreas sowie Peter nehmen die Sache in die Hand. Jeder von ihnen schaut, dass er ein Kind an die Hand nimmt. Melissa, die Älteste, geht an der Hand ihrer Mutter Petra, Marie ist an Elisas Seite und Sara und ich gehen Hand in Hand. Sara führt uns an und Peter und Leon sind das Schlusslicht. Alle gehen langsam, denn es ist ganz schön steil geworden. Ich sehe das Haus, doch es scheint mir sehr weit weg zu sein, und ich habe Zweifel, dass wir das schaffen.

Dann höre ich Sara wieder: *Nach einer Weile verändert sich das Wetter. Obwohl wir bei Sonnenschein losgegangen sind, kommt jetzt ein Sturm auf. Der Wind heult und dunkle Wolken verdunkeln den Himmel. Es beginnt zu regnen, erst ganz langsam, dann fallen immer dickere Tropfen. Die Sommerwärme ist augenblicklich verschwunden, wir rücken enger zusammen. Wir können unsere Reise so nicht fortsetzen, wir brauchen einen Unterschlupf. Vielleicht kann jemand von euch schauen, ob es hier etwas gibt, wo wir abwarten können, bis das Schlimmste vorbei ist.*

Alle holen ihre Regensachen aus dem Rucksack und es entsteht eine Dynamik, da wir etwas entscheiden müssen auf unserer Reise. Harald reagiert als Erster und übergibt Lisa an Marie und Elisa, sodass er ein Stück vorauslaufen und schauen kann, ob er irgendwo eine Höhle oder eine Hütte findet. Wir anderen verlangsamen unser Tempo und gewähren Harald damit einen Vorsprung. Die wenigen Bäume, die hier auf dem Berg stehen, wanken und ächzen unter dem starken Sturm. Als ich merke, dass alle ängstlich sind, spricht Sara zu uns: Sehr gut, wir sind eine Familie und nur so sind wir stark. Denkt daran, wir sind nicht allein. Wir können alle Unterstützung herbeirufen, unsere Engel und auch das Licht Gottes.

„Sara, glaubst du, dass wir eine Höhle oder eine Hütte finden können?", frage ich meine Tochter. „Papa, was meinst du, können wir das?", gibt Sara meine Frage zurück. Dann wird es mir klar und ich sage: „Kinder, wir brauchen jetzt alle Energie und wir helfen jetzt Harald, eine Höhle zu finden. Lasst uns einander an die Hände nehmen und alle denken daran, dass wir eine Höhle finden, die uns schützt." Der Wind ist noch stärker geworden und heult uns um unsere Ohren, sodass ich fast schreien muss. Marie und Petra wissen nicht so recht, ob sie es gut finden, nur darauf zu vertrauen, was wir glauben. Aber Leon sagte dann: „Was haben wir zu verlieren?" Ich denke, nichts. Wir können nur gewinnen. „Stellt euch vor, dass wir schon trocken und sicher in einem Unterschlupf sitzen. Kommt, macht mit!", forderte Leon noch einmal alle auf. Alle fassten sich an den Händen, und ich sagte zu ihnen: „Lasst uns laut beten: Herr im Himmel, beschütze meine Familie und mich auf unserer Reise. Wir danken dir, dass wir eine Höhle gefunden haben. Herr, wir danken dir, dass Harald sie gefunden hat. Wir danken dir, dass wir nun sicher, trocken und beschützt sind." Immer wieder wiederholten wir diese Worte, bis wir Harald rufen hörten: „Ich habe eine Höhle gefunden. Schnell, kommt hier rüber!" Sara ist immer noch an meiner Seite und hilft mir, zur Höhle zu kommen. Peter und Leon bilden das Schlusslicht, und als wir dann endlich alle angekommen sind, fallen wir erschöpft auf den Boden. Die nassen Sachen ziehen wir aus und legen sie ausgebreitet auf den Boden. Wie in einem Wundersack, der endlos gefüllt ist, finden wir nicht nur Schlafsäcke in unseren Rucksäcken, sondern auch einen Gaskocher, einen kleinen Topf, Teebeutel und etwas zu essen. Wir sind hier sicher, auch wenn der Wind immer noch heult, kann uns hier nichts passieren. Wie fühlt ihr euch jetzt?, fragt uns Sara.

Ich merke, wie die Anspannung ein wenig von mir abfällt und ich in mich zusammensacke. Ich glaube, ich bin zu alt für solche Abenteuer. Elisa sitzt an meiner Seite und ist auch mit ihren Kräften am Ende. Aber dann kommt auch schon Sara zu uns rüber und hält ihre Hände auf unseren Kopf. Sofort merke ich, dass die Müdigkeit schwindet, und auch Elisa setzt sich aufrechter hin. Wer möchte etwas sagen? Was habt ihr gespürt, als es gefährlich wurde? Spürt mal in euch hinein, ermuntert uns Sara. Alle haben das Haus, den Raum, in dem wir eigentlich liegen, verlassen. Und erfahren nur noch die Wirklichkeit dieser Wanderung mit all ihren Erlebnissen. Dann höre ich Marie, die ein wenig verstört aussieht, aber dennoch einen klaren Blick hat, sagen: „Sara, es ist unglaublich, erst hatte ich Angst, und dann, als Leon uns ein wenig wachgerüttelt hat und wir alle uns an der Hand genommen haben, wurde es besser. Danke, Leon, du wirst deiner Mutter immer ähnlicher. Ich habe eine Energie gefühlt, die von der Liebe geprägt war, und ich wusste auf einmal, dass wir gleich Harald hören würden. Ich habe uns schon in der Höhle gesehen, so wie Papa es gesagt hat. Es ist einfach unglaublich." Danke, Marie. Möchte sonst noch jemand etwas sagen? Sonst lasst uns überlegen, wie wir weitergehen. Wir wollen ja auf den Gipfel, sagt Sara.

„Sara, das Wetter wird sich sicher gleich aufklären", sage ich zu meiner Tochter. „Vielleicht sollten wir uns noch einmal an den Händen nehmen und die heiligen Worte sprechen, damit wir sicher unsere Wanderung fortsetzen können und in Freude unseren Gipfel erreichen." Eine glänzende Idee, Papa. Lasst uns das Band der Familie wieder fühlen. Und sprecht die Worte unseres Vaters, Schwiegervaters oder Opas beziehungsweise deines Mannes, Mama. Lasst uns unsere Reise fortsetzen, einen Fuß vor den anderen. Geht euren Weg bis zum Gipfel. Versucht in der Stille zu bleiben; wenn jemand etwas sagen will, dann in Gedanken. Versucht telepathisch das zu sagen, was gesagt werden will, fordert uns Sara auf.

Wir gehen weiter und erst ganz leise fange ich immer wieder Gedanken der anderen auf. Ich höre in meinem Inneren Marie, die sich Sorgen macht, ob Elisa den Weg schafft. Dann spüre ich Elisas Worte, die Marie beruhigt, sie schauen sich an und lächeln. Dann sehe ich Paul an, der blickt zu Andreas und ich kann fühlen, was er denkt. Endlich fühlt er sich als sein Sohn, angenommen in der Liebe, wie er es noch nie gefühlt hat. Marie lächelt vor sich hin, als sie diese Gedanken auffängt. Während des ganzen Aufstieges wird mehr gesagt als je zuvor, denn es ist auch ein Bewusstseinsaufstieg.

Dann, nach einer Stunde, sehen wir die Hütte, den Gipfel. Der Blick ist unglaublich. Die Sonne steht hinter dem Gipfel und leuchtet ihn rot an. Der Himmel ist so klar, dass das Licht in der Abendsonne fast tanzt. Alle spüren die Besonderheit und auch mein Herz klopft erwartungsvoll. Wir erreichen den Gipfel und jeder kann nach innen schauen, vielleicht wartet eine wichtige Botschaft auf jeden Einzelnen. Denn jeder kann etwas anderes mitnehmen aus diesem Ereignis. Schaut in den Himmel, oder schaut ins Tal. Wer will, kann auch die Hütte erforschen. Jeder macht das, was er denkt, spricht Sara zu uns in die Stille.

Offenbar denken alle das Gleiche. Wir versammeln uns und machen einen Kreis. Unsere Hände finden sich und jeder lächelt. Und dann singen wir ein Lied von den zwölf, die den Gipfel erreicht haben. Ich glaube, keiner weiß, woher die Worte oder die Melodie für dieses Lied kommen, und doch wissen alle, dass es unser Lied ist! Ein Dankeslied für die Erfüllung unserer Familie.

Ich lasse unsere Familie noch eine Weile in dem Gefühl, bis ich sie zurückhole. Auch für mich ist es ein wundervolles Erlebnis, denn ich, Sara, bin die Reise mitgegangen, so wie alle anderen auch. Diese Verbundenheit, die für alle fühlbar war, hat jeden Einzelnen in seinem Schwingungsfeld angehoben.

„Jetzt wird es Zeit, zurückzukehren in unseren Alltag, in unseren Raum hier in unserem Ferienhaus." Mit diesen Worten hole ich alle zurück.

Wir brauchen ein wenig Zeit, die Dinge jetzt zu reflektieren. Jeder erzählt, was er erlebt hat und wie es für ihn fühlbar war. Alle haben die Verbundenheit gefühlt, aber jeder hat auch etwas Persönliches auf diesem Weg geheilt. So wie Paul, der sich endlich geliebt fühlt. Leon erzählt uns, dass ihm bewusst geworden ist, dass er in meine Fußstapfen treten möchte. Oder besser gesagt, dass er seinen eigenen Weg gehen möchte, und er sieht sich in der Lichtarbeit zu Haus. Mein Vater ist noch ganz bewegt und erzählt uns unter Tränen, dass er sich so geliebt fühlt und er so froh ist, diese irdische Erfahrung gerade mit uns machen zu dürfen. Egal wann sein Leben enden werde, er wird immer diese Verbundenheit fühlen. Seine Worte berühren uns alle und dann bricht in uns ein Gefühl der Freude aus, sodass wir uns in den Armen liegen und viele Glückstränen vergießen.

HENRY

Der Tag der Heilreise war ein wunderbarer Auftakt für unsere Woche. Wir feierten dann meinen Geburtstag und auch den Geburtstag von Marie und Sara. Die Zeit genießen wir und haben viele tolle Gespräche. Wir sind mehr geworden als nur Familie. Wir sind Freunde geworden, wir teilten unsere Gedanken. Da ist es ganz egal, wer etwas spricht, ob Kind oder Kindeskind, alle sind gleich. Unsere Liebe hat auf einmal eine Dimension angenommen, von der ich nie geglaubt hätte, dass das möglich ist. Am letzten Tag unserer gemeinsamen Reise mache ich frühmorgens einen Spaziergang. Ich erinnere mich, wie es damals war, als ich allein durch die Wälder streifte und Gott und mich suchte. Und ich erkenne, dass ich die Welt in einem anderen, schöneren Licht sehe. Auch wenn andere in Gesprächen die Auseinandersetzung erleben, fühle ich mich immer mit ihnen verbunden. Ich passe immer zu den anderen Menschen, ich habe materiell alles, was ich brauche, Haus, Geld und vieles mehr. Ich kann mich einbringen mit dem Licht der Welt. Denn ich bin der, der ich bin. Denn ich bin, was ich erlebe, ich erlebe, was ich denke, ich fühle, was ich glaube, ich will, was ich liebe, und ich liebe, was ich bin. Mit diesen Worten kommt Michael an meine Seite und ich gehe mit ihm spazieren in der aufgehenden Sonne und eine Botschaft für die Welt kommt zu mir:

In der aufgehenden Sonne erlebe ich, wer ich bin, die Sonne im Herzen der Liebe.

Ein Fuß hinaus in die Welt zeigte mir die scheinbare wahre Welt.
So denke ich mit Schrecken, was ich erlebe, auf dem Pfad nach Haus.
Auf dem Pfad gegangen fühle ich mich so schwer, dass ich glaub, ich kann nicht mehr.
So glaube ich, die Welt ist im Zorn und mich will keiner mehr.
Ich sehe eine Wiese, die grenzt an meinen Pfad nach Haus
und entscheide, ich will glauben, was ich will im Leben.
So sehe ich die Welt im Licht der Liebe und will sie leben,
denn nur so kann ich lieben, was ich bin, der Sonnenschein im Herzen der Liebe zu Hause.

Als die Worte gesprochen sind, blicke ich lächelnd meinen Engel Michael an und sage: „Danke für dein Geleit, danke, dass du mich unterstützt und mir deine Liebe gibst. Danke, dass ich deine Gegenwart spüren darf. Danke." Mit diesem Danken wird mir bewusst, dass es für mich bald Zeit ist zu gehen. Und Michael antwortet mir: „Henry, ja, bald wird es Zeit, aus diesem Leben als Henry zu gehen, deine Aufgabe ist erfüllt. Du hast dich geheilt. Du hast die Liebe vereint und du bist gereift für dein nächstes Leben. Es wird sein ohne Begrenzung von Zeit, du erfährst die Verbundenheit der Seelen deiner Ahnen, deiner geliebten Seelen von dieser und von jener Zeit. Großes wartet auf dich. So mache dich bereit." „Ja, Michael, ich bin bereit, zu erfahren das ganz große Licht, und ich freue mich, zu gehen nach Haus. Denn heute bin ich klar, dass ich immer verbunden bin mit meinen Lieben und doch frei geben kann. Und, Michael, ich weiß jetzt, in diesem Moment, dass ich einen Brief schreiben will für meine Familie." „Mach das, Henry, wir sehen uns bald. Wir warten auf dich und ich komme nicht allein, um dich zu begleiten". Mit diesen Worten ist Michael weg und ich gehe allein weiter auf meinem Spaziergang in der aufgehenden Sonne.

Die Sonne hat jetzt ganz viel Kraft und ich spüre, wie ihre Wärme zu mir durchdringt. So beschließe ich, dass ich jetzt die Richtung wechsle, um zum Bäcker zu gehen und dort frische Brötchen zu holen. Gegen halb acht komme ich zurück in unser Ferienhaus und Sara ist gerade dabei, Tee zu kochen, und sagt zu mir: „Morgen, Papa, die anderen schlafen noch. Aber ich habe schon meditiert und gebetet für die Welt. Wie war dein Spaziergang?" „Füllend, Sara, einfach füllend", antworte ich. „Weißt du, der Morgen ist schon etwas ganz Besonders. Alles erwacht aus seinem Schlaf und es fängt mit neuer Energie an, als ob es ein Gestern gar nicht gegeben hat." „Papa, das ist wohl so, alles kann zu jedem Zeitpunkt neu entstehen und der Morgen ist dafür ein wunderbarer Zeitpunkt. Mit der Sonne ist es so wunderschön, es erwachen zu sehen." „Sollen wir die anderen wecken?", frage ich meine Tochter. „Nein, lass mal, es ist ja der letzte Tag hier, alle können ausschlafen, die Brötchen können warten. Oder bist du hungrig?", fragt mich Sara. „Eigentlich nicht, ich glaube, ich gehe etwas in den Garten. Du kannst mich ja rufen, wenn die anderen da sind. Ich komme dann", sage ich zu meiner Tochter. Dann gehe ich in den Garten und bin mir, während ich Stift und Blatt hole, bewusst, dass es mein letzter irdischer Weg sein wird. Unter der großen Eiche im Garten setze ich mich auf den Stuhl und lege das weiße Blatt vor mich hin. Auf einmal fängt mein Herz unruhig an zu klopfen. Noch weiß ich nicht, was ich schreibe, aber es bewegt mich sehr, denn eine Träne rollt über mein Gesicht. Mit großer Schrift beginnt mein Brief:

Meine Lieben,

Dies sind meine letzten Worte an euch in diesem Leben. Ich weiß, dass ich keine bessere Familie haben könnte, ich bin sehr stolz auf meine drei Mädchen. Auf jede Einzelne. Und ich bin froh, dass ihr alle eure eigene Familie gegründet habt. Ich weiß, dass mein Geist durch euch und meine Enkelkinder weiterleben wird.

In den ersten Jahren meiner Vaterschaft konnte ich nicht der Vater sein, der ich gerne sein wollte, doch habe ich dann noch mal das Ruder herumgerissen und unser Schiff auf Kurs gebracht.

So möchte ich euch danken für eure Geduld und eure Liebe zu mir. Und ich möchte euch auch danken, dass ihr mit mir diese Reise gemacht habt. Unsere Begegnung auf dem Berg und die gefühlte Verbundenheit waren für mich das schönste Geschenk.

So kann ich hier sitzen und diese Zeilen schreiben und ich fühle fünf, die sich halten im Kreise, ich kann fühlen, wie ihr, meine Schwiegersöhne, die Kraft verstärkt, und ich kann euch fühlen, ihr Kinder der neuen Zeit. Ihr nehmt mich in eure Mitte und dann wird es unglaublich schön.

Elisa, mein Herz, vertraue darauf, dass wir uns wiedersehen. In vielen Leben werden wir die Verbundenheit spüren. So danke ich auch dir, für deine Liebe und dein Licht in meinem Leben.

Denn ich kann sehen das Licht, meine Zeit zu gehen ist gekommen. Meine Engel stehen bereit, Michael, Metatron und Uriel warten nur auf mich.

So weint nicht, denn ich tue es auch nicht. Ich gehe mit Freude zurück nach Haus. Die Eiche, unter der ich sitze, soll eine Erinnerung sein für euch. So könnt ihr, immer wenn ihr eine Eiche seht, an mich denken, denn ich bleibe mit euch verwurzelt auf dieser Erde. All die Momente, die wir teilen durften im Licht, sind gepflanzt für alle Ewigkeit.

So sage ich euch, es ist so schön das Licht zu sehen. Mein Strahl zur Treppe wartet auf mich, so vergesst es nicht. Die Liebe und das Licht sind immer da.

Ich liebe euch bis in alle Ewigkeit.

Ich rufe meinen Vater, obwohl ich längst gespürt habe, dass er gerade gegangen ist. Ich gehe rüber zur Eiche und finde ihn, still und friedlich eingeschlafen für alle Zeit. Aber als ich meine Hand auf seine Schulter lege, macht er noch einen letzten Atemzug. Eine Träne rollt aus meinen Augen und macht mir bewusst, dass es jetzt Zeit ist, sich zu verbinden. Meine Hände nehmen sein Gesicht und ich küsse ihn ein letztes Mal, ich spüre seine Energie, die auf mich, auf uns wartet, um aufzusteigen. Dann, wie aus dem Nichts, spüre ich die Hände meiner Mutter, die auch meine suchen, dann die Hände von Marie und Petra. Wir fünf sind vereint im Kreise und Papa in der Mitte. Keiner hat ein Wort gesagt und doch sind unsere Männer und auch unsere Kinder alle da, sie schließen den Kreis und wir alle denken an das Licht, das ihn begleitet auf seinem Weg nach Haus. Ich weine, wie alle anderen auch. Mein Vater ist auf dem Weg nach Hause. Durch die Energie meiner Familie kann ich in ein Bewusstsein gehen, welches mir ermöglicht, den Weg zu begleiten. Ich sehe auf einmal meinen Vater. Die Engel Michael, rechts von ihm, Metatron, links von ihm, und Uriel, vorneweg. Sie alle zeigen ihm den Weg. Mein Vater sieht mich und sagt zu mir: „Sara, mein Licht, danke, dass du hier bist, wir wollen es doch aufschreiben, wie es ist, das Licht zu sehen. Kannst du es fühlen, wie glanzvoll es ist?", fragt er mich. Und tatsächlich, ich kann es fühlen, ich bleibe ein Stück hinter ihm stehen und spüre die wundervolle, kosmische, wahrhaftige Liebe, die ihn erfüllt hat. Nicht fähig weiterzugehen, weil es nicht meine Zeit ist zu gehen, erlebe ich die Ankunft meines Vaters zu Hause. Seine Schritte entfernen sich immer mehr und ich bin die ganze Zeit bewusst dabei. Ich sehe die Freude, als er ankommt, ich fühle es wie eine Geburt in sein neues Leben in der Welt des Lichts.

Ewig stehen wir um meinen Vater, bis ich mich von ihm löse. Meine Mutter, meine Schwestern und der Rest der Familie lassen auch los und wir wissen, dass es jetzt Zeit ist weiterzugehen ...

MONATE SPÄTER

Als ich später in den Notizen für dieses Buch stöbere, finde ich diese Zeilen meines Vaters:

Jetzt ist der Zeitpunkt gekommen,
ich gehe nach Hause, wie ich gekommen,
nackt und wissend die Botschaft im Land des Lichts,
erlebe ich meine Ankunft so ewiglich.
An meiner Seite fühle ich das Glück,
das ich erleben durfte in dem irdischen Sein.
An meiner Rechten ist Gott und an meiner Linken seid ihr.
Vergessen werde ich es nie, die Ankunft im Leben
als Erdenkind im Bauch der Mutter,
dann laufen gelernt, erfahren all die spannenden Sachen,

die Liebe gelernt, den Schmerz erfahren.
Leid erkannt, meine Bestimmungen gefühlt,
Herz geöffnet, Essenz meiner lebendigen Frequenz ins Licht geführt,
gesucht den Weg nach Hause, gefunden mich und euch.
So waren es drei, die ich gezeugt ins Leben.
Eine Tochter, groß im Licht geboren, fand in der Bestimmung
die Vereinigung der fünf.
So begab es sich zu einer Zeit,
in der die Welt war bereit zu erfahren die Wege
zum Herzlichthaus des Vaters.
Verbunden in der wahrhaftigen, friedvollen,
lichtvollen Anwesenheit des Schöpfers
fanden wir die wundervolle, kosmische,
ewig bleibende Liebe.

Welt, so schön scheinst du,
so irdisch zeigst du mir das Leben.
So lass mich schmecken den Tag, bevor er endet.
So lass mich hören die Worte, die du mir spendest.
So lass mich sehen die Hand, die du mir reichst.
So lass mich warten auf den Augenblick.
Dass ich kann sehen die Treppe.
Dass ich kann fühlen meinen Engel.
Dass ich kann erkennen das Licht um mich.
Welt, so schön bist du, es erfüllt mich Freude,
dass ich hier gewesen bin,
und zu erleben die irdische Zeit,
und nun zurückzukehren ins Himmelreich.

Himmel, ich schicke dir die Träume,
ich schicke dir die Weissagung
im Licht der Liebe.
Im Licht der Liebe bringen die Zahlen und der Faden
die Verkündung der Öffnung.
In der Verkündung der Öffnung erblüht die Rose
zur Auferstehung der Vollendung.
In der Auferstehung der Vollendung leuchten die Zahlen auf dem Lebensfaden
in den Himmel der Träume.

Demut beginnt im Herzen.
Ich sehe deine Reise, aber kann nicht erkennen, ob Mann oder Frauen dich ernennen.
Genannt wurdest du auf den Gipfel deiner Reise,
emporgehoben und lichterfüllt zeigst du uns die Liebe.
Liebesbewusst schenkst du uns das Licht der Welt.
Du erkennst in jedem Geist die Gnade und die Ehre der Seele,
die sich vereint im Sterne.
Gerufen von den Engeln des Himmels verbindest du die Seelen
auf deiner Reise im Herzen der Demut nach Hause.

Neun Jahr saß ich fest im Turme
bei Wind und bei Sturme.
Studierte die Lehren des Lebens
für die Offenbarung der Welt.
Sollte finden neun Wünsche,
um mich zu befreien und die Welt.
So ist es nun vollbracht,
eingehüllt im Licht bei Nacht,
gehe ich den Pfad zu euch,
um zu bringen die Botschaft des Weges nach Haus.
Lebt die Liebe, das Licht und die Heilung.
Gebt die Freude und das Lachen.
Vereint in Weisheit und Frieden die Welt.
Verbindet die irdischen Energien.
Transformiert im erhellten Schein.
Fasst euch an den Händen,
Brüder und Schwestern dieser Welt,
denkt, schenkt und lenkt dieses Licht,
für jetzt und alle Zeit in diese Welt.

Engel der Zukunft, das bin ich.
Ich bin dein Engel, der immer bei dir ist.
Von Anbeginn deines Lebens begleite ich dein Herz,
das erlebte so viel Schmerz.
Nun ist deine Zeit gekommen,
deine Flügel auszubreiten und loszufliegen,
denn so kannst du die Vergangenheit hinter dir lassen,
um in deine Zukunft zu fliegen.

Deine Zukunft ist bestimmt von deinem Herzen.
So bestimmt dein Herz deine Entscheidung zu leben.
So königlich erklimmst du die neue Dimension des Lichts.
So ist es mir eine Ehre und Gnade, dein Engel zu sein,
um dich zu führen in deine Bestimmung.

In der Meisterschaft fand ich meine Bestimmung.
Nun bin ich bereit, in der Gnade und Ehre des Lichts zu leben,
die unermesslich reiche Fülle im Hier und Jetzt.
Aus meiner Herzensessenz gebe ich die absolute Liebe,
den absoluten Frieden und die absolute Heilung
in die Körper und Seelen dieser Menschheit.
Mein Geist ist erfüllt vom Wissen der Ahnen,
mein Bewusstsein ist erweitert.
Durch diese Öffnung war ich bereit für die Segnung durch Gott.
Ich, sein Kind, bin ein Kind der Liebe.
Ich, sein Kind, bin ein Kind des Lichts.
So ist meine Vision schon zur Wirklichkeit geworden
durch meine Aufgabe in der höchsten Vollendung der poetischen Schrift.
So zündete ich die lebendige Frequenz in mir und euch,
um zu erkennen und zu erfahren das Herzlicht,
im Haus des Vaters, auf dem Weg nach Hause.

*Wir verbrachten viele Leben
als Liebende, als Bruder und Schwester,
und versprachen uns am Seelenstrand den Pakt des Lebens.
So bin ich gekommen in dies irdische Leben,
um zu geben das Licht in dein Leben.
So erinnere dich an unseren Pakt im Leben,
um ihn zu beleben und
um es hinaus in die Welt zu geben.
Ich brauche nicht Liebe oder Schwester zu sein in diesem Leben.
Denn durch unseren Pakt fürs Leben
sind wir verbunden für die Ewigkeit
und finden uns im Himmelreich.
Der Zeitpunkt ist gekommen,
zu verzeihen im Leben.
Ich darf stehen an deiner Seite,
ob fern und doch so nah
bring ich dir die Sterne klar.
Willkommen in unserem Leben
und erlebe mit mir am Seelenstrand
das Licht des Lebens.*

Wege im Herzlichthaus

Fast vergessen, die Erinnerung an all die Wunder.
St. Michael brachte die Wende,
fand im Tal der Blumen die Verbindung zur unsagbaren
Veränderung des Lichts.
Eine Liebe, die nie vergisst, erfüllte die Prophezeiung.
Der Duft des Himmels und die Marienkäfer
zeigten mir den Weg nach Hause.
Frei für die Bestimmung gibt es hier das Herzlichthaus.
Stein, Wald und See
schaffen Platz für die Lichtung, in der ich steh.

Wir haben meinen Vater beerdigt. Durch unsere Begleitung zu seinem Aufstieg, irdisch durch sein Sterben und die Vereinigung der fünf (meine Mutter, meine Schwestern, mein Vater und ich), hat sich die Prophezeiung erfüllt. Wir fanden uns alle in diesem Moment der Stille. Meine Hand lag auf seiner Schulter und ich spürte den letzten Atemzug. So begleiten mich die Bilder noch eine Weile auf dem Weg, der nicht so einfach war. Auf der einen Seite das Wissen: Da, wo er hingeht, wird er lichterfüllt sein. Auf der anderen Seite die ganz irdische Trauer mit dem Gefühl, ihn nicht mehr bei uns zu haben. All das Erlernte, dass der Tod das Ende bedeutet, gegen mein neues Wissen, dass er für immer verbunden mit uns bleibt. Es kommt mir so vor, als würden zwei Herzen in meiner Brust schlagen. Die eine Sara ist glücklich, dass wir dieses Leben teilen durften als Vater und Tochter. Und die andere Sara ist traurig, dass ihr Vater einfach weg ist. Keine irdischen Gespräche mehr. An viele Momente kann ich mich nicht erinnern und trotzdem suche ich nach etwas Bestimmtem in meiner Kindheit. Heute halte ich die Zeilen wieder in der Hand, die mein Vater schrieb, bevor er aufgestiegen ist. Wir fanden so viel und ich muss jetzt erst mal tief durchatmen, bevor ich die Zeilen wieder lesen kann. Denn was bleibt, ist die Erinnerung. Wenn ich zurückdenke an den Tag nach Papas Tod, sehe ich uns im Blumenladen stehen und entscheiden, welche Blumengestecke wir nehmen. Die Floristin möchte wissen, welchen Spruch wir auf die Schleife wünschen. Es gibt einen Computerausdruck von drei Seiten mit Beispielen. Meine Mutter und auch meine Schwestern finden die richtigen Worte unter diesen Beispielen, aber ich spüre, dass ich meine Worte selbst wählen möchte. So höre ich mich die Worte noch sagen: „Ich möchte etwas Eigenes, und zwar soll dort stehen: ‚Ankunft im Herzlichthaus'." Ich muss es drei Mal wiederholen, bis die Floristin es richtig verstanden hat, aber mein Gefühl sagt mir, dass es wichtige Worte für mich sind, Worte meiner Erkenntnis. Mit meiner Familie habe ich besprochen, dass ich gerne mein Gedicht der fünf in der Trauerrede eingebunden hätte. Ich selbst fühle mich nicht in der Lage, es zu lesen, so wird es von dem Seelsorger übernommen. Da mein Vater die Religion oft zu einengend empfand, wählen wir einen freien Seelsorger. Eingebunden in einen Streifzug durch sein Leben liest der Seelsorger in der Trauerrede mein Gedicht vor und ich fühle bei jedem Wort die Liebe und das Licht.

Nimm unsere Hände und vertraue.
Fünf Menschen halten sich im Kreis, fühlen sich so stark.
Gestützt, begleitet von den Menschen, die wir lieben, vergrößern wir unsere Verbindung und nehmen dich in unsere Mitte.

Die Zeit ist da, bereit zu sein.
Im Licht vereint und in Liebe gehalten kannst du gehen ohne Schmerz.
Nur in Glückseligkeit für die Erfahrung als Mann, als Vater und als Opa.

Wir danken dir, dass wir mit dir leben durften,
deine Liebe, dein Vertrauen, dass du immer für uns da warst
und an unserer Seite standest, machen uns zu einem Teil von dir.

Auch wenn es irdisch schwer zu verstehen ist, gibt es in unserem
geöffneten Herzen die Gewissheit,
alle Liebe bleibt vereint,
tiefer als die tiefste See, höher als der höchste Berg,
hinweg über alle Horizonte und durch alle Galaxien
trägt dich unsere Liebe nach Haus.

Heute Morgen bei meiner Meditation habe ich eine Botschaft bekommen. Einen Anruf wird es geben, aber außer den normalen Patientengesprächen gab es keine Botschaft, die mich aufhorchen ließ. Nun ist es schon siebzehn Uhr und alles ist ruhig.

Plötzlich schießt ein Satz durch meinen Kopf, und ich halte inne. „Man wird immer dem Weg folgen, dem man folgen soll." Ich weiß auf einmal, da kommt noch mehr, und nehme mir deshalb einen Stift und den Post-it-Block und schreibe auf:

Man wird immer dem Weg folgen, dem man folgen soll.
Alles steht geschrieben in deinem göttlichen Plan.
Alles Wissen deiner vergangenen Leben wird dir zuteil sein.
Nur du allein erfährst den Zeitpunkt, wenn du stark genug bist für dieses Wissen.
Dieses Leben ist bestimmt dazu, heilend tätig zu sein.
So ist deine Geburt dazu bestimmt,
deinen Dienst für deine Brüder und Schwestern im Licht der Liebe zu tun.
Vierzig Jahre bist du alt und erreichst nun deine volle Größe aus Erkenntnis der Möglichkeiten der Erneuerung durch die Liebe allein.
Dein Herz, dein Geist und deine Seele heilen nur durch dein Sein.
Öffne die Augen und löse dich von deinem Ego, um hier und jetzt zu sein.
So bestimme ich, dass du fortan die Leben heilst, die vergangenen, die gegenwärtigen und die zukünftigen.
Deine Geschichte wird einzigartig sein.
Es wird viele Blender geben, die auf deinen Zug aufsteigen wollen, doch sei gewiss, wir verlassen dich nicht.

So wirst du mit dem Herzen sehen, wo dein Licht will sehen.
Du wirst eine neue Heilmethode finden und sie wird unglaublich sein.
So wahre das Licht, lebe die Liebe und gebe den Frieden.
Dein Kanal wird für immer geöffnet sein.
Der nächste Tag bringt die Wende, es war der Aufruf deiner Seele, den du heute erfahren hast.
Durch deine Behandlungen wirst du die Herzen heilen, ihnen die Erkenntnis bringen, die nötig ist, um dieses Leben zu beleben und um das Bewusstsein zu erhöhen.
Aller Schmerz ist dir fern, nur noch die absolute Liebe wird in dir sein.
Sei gegrüßt, du Kind des Lichts.
Deine Weissagungskraft wird sich verstärken, denn du bist nicht nur Heilerin, verbunden mit dem Engelslicht, sondern du bist auch mit den Feldern ferner Dimensionen verbunden und weißt die Verabredungen der Seelen in den kommenden Leben.

Wieder einmal habe ich eine Botschaft empfangen. Aber sie ist trotzdem anders, es ist keine Poesie, sondern es sind sehr klare Worte an mich.

Danach vergehen die Tage still und leise und nichts geschieht, bis zu einer Nacht im Vollmond. Mein Bewusstsein taucht ab in eine Welt, die ich erst mal nicht verstehe. Ein Traum, der etwas Großes ankündigt. Ich werde geführt von meiner jetzigen Zeit zurück in ein vergangenes Leben. In ein Leben, in dem Nikolas Lichter lebte. Dort geschehen Dinge, die ich nicht verstehe. Ich bin in Nikolas' Haus, in dem Haus, welches mein Vater auf seiner Reise zum Herzen bewohnt hat. Und dieses Haus ist der Ursprung meiner Entwicklung. So ist es für mich kaum vorstellbar, dass mein letztes Leben so kurz vor meinem jetzigen Leben gewesen sein soll.

Alles fängt im Jahre 1871 n. Chr. an. Ich wurde geboren am vierten September und erblicke als Mädchen reicher Eltern das Licht der Welt. Meine Eltern kamen beide aus einer Adelsfamilie und waren nicht sehr erfreut darüber, ein Mädchen zu bekommen. Ich sollte eigentlich ein Junge werden, der die Familientradition weiterführt. So wurde ich von einer Kinderfrau großgezogen. Meiner Mutter war es nicht bestimmt, ein weiteres Kind zu empfangen. Sie verfiel in meinen Kindertagen in eine langanhaltende Depression. Mein Vater interessierte sich nicht für mich und überließ mich der gesellschaftlichen Erziehung, zu denen meine Großmutter ihren Teil beitrug. Meine Großmutter war eine sehr liebe und gebildete Frau.

Das Besondere an ihr war ihr Wissen in der Heilkunde. Auf einzigartige Weise gab sie in heimlichen Sitzungen den Menschen das Licht der Liebe und heilte in dieser einzigartigen Form. Sie lehrte mich in die Herzen der Menschen zu schauen und sie lehrte mich auch, den Körper zu verstehen. Großmutter zeigte mir, wie ich die Herzen öffnen kann und wie ich die wahre Essenz der Seele erfahren kann. So war es auch Großmutter, die mir Nikolas vorstellte.

Nikolas war ein Arzt mit besonderen Eigenschaften. Er hatte eine Gabe, die aus dem Wissen vieler gelebter Leben kam. Seine Familie hatte eine Heiltradition und trotzdem war er den ganz irdischen Weg des Studiums der Medizin gegangen. Da meine Mutter immer mehr in ihrer eignen Welt gefangen war, hatte es sich meine Großmutter zur Aufgabe gemacht, mich richtig zu verheiraten. Sie wusste, wie schwer ich es sonst haben würde. Ihre Beziehungen ließ sie spielen und brachte meinen Vater dazu, dass er glaubte, dass es seine Idee gewesen wäre, mich mit Nikolas Lichter zu verheiraten. Dieser wäre genau die Partie, die für seine einzige Tochter das Richtige sei, so fand er. Denn die Lichters waren reich geworden mit vielerlei internationalen Geschäften. Für mich selbst war es die wundervollste Entscheidung, denn als ich Nikolas das erste Mal sah, wusste ich, das ist der Mann, mit dem meine Träume in Erfüllung gehen.

Bei einem kleinen Abendessen, welches meine Großmutter arrangiert hatte, traf ich ihn das allererste Mal. Ein Mann, groß gewachsen, mit dunklem Haar und noch dunkleren Augen ließ mein Herz stürmisch schlagen. Trotz der Etikette trafen sich beim Essen unsere Blicke immer wieder und es war, als ob wir uns ohne Worte verstehen könnten. Meine Großmutter lächelte mich vielsagend an, denn sie hatte es wohl schon vorher in meinem Herzen gesehen, dass unsere Seelen zusammengehörten. Und so kam es, wie es kommen musste. Ich heiratete Nikolas Lichter und wurde so Frau Maria Lichter.

Kaum zu glauben, ich hatte ein früheres Leben genau vor hundert Jahren gelebt, bevor ich als Sara zur Welt kam. Maria ... es ist, als ob ich gar nicht wach werde, ich muss einfach weiter schauen, was dann passierte. Ich fiel erneut in einen Dämmerzustand und sah mich wieder als Maria.

Nikolas und ich unternehmen eine Reise und fahren in unser Ferienhaus in die Eifel. Wir schaffen uns trotz des gesellschaftlichen Lebens Freiräume und hatten es uns zur Aufgabe gemacht, die Menschen mit dem Licht zu beschenken. Es war besser, dass wir unsere Heilkraft nicht zu Hause ausübten, denn die Zeit war schwierig. Viele Menschen hatten Angst vor dieser Heilmethode und wir mussten uns und die Kinder schützen, damit wir nicht als Gotteslästerer angeklagt werden. Nikolas war sehr geschickt darin, unsere Aufent-

halte so zu gestalten, dass wir den gesellschaftlichen Rahmen einhielten. Doch behandelten wir immer wieder erfolgreich Menschen mit den unterschiedlichsten Erkrankungen in unserem Haus. Die Sonntage liefen meist still ab. Wir schlossen uns der Dorfgemeinde an und besuchten den Gottesdienst, aßen zu Mittag oder machten manchmal ein Picknick am See. Mein Leben war ein glückliches Leben. Ich erlebte eine vollendete Liebe und durfte als Frau Menschenherzen öffnen und heilen.

Bis zu einer Nacht mit Vollmond war ich die glücklichste Frau auf dieser Erde. Wieder einmal waren wir in die Eifel gefahren. Wir hatten unsere Kinder zu Hause, nahe Köln, bei der Kinderfrau gelassen. Den ganzen Tag war ich angespannt gewesen. Ich sprach mit Nikolas darüber, aber er meinte, ich solle mir keine Sorgen machen. Doch ich glaubte ihm nicht, denn ich kannte ihn sehr gut, und er nahm mich immer ernst. So wusste ich, dass es wirklich etwas gab, was ich schon spürte, aber noch nicht sah.

Nachts lagen wir fest umschlungen in unserem Bett und lauschten auf die Geräusche der Vollmondnacht. Als ich endlich einschlief, träumte ich einen schrecklichen Traum. Wie aus dem Nichts standen plötzlich dunkle Gestalten in unserem Haus. Es war so dunkel, dass ich nicht viel sehen konnte. Schwer bewaffnet zogen sie Nikolas aus dem Bett. Einer richtete die Waffe auf mich. Ich lag völlig versteinert mit klopfendem Herzen in meinem Bett.

Meine Augen gewöhnten sich langsam an die Dunkelheit und ich konnte sehen, dass einer der Männer meinem Mann die Arme auf den Rücken gebunden hatte. Ein anderer richtete seine Pistole auf Nikolas' Schläfe. Mit verstellter Stimme forderte der Anführer der Bande Nikolas auf, ihm von seinen Heilmethoden zu erzählen.

Nikolas stand völlig ruhig da. Er sagte keinen Ton und so zogen die Männer ihm einen Sack über den Kopf und nahmen ihn mit. Mit meiner ganzen Liebe versuchte ich, die Situation zu ändern. Alles, was ich gelernt hatte über die geistige Kraft, schien ich verlernt zu haben. Auch der letzte Mann verließ unser Haus und ließ mich allein zurück, denn sie wussten, einer Frau würde niemand glauben. Und vor allem nicht mir. Dann wachte ich auf und suchte nach meinem Mann. Ich rief Nikolas und suchte im ganzen Haus nach ihm, aber er war weg. Es war doch nur ein Traum? Das Letzte, woran ich mich erinnerte, waren Nikolas' leere Augen. So hatte ich ihn noch nie gesehen Ich fiel auf die Knie und weinte und weinte. Ich weiß nicht, wie lange ich an diesem Platz kniete, aber als ich wieder ein wenig zu mir kam, wurde mir klar: Nikolas ist wirklich nicht mehr da.

In der Praxis kümmere ich mich um meine Patienten. Danach bereite ich mich auf die Meditation vor. Ich verbinde mich mit dem morphischen Feld, rufe Maria. Dann ist sie wieder da. Ich sehe sie: Sie kniet am Boden und weint noch immer.

Ach Nikolas, wo bist du nur? Wie Großmutter es mir gezeigt hat, rufe ich Nikolas über die fernen Felder in meinem Geist. Mein Herz sucht nach seinem Herz, aber wie eine Mauer, die uns trennt, empfinde ich einfach nichts. Ich sitze Stunde um Stunde auf dem kalten Boden und rufe ihn immer wieder in meinem Herzen. Es wird schon wieder dunkel, als ich endlich beschließe aufzustehen.

In meinen Gedanken suche ich nach dem Grund für die Entführung. Vielleicht haben uns irgendwelche Menschen beobachtet und wollen

Schutzgeld erpressen. Ich überlege, was Nikolas jetzt machen würde. Alte Bilder steigen in mir auf. Ich sehe uns am Ufer des Sees sitzen. Nikolas hat ein Picknick für uns mitgenommen und wir reden über die geistigen Welten. Wir unterhalten uns über die Engel und die Meisterseelen. In diesem Augenblick habe ich eine Eingebung. Vielleicht kann mir mein Schutzengel helfen!

Von meiner Großmutter habe ich schon als Kind gelernt, wie ich ihn rufe. Meinen Körper richte ich auf und ich rufe über den Herzensregenbogen Uriel, den Erzengel des Lichts. Meine Bitte formuliere ich mit all meiner Liebeskraft: „Uriel, komme zu mir und hilf mir, Nikolas zu finden." Tatsächlich erscheint Uriel. „Maria, du bist sehr besorgt, aber das musst du nicht sein", versucht mir die wunderschöne Lichtgestalt zu erklären. Sein Gewand ist golden und er leuchtet so strahlend, dass ich meine Augen zusammenkneifen muss, um ihn anzusehen. Mit zitternder Stimme frage ich: „Uriel, weißt du, wo Nikolas ist?" „Maria, ich kann es dir nicht sagen, aber wenn du dich auf eure Liebe konzentrierst, wirst du spüren, ob es ihm gut geht. Ich helfe dir gerne."

Bei meinem Versuch, mich auf unsere Liebe zu konzentrieren, entstehen Bilder. Wir halten uns lachend an der Hand, seine Arme umschließen mich und ich fühle die vertraute Geborgenheit. Ich sehe die Geburt unserer zwei Kinder und viele andere Momente, in denen ich Nikolas ganz nah war. „So ist es richtig, Maria! Versuche das Gefühl noch etwas zu verstärken", bestärkt Uriel mich. Mit meiner Liebe gehe ich noch tiefer, bis ich zur Quelle meines Seins komme, dann lasse ich los. Ich lasse mein Ego völlig los und dann sehe ich ihn. Er sitzt in einem Haus, es brennt nur eine Kerze und er sitzt auf dem Boden und meditiert.

Es gibt in diesem Raum nichts außer ihm und einer Kerze. Wie aus dem Nichts huscht ein Lächeln über sein Gesicht. Er weiß, dass ich hier bin. In diesem Geistraum sind wir beschützt und wir brauchen kein irdisches Gespräch. Unsere Verbindung läuft über die kosmische Linie und ich bekomme die Botschaft: „Maria, mir geht es gut. Gehe unseren Weg weiter, kehre zu den Kindern zurück und bleibe in Verbindung mit Uriel." Danach verblassen die Bilder und auch Uriel verabschiedet sich von mir.

Ich mache meine Augen wieder auf und fühle noch das warme Gefühl in meinem Körper. Wie groß muss diese Liebe gewesen sein zwischen Maria und Nikolas. Ich schreibe schnell das Erlebte auf, um nichts zu vergessen, und zentriere mich wieder auf meine Arbeit. Dann kommt meine nächste Patientin. Ich schaue in die „fernen Felder", um mich auf ihr Problem einzustimmen. Ich sehe eine Frau, die sich von ihrer Angst bestimmen lässt. Sie ist eine große Seele und doch ist sie mit den alten Systemen belegt, die sie an ihrem Erfolg hindern. Dann öffne ich die Tore der Seele, bevor die Patientin meine Praxis betritt. Christine erzählt mir von ihren ständigen Zweifeln an sich selbst. Sie erzählt mir auch von ihrer Angst, nicht zu genügen, dass sie immer das Gefühl habe, sie müsse alles perfekt machen.

Wir gehen bei dem Gespräch in ihre Angst hinein. Christine soll das Gefühl der Angst von außen anschauen, geschützt und behütet. Wie in einer Luftblase und dabei geschützt sein. „Was will dir die Angst sagen, Christine? Welche Stärke hast du aus deiner Angst gezogen?", frage ich meine Patientin. „Schau es dir genau an und lass, wenn du kannst, Bilder entstehen", ermutige ich sie weiter. Es dauert eine Weile, bis Christine spricht. „Die Angst fordert mich auf, mich in meinem wahren Licht zu sehen." „Was will sie dir sagen, was liegt darunter?", frage ich weiter. „Ich weiß nicht so genau, es ist so verschwommen", sagt Christine und ist sofort wieder unsicher. „Bleib einfach bei dir, alles, was kommt, ist in Ordnung, vertraue dir. Du allein weißt die Lösung für dich. Lass dir Zeit, vertraue auf dich". „Ich sehe mich ganz klein, ich habe das Gefühl, ich habe es nicht verdient, besonders zu sein; und doch ist in mir ein Gefühl, dass ich irgendetwas nicht lebe, von dem ich weiß, dass es in mir ist. Es ist so schwierig zu erklären", sagt Christine zu mir. „Bleib einfach bei deinem Gefühl, schau weiter, was ist deine Stärke, die du entwickelt hast aus dieser Angst?" Während meine Patientin in ihrer Gedankenwelt ist, bekomme ich eine Verbindung zu ihrer Seele und höre die Worte:

So klopfe ich an den Himmel und höre auf den Klang.
Alte Systeme kennend zeigtest du mir klar die Gegenwart.
Die Wut, die Enttäuschung und das Abgetrenntsein vom Leben
waren nie meins gewesen.
Doch die Verbindung zu der alten Zeit brachte in mir das Gefühl,
ich muss es leben.
So sage ich der Welt und dir: „Nein, ich schieb es nicht mehr weg,
das Leben,
denn ich liebe und lebe das Licht."
Ich habe gelernt zu sagen, was ich brauche zum Leben.
Ich fühle, wie die Welt und mein Ich sich ändern, in meinem Leben,
mit meiner Ausstrahlung bei dir zu Haus.
So weiß ich, dass ich willkommen bin, jahrein, jahraus.
Mein Spiegel zeigt mir, wer ich bin im Leben
Zu heben die Schätze fängt an in meinem Haus.
So werde ich still, denn ich weiß, du bist mein Gott, und so vertraue
ich dir mein Leben an.

*Wissend der Sonnen- und Schattenseiten in diesem Leben,
bin ich nun bereit, mich dem Licht hinzugeben.
So sehe ich mich zum allerersten Mal im Licht der Liebe mit dir,
meinem Vater, vereint
und weiß, dass wir sind bestimmt für dieses Leben.*

Dann höre ich Christine, die sagt: „Ich habe gelernt zu sagen, was ich brauche. Ja, irgendwann habe ich entschieden zu sagen, was ich will. Ich habe begriffen, dass ich es entscheiden kann."
„Wunderbar, Christine, du hast deine Stärke gefunden", mit diesen Worten bestärke ich Christine. Im Anschluss lege ich ihr noch die Hände auf und verstärke ihr Licht mit dem Licht Gottes.

Die ganze Nacht bin ich beschäftigt mit der geistigen Welt, und der Gedanke, dass ich aus einer Heiler-Familie kommen soll, lässt mich nicht los. Alle Vorfahren, die ich kenne, waren ganz „normal" unterwegs. Mein Großvater mütterlicherseits hatte ein Milchgeschäft und der Vater meines Vaters war Handwerker. Von meinem Vater weiß ich, dass es in seiner Familie zwar eine Tante gab, die sehr gläubig war, aber mehr war da nicht. So mache ich mich am nächsten Tag auf die Suche nach meinen Ahnen. Da ich den Stammbaum meines Vaters kenne, bleiben nur die Ahnen meiner Mutter, die vielleicht ein Geheimnis haben. Meine Mutter Wilhelmine war eine Geborene Christoffer, und soweit ich weiß, kommt der Name aus dem Griechischen. In dieser Gewissheit rufe ich meine Mutter an. Ihre Telefonnummer wähle ich routiniert und als sie sich meldet, platzt es aus mir heraus. Ich bombardiere sie mit Fragen.

„Sara Kind, was ist los? Du bist ja ganz aufgeregt", sagt meine Mutter, verwirrt über meinen Anruf, zu mir.
„Entschuldige Mama, aber ich hatte einen Traum und ich muss jetzt wissen, ob ich das irgendwie zusammenbekomme. Ja, Mama, ich glaube, Christos heißt der Geweihte. Sie ist in zweiter Ehe verheiratet, aber über den ersten Mann kann ich dir nichts erzählen. Ich glaube, er ist gestorben, aber ich weiß es nicht mit Sicherheit. Mama, wann wurde Oma geboren?", frage ich meine Mutter. „Sara, sie ist am 23.11.1911 geboren worden, in Bad Neuenahr. Und ihre Mutter hieß Maria. Ich hoffe, ich konnte dir helfen, Sara." „Danke, Mama, das hilft mir sehr. Eines würde mich noch interessieren: Weißt du, ob meine Urgroßeltern von Adel waren, und hieß mein Urgroßvater Nikolas?", frage ich. „Nein, Sara, Nikolas hieß er nicht, er hieß Paul und von Adel war er auch nicht, soviel ich weiß." Ich danke meiner Mutter und verabschiede mich von ihr. Jetzt muss ich mich erst mal sortieren. Ich, Sara, bin 1971 geboren, meine Mutter Elisa 1942, meine Großmutter Wilhelmine 1911 und Maria, wenn es meine Maria ist, 1871. Dann, wenn die Verbindung wirklich stimmt, müsste sie Oma mit vierzig Jahren bekommen haben. Das war damals doch schon sehr alt für eine Frau, um noch gebärfähig zu sein. Aber es passt auch nicht, denn mein Uropa hieß Paul, nicht Nikolas. Ich finde keine Lösung. So lasse ich diese Gedanken jetzt los und wende mich meinem Tagesgeschäft zu.

In der folgenden Nacht habe ich einen Traum. Ich gehe durch ein Tor, so wie damals, als ich Uriel zum allerersten Mal begegnet bin. Ich gehe und sehe einen Turm, er sieht so aus wie der Turm der Engel, an dem ich damals war. Nur sehe ich heute einen wunderschönen Garten und ich gehe wie geführt zielstrebig dorthin. Ich setze mich auf eine Bank neben einen wunderschönen, prachtvollen Brunnen, als sich ein Engel zu mir setzt. „Ich begrüße dich, Sara. Du bildest es dir nicht ein, du bist medial und in Kontakt mit der geistigen Welt. Ich gehöre zu den Engeln, die medial Begabte unterstützen, ich bin Arielle. Vertraue und erlaube deinen geistigen Gaben, sich zu entfalten. So wirst du durch deinen Weg die Sicht der Welt und deiner selbst verändern", spricht Arielle zu mir.

Dann sitzt ein anderer Engel an meiner Seite und stellt sich mir vor. „Sei gegrüßt, Sara. Ich bin Rochelle und ich bin hier, damit du die Weisheit deines Herzens würdigst und ihr folgst. Ich bin da, damit du in Fülle lebst. So wirst du in der Lage sein, anderen zu helfen. Denn je mehr ich dir geben kann, desto mehr kannst du den anderen geben. Ich möchte dir noch Jesajah vorstellen", sagt Rochelle. Und augenblicklich sitzt der nächste Engel an meiner Seite. „Willkommen, Sara, es gibt kein Zurück mehr, es ist ein guter Zeitpunkt der Reifung, doch es gibt keinen Grund zur Eile. Ich gratuliere dir zur Geburt dieser neuen Phase deines Lebens", sagt Jesajah lächelnd zu mir. „Welche Phase meinst du?", will ich ihn noch fragen, aber schon ist er wieder weg. Ich schaue mich um, aber die Engel sind weg; oder doch nicht. Auf dem Weg, der sich vom Turm bis zur Bank schlängelt, kommt mir ein sehr anmutiges Wesen entgegen. Eine so große Ruhe geht von diesem Wesen aus, dass es mich sofort erfasst. Und dann höre ich die Worte von Teresa: „Geliebtes Wesen, Du hast hart gearbeitet. Jetzt bist du sehr erschöpft, doch du treibst dich immer weiter voran. So wird es Zeit, dass du ausspannst. Komm mit!" Und wie selbstverständlich gehe ich mit. Vor mir ist jetzt ein großer Pool zu sehen, die Sonne scheint und die Liegen am Rand des Beckens laden mich ein, es mir bequem zu machen. „Sara, dein inneres Kind sehnt sich nach Ruhe. Halte ein Schläfchen und ich versichere dir, dass ich in der Zwischenzeit all deine Verantwortlichkeiten erfülle und du mit neuer Energie zurückkehren kannst." Ich lege mich auf die Liege und spüre nur noch die warme Sonne und die Ruhe. Nun merke ich, wie anstrengend die letzte Zeit war, erst der Tod meines Vaters, dann meine Praxis und auch die Familie. Das hat doch ganz schön an mir gezehrt. Als ich die Augen aufmache, steht vor mir der Erzengel Gabriel. Ich erkenne ihn sofort. „Gabriel, was machst du hier? Deine Familie war auch schon bei mir." „Unsere Familie, Sara, ist auch deine. Du bist ein Teil dieser Familie, schon vergessen?", sagt Gabriel. „Sara, ich bin hier, weil ich dir helfen werde, deine natürliche Begabung stärker zum Vorschein kommen zu lassen." „Welche Begabung, Gabriel?", will ich wissen. „Sara, deine Begabung ist, mit den anderen Welten zu kommunizieren. Was glaubst du, was du mit Maria zu tun hast? Warum du sie hören und sehen kannst? Sara, ich will, dass du diesen Weg gehst, gib mir deine Ängste und Unsicherheiten, ich coache dich." „Aber Gabriel, es klingt alles so gar nicht realistisch, ich traue es mich gar nicht zu Ende zu denken. Wenn ich wirklich irgendwas mit Maria zu tun habe, warum bekomme ich diese Botschaften? An der Vergangenheit kann ich doch nichts mehr ändern. Ich verstehe es nicht", sage ich recht unglücklich zu Gabriel. „Sara, vertraue dich einfach deiner Führung an, so wie auf deinem Weg zum Licht, und dann wirst du es verstehen."

Die Engel der Herrschaft rufen nach mir,
ich soll kommen in die Stärke der Prophezeiung.
Lange ist es geschrieben, die Wirrungen des Lebens, welches ich gegeben.
Herausgerissen aus dem Leben, welches bestimmt war zu geben,
entschloss ich mich erneut zu beleben die Heilung des Gebens.

*Herz und Schmerz trugen mich hinfort,
doch eine Seele so wie Gott, die glaubt an mich und wird es neu bestimmen.
Fern und nah fühle ich sie bei mir, gebe ihr mein Wissen für die Stunde null in dieser Welt.*

Der Herbst verläuft angenehm ruhig und ich bin mit meinem normalen Rhythmus beschäftigt. Die Sonne beschert uns einen schönen Altweibersommer und wir genießen die Tage in unserem Garten. Ein großes Gefühl, dass ich mich ausruhen soll, lässt mich auch meine Praxistätigkeit herunterfahren. Deshalb arbeite ich im Moment nur mit halber Kraft und fühle die Freiheit, die sich in mir ausbreitet. Während wir in der Sonne sitzen, kommt mir ein Einfall und ich sage zu meinem Mann Peter: „Ach Schatz, sollen wir zur Obsternte nach Südtirol fahren?" „Sara, das ist eine gute Idee, aber ich dachte, du könntest jetzt nicht weg, weil du so viel Arbeit hast?", erwidert Peter mir. „Na ja, ich nehme mir einfach die Zeit. Ich spreche mit Marie und Petra, ob sie sich dann um Mama kümmern können." Auch wenn meine Mutter noch alles allein macht, kümmern wir uns nach dem Tod von Papa mehr um sie, damit sie nicht einsam ist. „Sara, was ist mit Leon, der muss doch zur Schule." „Ja, das stimmt, aber wir könnten deine Eltern fragen, ob sie Lust haben, hier so lange zu wohnen, und auf Leon aufpassen würden", erwidere ich. „Das ist eine super Idee, Sara, wie lange bist du denn abkömmlich?" „Was hältst du von zehn Tagen? Ich denke, das ist für Leon in Ordnung, und deine Eltern schaffen das sicher auch", sage ich zu meinem Mann. Im Herbst beschließen mein Mann und ich, für zehn Tage nach Südtirol zur Obsternte zu fahren. Die Idee setzen wir sofort in die Tat um. Leon wird bei seinen Großeltern sein. Erst ist Leon nicht so begeistert, aber als ich ihm sage, dass er ja sicher auch etwas essen wolle, saubere Wäsche haben möchte und so weiter, stimmt er zu. Außerdem stelle ich ihm in Aussicht, dass er mit Opa seine Eisenbahn auf dem Dachboden fahren lassen könnte. Ich rufe gleich meine Schwiegereltern an und sie stimmen spontan zu. Danach frage ich in unserer Stammpension in Lana bei Meran nach, ob sie ein Zimmer für uns haben. Es war wohl so gewollt, denn es ist genau noch ein Zimmer frei. Wir machen den Termin für die kommende Woche fest. Alle Patiententermine verschiebe ich, um dann zehn Tage mit Peter allein verbringen zu können. Der nächste Samstag kommt und wir fahren los. Mir fiel es wie immer schwer, mich von unserem Sohn zu trennen. Obwohl er groß genug ist, auch mal ohne uns zu sein, kommt in mir die Mamaglucke durch. Die Tränen unterdrücke ich und lächle tapfer weiter. Unserem Sohn gebe ich noch einen dicken Kuss und die üblichen mütterlichen Ermahnungen mit auf den Weg. Meine Schwiegermutter nimmt mich in die Arme und sagt mir, sie passen schon gut auf ihn auf, und wünschen uns eine gute Erholung.

Voll bepackt mit Wandersachen, Badesachen und so allerlei Kram, den Mann und Frau so brauchen, sitzen wir im Auto und sind auf dem Weg nach Südtirol. Wir machen viele kleine Pausen und wechseln uns beim Fahren ab. Es wird immer wärmer draußen. Die Klimaanlage verhindert zwar, dass wir schwitzen, aber dennoch kann ich meinen Zwiebellook gut nutzen. Zum Schluss sitze ich nur noch im Top da. Auch Peter wird gelassener und wir reden darüber, wo wir überall wandern gehen wollen. Doch zunächst müssen wir mal ankommen und dann in den Pool springen, um anschließend uns beim Abendessen verwöhnen zu lassen. Frau Mair, unsere Pensionswirtin, kocht selbst, und die Tiroler Küche ist erstklassig.

Endlich sind wir am Ziel. Wir parken unser Auto hinterm Haus, und dann kommt schon Herr Mair zur Türe heraus. Er begrüßt uns herzlich und gibt uns unseren Zimmerschlüssel. Da wir uns auskennen, braucht er uns das Zimmer nicht zu zeigen. Das Gepäck bringen wir ins Zimmer und ziehen uns die Badesachen an, um dann noch eine Runde zu schwimmen.

Die Mairs haben ihrer Pension auch ein kleines Café angeschlossen, es gibt immer selbst gebackenen Kuchen und ich freue mich jetzt auf einen Apfelstrudel und einen schöne Tasse Kaffee. Genuss pur. Den ersten Urlaubstag schließen wir ab mit einem Spaziergang durch die Obstplantagen. Gegen zehn Uhr fallen wir müde ins Bett und ich schlafe recht schnell ein. Dann kommt mein Traum wieder. Maria ist wieder da.

Ich kehre nach Hause zurück. Unseren Angestellten und auch meinen Kindern erzähle ich, dass mein Mann beziehungsweise der Papa zu einem wichtigen Termin nach Süddeutschland reisen musste. Da diese Reise sehr lange dauert, habe ich erst mal Zeit gewonnen. Isabella und Wilhelm sind traurig, dass ihr Vater nicht mit zurückgekommen ist, aber sie freuen sich, ihre Mama wiederzuhaben. Da ich in meiner Kindheit die Mutterliebe sehr vermisst habe, versuche ich, meinen Kindern eine sehr liebevolle Mutter zu sein.

Nachts lassen mich die Gedanken an Nikolas aber nicht los. In der zehnten Nacht nach Nikolas' Verschwinden bekomme ich eine

Botschaft: „Verschiedene Teile des Puzzles haben ihren Platz bald gefunden, warte ab und schreite mutig voran." Ich verstehe nicht so recht, was das heißen soll, dennoch vertraue ich auf meine Führung. Als ich am nächsten Morgen aufwache, habe ich die letzten gemeinsamen Stunden mit Nikolas in meinem Herzen. Es war der Abend des 10. März 1911 und wir liebten uns, bis wir erschöpft einschliefen. An dem Vorabend vor Nikolas' Verschwinden hatten wir uns mal wieder gezeigt, wie tief unsere Liebe, aber auch unsere Leidenschaft füreinander ist. Und so stehe ich mit dem Gefühl auf, dass alles gut werden wird. Ich brauche Hilfe bei der Suche nach Nikolas und mir fällt nur eine Person ein, und das ist Paul. Paul ist der beste Freund von Nikolas und genießt sein absolutes Vertrauen. Mit einer Nachricht für Paul schicke ich unseren Diener los. Keine Stunde später sitze ich mit ihm in der Bibliothek und berichte ihm von den Ereignissen. Zusammen überlegen wir, wer einen Nutzen daraus ziehen würde, wenn Nikolas nicht hier ist. Hängt es wirklich mit unseren Heilungen zusammen?

Paul geht die Sache recht männlich an, er wird über einige Beziehungen im Untergrund nach Nikolas forschen lassen. Auch schlägt Paul mir vor, mit meiner Großmutter Kontakt aufzunehmen. Mittlerweile ist sie schon über neunzig Jahre alt und ihre Augen tun ihren Dienst nicht mehr, aber ihr Geist ist immer noch sehr wach. Nach einigem Überlegen beschließe ich in das Haus meiner Großmutter zu fahren. Isabella und Wilhelm nehme ich mit, denn ich könnte sie mit der Kinderfrau auch notfalls im Haus meiner Großmutter lassen. Paul verspricht mir, dass er spätestens in drei Tagen zu mir kommen wird, um mir Bericht zu erstatten. So veranlasse ich alles, um meine Großmutter zu besuchen. Innerhalb einer Stunde ist alles gepackt und wir haben jetzt eine Stunde Fahrt mit der Kutsche vor uns. Die Kinder sind ganz aufgeregt, beide zappeln auf ihren

Sitzen unruhig hin und her. Auch in mir macht sich eine Unruhe breit, denn ich erhoffe von meiner Großmutter Hilfe bei der Kontaktaufnahme mit Nikolas. Als ich Nikolas geheiratet habe, hat Großmutter aufgehört mich zu unterrichten, denn sie wusste, ich habe jetzt meinen persönlichen Lehrer. Aber ich denke, Großmutter hat noch viel mehr Wissen der alten Zeit. So fiebere ich der Ankunft entgegen und noch mehr, endlich allein mit Großmutter zu sein, um all das zu besprechen. Als wir angekommen sind, sitzt Großmutter in ihrem Sessel vor dem Kamin. Auch wenn es schon März ist, ist es doch noch sehr kalt. Der letzte Schnee ist noch in den Gassen zu sehen und die Häuser sind alle kalt. Ich küsse und umarme meine Großmutter und sie begrüßt mich mit den Worten: „Maria, welche Überraschung, aber ich habe mit dir gerechnet." „Wusstest du, dass ich komme?" „Ach Kind, eine alte Frau wie ich spürt es. Es ist etwas passiert, was uns augenblicklich zum Handeln zwingt." Völlig aufgelöst rede ich los: „Großmutter, Nikolas ist verschwunden. Es ist passiert, als wir in der Eifel waren. Es war schrecklich. Sie wollten unsere Gabe stehlen. Es war, als ob ich geträumt habe. Ich war ganz allein und dann habe ich ihn gesehen, im Traum sitzend nach mir rufend", erkläre ich unter Tränen. Meine Großmutter nimmt ihre Hand und legt sie auf meinen Kopf. Sofort wird mein Kopf wieder klar und ich weiß auf einmal, dass es ein Traum war. Es hat sich ganz anders zugetragen, es waren Menschen bei uns im Haus, aber ich und auch Nikolas haben kein Licht gegeben, sondern die Männer haben mich mit einer Droge betäubt, mit der ich geträumt haben muss. Dann haben sie Nikolas gefesselt und mitgenommen und sie redeten von Gerechtigkeit. All die Worte sprudeln nur so aus mir raus und Großmutter hält mir die Hand. Es tut gut, ihre Liebe zu spüren.

♡ ☼ ⌂

Mit dem Gefühl, eine Hand in meiner Hand zu haben, werde ich wach und sehe, dass Peter seine Hand in meine geschoben hat. Ich schaue ihn an und kurz darauf öffnet er auch seine Augen.

Die Uhr zeigt halb acht und die Sonne scheint schon durch die Gardinen. „Guten Morgen, Sara, wie hast du geschlafen?" „Ich hatte wieder diesen Traum, aber ich will jetzt nicht darüber reden. Wo wollen wir heute hin?", frage ich voller Vorfreude meinen Mann. „Was hältst du von der Wurzeralm?", schlägt Peter vor. Nach einem ausgiebigen Frühstück machen wir uns auf den Weg. Schweigend laufen wir. Da wir wissen, was uns erwartet, überrascht es uns nicht, dass nach wenigen Gehminuten der Anstieg steiler wird. Aber die Anstrengung wird sofort belohnt mit einem herrlichen Ausblick. Bäume, Wiesen und ein wunderschöner blauer Himmel lassen uns völlig zur Ruhe kommen. Meine Gedanken gehen spazieren und ich bin wieder bei Maria. Es scheint so, als ob es für das Verschwinden von Nikolas doch einen irdischen Grund gibt. Ich würde zu gerne wissen, wie es weitergeht, aber Peter reißt mich aus meinen Gedanken. „Sara? Können wir eine Pause machen? Ich glaube, ich habe mir eine Blase gelaufen. Ich hätte doch lieber die alten Wanderschuhe nehmen sollen, die waren schon eingelaufen." „Klar, machen wir eine Pause, ich habe ein Blasenpflaster, damit wirst du gleich nichts mehr spüren." Wir setzen uns auf einen abgesägten Baum und ich verarzte meinen Schatz, dann trinken wir noch etwas. Nach drei Stunden Aufstieg erreichen wir die Wurzeralm. Hier stärken wir uns mit Köstlichkeiten von der Alm und genießen die warme Sonne. Der Abstieg geht schneller, wir sind am Nachmittag wieder in unserer Pension und genießen auch dort noch die Sonne. Ehe wir schlafen gehen, rufe ich noch zu Hause an und frage, ob alles in Ordnung ist. Leon geht selbst ans Telefon und ich merke, es geht ihm gut. Er quatscht, ohne Luft zu holen, los und dann sagt er noch: „Mama, ich habe dich lieb, gib Papa einen Kuss und viel Spaß", damit legt er auf und ich merke, wie groß unser Sohn geworden ist.

Sofort suche ich nach der Verbindung mit der vergangenen Welt und finde Maria. Sie sitzt immer noch bei ihrer Großmutter, es scheint Abend geworden zu sein. Beide sitzen auf dem Sofa und es sieht so aus, als würde Maria ihrer Großmutter bei etwas helfen. Ich kann es nicht erkennen.

„Großmutter, wie soll ich es machen?" „Ja, so ist es richtig. Nimm deine linke Hand und führe sie über den Rücken der rechten Hand. Und bitte nun Gott und seine Engel, dir ihre Unterstützung zu geben für die fernen Felder. Bitte jetzt auch darum, das Wissen zu bekommen, welches du in früheren Leben erfahren hast, um nun deinen Mann zu finden."

So wie Großmutter es mir sagte, tat ich es. Ich führte meine linke Hand über meine rechte und bat Gott und seine Engel um Unterstützung. Dann wartete ich ab. Großmutter hatte mir erklärt, dass es etwas dauern könnte, bis ich tief genug falle, um die Antwort zu empfangen. So wurde es erst dunkel um mich herum, dann wurde es wieder heller, bis ich eine rosafarbene Kugel sah, die mir ihr Wissen preisgab. Ich schaute tief in diese Kugel und sah Nikolas. Er war nicht allein, er saß in einem Wirtshaus, ich glaube, es ist ein Wirtshaus, und er bespricht etwas mit ein paar Männern. Es sieht gar nicht bedrohlich aus, und dennoch verstehe ich nicht, was er macht.

Ich versuche ihn zu rufen. Als hätte er mich wirklich rufen gehört, blickt er auf. Er lächelt und formt seine Lippen zu meinem Namen. Ich kann es nicht hören, aber dennoch weiß ich, dass er Maria gesagt hat. Ich versuche bei ihm zu bleiben, aber ich merke, dass meine Kraft schwindet. So rufe ich ihm noch zu: „Wo bist du? Wann kommst du zurück?" Aber anstelle einer Antwort komme ich aus der Tiefe zurück und bin wieder bei meiner Großmutter. „Es hat nicht geklappt." „Doch, Kind, es hat geklappt, du hast nur gedacht, du bestimmst, wie lange es dauert, aber es ist so nicht erlaubt. Warte, wir werden es zu einem späteren Zeitpunkt wieder versuchen. Du hast ihn doch gesehen, nicht wahr?", fragt Großmutter mich. „Ja, ich habe ihn gesehen." „Siehst du, jetzt wissen wir, dass es ihm gut geht." „Aber Großmutter, hast du ihn auch gesehen?", frage ich verwirrt. „Aber ja, durch dich, Maria. Ich weiß auch noch nicht, was es zu bedeuten hat, aber wir werden es schon rausfinden."

Einen weiteren wunderschönen Tag in den Bergen verbringen wir in Dankbarkeit für diesen herrlichen Fleck Erde. Wie klein die Alltagssorgen hier oben sind. Gleichzeitig muss ich an Maria denken. Was macht sie wohl, ob sie eine Spur von Nikolas gefunden hat? Auf unserem Weg gehen wir schweigend voran. Peter fällt es nicht auf, dass ich gerade auf dem Weg in eine andere Zeit bin.

„Isabella, komme bitte zu mir. Du darfst nicht alleine in den Wald laufen", sage ich zu meiner Tochter. Gleich hinter dem Anwesen meiner Großmutter ist ein großer Tannenwald. Auch wenn ich heimlich als Kind dort gespielt habe, möchte ich nicht, dass Isabella sich dort *aufhält. „Wo ist dein Bruder?", frage ich. „Mama, der ist im Stall bei den Pferden." Ich spüre auch meinen Sohn auf und übergebe sie beide der Kinderfrau. Kurz darauf gehe ich zu meiner Großmutter, denn wir wollen heute noch mal versuchen, mit Nikolas in Kontakt zu treten. Obwohl es mir heute Morgen nicht so gut geht, will ich mit der geistigen Welt in Kontakt treten. Das Frühstück konnte ich einfach nicht essen. Vielleicht hat sich der ganze Stress auf den Magen geschlagen, denke ich. Gleich werde ich Großmutter fragen, ob sie mir helfen kann. Ich finde sie, und sie erwartet mich schon. Seit ihre Augen so schlecht sind, habe ich das Gefühl, dass ihre Ohren immer besser werden. „Guten Morgen, Maria, geht es dir besser?", fragt sie mich. „Kannst du hellsehen?", frage ich sie. „Ja, sicher! Du weißt doch, dass ich ein geöffnetes drittes Auge habe. Auch wenn ich das Irdische nicht mehr sehen kann oder nur noch Schemen davon, ist mein inneres Auge weit geöffnet. Komm mal her, mein Kind", sagt sie abschließend zu mir. Ich setze mich vor sie hin und Großmutter nimmt meine Hände in ihre. Was nun folgt, überrascht mich ziemlich. „Maria, mein Kind, du bist in anderen Umständen. Hast du es noch nicht bemerkt?" „Großmutter, jetzt werde ich vierzig dieses Jahr, da bin ich doch etwas zu alt für so was. Ich bekomme meine Periode nur noch sehr unregelmäßig." Da meine Großmutter sehr offen war und mir die Sprache des Körpers beigebracht hat, konnten wir über so etwas ohne Scheu sprechen. „Ich war so sehr in Sorge, dass ich mich gar nicht mehr richtig wahrnehme", gebe ich verwirrt zu. „Lass mich mal sehen!" Großmutter legt ihre Hand auf meinen Bauch. Sofort fühle ich ihre Wärme und die Energie ihres Herzens, meine Übelkeit verschwindet. „Maria, jetzt haben wir die Verbindung zu Nikolas, die wir brauchen. Es ist euer Kind, ein Kind, das eine besondere Aufgabe hat. Es wird ein Mädchen sein, das den Grundstein legen wird für die weiteren Generationen der Heilfähigkeit in unserer Familie. Es wird eine Frau geben, die ohne offensicht-*

liche Heilfähigkeit und auch ohne das Wissen der Ahnen in die Welt geboren wird. Aber sie wird durch einen von uns erleuchtet werden, und so wird sie sich selbst finden. So wird dieses Kind, das du unter deinem Herzen trägst, ein ganz besonderer Mensch sein."

„Sara, sollen wir noch eine Pause einlegen?" Peter dreht sich nach mir um und holt mich zurück in diese Welt. „Ja, klar, ich habe Durst. Haben wir noch was zum Knabbern im Rucksack?" „Ich schaue nach", antwortet Peter und kramt im Rucksack, holt eine Wasserflasche raus und reicht mir ein Stück Käse. „Da hast du auch ein Stück Brot." Ohne meine Antwort abzuwarten, hat er mir schon ein Stück abgerissen. Er kennt mich eben, klar wollte ich ein Stück Brot. „Peter, glaubst du an morphologische Felder?" „Hm, ich glaube, ich habe letztens einen Bericht im Internet gesehen, in dem es darum ging, dass die Tiere, Hund oder Katze, an der Tür sitzen und warten, wenn sich der Besitzer auf den Heimweg macht. Also lange bevor er zu sehen ist. Warum fragst du, Sara?" „Na ja, ich bin jemandem auf der Spur, der nicht in meinem Umfeld ist. Und trotzdem kann ich fühlen und sehen, was passiert", erkläre ich meinem Mann. „Meinst du wieder diese Maria, ich dachte, es sei nur ein Traum gewesen." „Es ist mehr als ein Traum! Ich glaube, es ist eine wichtige Botschaft für mich. Auch wenn ich noch keine Ahnung habe, was es mir sagen soll, weiß ich, es hat etwas mit mir zu tun. Vielleicht sogar etwas mit der Botschaft, dass ich eine Heilmethode finden werde, die unglaublich sein wird. Ich weiß, dass das alles komisch klingt, aber auf der anderen Seite fühlt es sich so richtig an. Und ich habe das Gefühl, dass Maria mir etwas zu geben hat." Peter sieht nachdenklich aus. Er gibt dann noch ein Geräusch von sich, das ich nicht wirklich verstehe. Aber ich kann in seinem Gesicht sehen, dass er nachdenkt. Nach der Stärkung gehen wir irgendwann weiter und kehren zurück in unsere Pension.

In dieser Nacht träume ich wieder von den Engeln. Ich gehe auf einen Berg, und als ich auf dem Gipfel ankomme, fragen mich die Engel: *„Sara, wie würdest du dich verhalten, wenn du Maria wärst? Wie würdest du die Zeit und den Raum, den ihr teilt, verbinden? Gehe in die Meditation, Sara!" So tue ich, was mir gesagt wurde. Ich setze mich auf dem Gipfel des Berges, ich ziehe meine Schuhe aus und beginne zu meditieren. Der Wind weht mir ganz leicht und zart um die Nase. Die Sonne wärmt mich, und mit jedem Atemzug spüre ich die klare Luft, ebenso spüre ich auch, wie sie mein Inneres klarer macht. Ich fühle, dass Maria etwas ganz Wichtiges mit mir zu tun hat. Und mit diesem Gefühl sehe ich sie sitzend und meditierend wie ich. Ich sehe sie vor mir sitzen. Wenn ich meine Hand ausstrecken würde, hätte ich den Eindruck, sie gleich zu berühren. So bleibe ich in dem Gefühl und rufe sie: „Maria, ich bin hier, ich helfe dir!" Sie antwortet: „Sara, du bist doch Sara, wie schön, dass du endlich da bist. Ich habe so auf dich gewartet. Großmutter hat mir von dir beziehungsweise von mir erzählt", sagt Maria zu mir.*

„Sie hat dir von mir und von dir erzählt? Was meinst du damit? Ich bin hier, weil ich dir helfen will, deinen Mann zu finden. Ich weiß nicht, warum du in meinen Träumen, in meinem Geist bist, aber ich möchte es herausfinden. Wusstest du, dass wir am gleichen Tag geboren sind, nur hundert Jahre voneinander entfernt?", frage ich. „Ach, das weiß ich. Aber ich weiß noch viel mehr. Du bist ich, und ich bin du, wir sind eins. Und deshalb kannst du mich fühlen und auch meine Liebe zu Nikolas. Aber, Sara, ich brauche deine Hilfe. Damit du dein ganzes Wissen bekommst, brauche ich deine Herzensweite und ich brauche sie auch für Nikolas. Ich bekomme ein Kind, welches sehr wichtig ist für dein Leben, denn es wird deine Großmutter sein. Sie muss geboren werden, damit du unser Wissen in die Welt tragen kannst. Und ich benötige jetzt deine Stärke, um Nikolas

zu erlösen." „Warte mal, aber mein Großvater heißt Paul und nicht Nikolas." „Ja, aber er ist dein Großvater, vertraue mir, und deine Großmutter werde ich Wilhelmine nennen. Sie wird wie Nikolas' Mutter heißen. Das wird ihm sicher gefallen", erklärt mir Maria lächelnd. „Maria, ich verstehe es immer noch nicht." Obwohl ich es nicht verstehe und noch Zweifel in mir spüre, fühle ich auf einmal eine Geborgenheit, die mich sagen lässt: „In Ordnung, ich vertraue dir. Was soll ich tun?"

„Ich bitte dich, dir deine Liebe vorzustellen. Denke daran zurück, wie du erleuchtet wurdest. Du kennst doch sicher noch die Botschaft, oder?" „Meinst du Brüder und Schwestern im Licht der Liebe ...?", frage ich Maria. „Ja, das meine ich. Brüder und Schwestern aus anderen Leben, Licht und Liebe, die Seelen berühren einander, ein Lächeln, ein Lachen so leicht und doch stark. Das Herz klopft und schlägt für die Sache der Liebe. Der Weg ist da, bereit zu sein allen Menschen, das Licht der Liebe zu bringen. Jetzt zu dieser Zeit, jetzt in diesem Moment geht es um all das, was wir uns wünschen, Brüder und Schwestern der Liebe. Licht in die Dunkelheit zu bringen, Wärme und Geborgenheit, Gottes Vertrauen in uns, das Licht der Liebe."

„Maria, hast du mir damals die Botschaft und die letzte Botschaft ... hast du die Worte in mir wachsen lassen?" „Ja, ich war es, ich durfte durch diese große Schwingung, die du aufgebaut hast, in dein Leben kommen. Mein Auftrag lautet genau wie deiner. Nikolas und wir sind hier in diesem Leben, um das Licht der Liebe zu geben. Wir heilen Menschen, wir helfen die Herzen zu eröffnen und sie heilen zu lassen. Aber ich darf durch dich und du darfst durch mich eine große Weite erfahren, was nur wenigen Auserwählten zuteilwird", erklärt mir Maria. „Aber welche Weite meinst du? Wie kann ich mit einem früheren Leben wirklich verbunden sein? Ich habe auf meinem Weg zum Licht viel erfahren, und auch auf dem Weg nach Haus hat mich

vieles bereichert. Aber es ist in mir immer noch eine große Sehnsucht nach etwas, das ich nicht beschreiben kann. Ist das die Weite, von der du sprichst?", frage ich. „Ja, Sara, das ist die Weite, und diese Weite verhilft mir, Nikolas zu erlösen, und sie hilft dir, deine ganze Stärke zu leben. So wirst du dann Menschen erreichen, die du vorher nicht erreichen konntest. Und diese Weite wird für Fülle in deinem Leben stehen. Alle deine noch nicht heilen Seelenanteile werden dann erlöst sein und du kannst dich völlig deinem Leben in Licht und Liebe widmen. Du wirst Probleme lösen, die kein anderer lösen kann. Du wirst Herzen heilen, die kein anderer zu heilen vermag. Du wirst das Wissen der Ahnen aus all den früheren Leben haben. Sara, du bist für ein sehr wichtiges Leben geboren worden und ich darf dir helfen, in deine wahrhaftige Bestimmung zu kommen. Alles, was du bis jetzt erfahren hast, ist nur ein Vorgeschmack davon gewesen. So mache dich bereit, zu lernen und zu geben, damit wir beide unsere Erfüllung leben können."

Das ist das Letzte, was ich erfahre, denn danach weckt die Morgensonne mich. Am Frühstückstisch erzähle ich Peter von meiner nächtlichen Begegnung und wir reden noch lange über die Möglichkeiten dieser Verbindung. Heute wollen wir uns einen gemütlichen Sonnentag gönnen, wir bleiben in unserer Pension und genießen das wundervolle Herbstwetter, das eher einem Sommerwetter ähnelt. Auch früher schon war es für mich immer herrlich, die Sonne in vollen Zügen zu genießen. Aber erst mit den Jahren habe ich gelernt, dass die Berge mir mehr geben als das Meer. Und so haben wir diesen wunderschönen Ort gefunden, an dem wir immer wieder auftanken. So atme ich es in mich hinein und empfange eine Botschaft:

Die Wurzeln aller Dinge findest du in dir.
Laufe nicht, gehe nicht, atme nur in dein Inneres hinein,
und du wirst finden das ALL.
Lass es scheinen, gebe es hinein, atme es aus
und du wirst senden die Botschaft, die es braucht.
Frei von allen Begrenzungen leuchtet deine Kraft.

Wir verbringen den Tag ruhig und ich bin schon gespannt, wann es endlich Abend wird und ich wieder schlafen gehen kann. Ich möchte wissen, wie es weitergeht mit Maria und Nikolas. Wie kann ich denn helfen, ihn zu erlösen? Wovon soll er erlöst werden? Wie kann es denn sein, dass Nikolas mein Urgroßvater ist? Denn meine Oma war doch mit Paul verheiratet. Ob Paul vielleicht Nikolas' Freund war, den Maria kontaktiert hat? Aber warum hat meine Mutter Nikolas nie kennengelernt? Es war doch ihr Großvater. Als die Nacht endlich da ist und ich zur Ruhe gekommen bin, ist Maria wieder da.

Sie ist mit ihrer Großmutter zusammen und sie versuchen Kontakt zu Nikolas aufzunehmen. „Sara, schön dass du da bist, dann können wir jetzt anfangen. Wir brauchen auch deine Energie. Konzentriere dich wieder auf das Licht der Liebe und lass uns Nikolas suchen", sagt Maria zu mir. Ich denke an das Gefühl der Erleuchtung und das damit verbundene Gefühl der Liebe für meine Brüder und Schwestern aus vergangenen Leben. Ich sehe zuerst nur schemenhaft, dann deutlicher Tannen. Ein ganzer Wald öffnet seine Tore für mich und inmitten einer Lichtung sehe ich ihn dann. Die Sonne geht gerade auf und lässt Nikolas in einem märchenhaften Licht erstrahlen.

Alles ist ganz friedlich, und doch habe ich ein komisches Gefühl. So sage ich zu Maria: „Maria, fühlst du auch, dass hier etwas nicht stimmt? Ich sehe ihn zwar allein, aber ich habe das Gefühl, er ist nicht allein." „Sara, es ist so wie in jener Nacht, als er verschwunden ist. Ich kann es fühlen, aber ich sehe nichts." „Kinder, verbindet schnell eure Kräfte. Nehmt euch an den Händen und sagt: Wir sind eine Seele, wir sind ein Geist, und doch sind wir in verschiedenen Leben. So bitten wir dich, Gott, um deine Unterstützung. Lass uns das Licht geben für diesen Mann. Lasst ihn frei. Nur das Hier und Jetzt zählt für die Liebe, und wir sind die absolute Liebe", sagt Großmutter eindringlich zu uns.

Ja, ich habe das Gefühl, sie ist auch meine Großmutter, und so spreche ich wie Maria die Worte laut, und ich halte Marias Hand, ja tatsächlich, ich halte ihre Hand, es ist unglaublich. So nah war ich ihr noch nie. Durch unser Gebet hat sich unsere Energie verändert und so auch die Schwingung um Nikolas. Er kniet nieder, breitet die Arme aus und streckt sie zum Himmel. Ich weiß nicht so genau, was hier vorgeht, aber ich bin tief beeindruckt. Dann sehe ich die Männer, die ihn mitgenommen haben, und sie reiten davon. Sie lassen Nikolas zurück, ohne ihn noch mal anzusehen. Ich vermute, sie haben große Angst, denn ihre Gesichter sind verzerrt. Ihr Tempo lässt keinen Zweifel mehr zu: Sie wollen so schnell wie möglich weg von diesem Ort und weg von Nikolas. Dann spricht Nikolas zu Maria: „Meine Liebste, ich kann nicht zurückkommen, es ist zu gefährlich. Es gibt Menschen, die wollen nicht, dass ich weiter heile. Sie sind mächtig, auch wenn sie jetzt erst mal weg sind. Aber ich kann nicht in mein altes Leben zurückkehren, es wäre zu gefährlich für dich und die Kinder." „Nikolas, aber wie soll ich denn ohne dich leben, ich bekomme noch ein Kind. Du kannst mich jetzt nicht allein lassen, Liebster", erwidert Maria unter Tränen. „Ich weiß, es ist schwer, aber es gibt keinen anderen Weg. Wenn du willst, dass die Liebe und das Licht weitergetragen werden, dann musst du schauen, dass dieses Kind, welches du unter deinem Herzen trägst, überlebt. Sie hat eine besondere Bedeutung, Maria", sagt Nikolas schweren Herzens zu seiner Frau. „Warum bin ich eigentlich hier?", frage ich beide verwundert. „Sara, du bist hier, weil es darum geht, die Welten zu verbinden. Durch deine Kraft kann ich überleben und ich werde weit weggehen, in ein fernes Land, und ich werde meine Liebe immer für euch in die kosmischen Galaxien leiten und so werden sie euch immer erreichen. Ich begleite euch von nun an geistig. Auch dein Leben, Sara, weil du mein Kind bist, denn ich bin dein Ahnenvater und wir sind uns schon begegnet in deinem irdischen Leben." „Ich verstehe es trotzdem nicht, warum kannst du nicht bleiben? Und was bedeutet es, dass ich dein Kind bin? Liebt Maria dich deshalb so, weil ich deine Ahnentochter bin?", frage ich völlig verwirrt. „Sara, ja, es ist so, wir sind für ewig verbunden. Du und Maria seid eine Seele in unterschiedlichen Bewusstseinsstufen, deshalb spürst du diese Verbindung. Und ich möchte dir etwas geben von meinem Wissen, das ich dir als Vater mitgeben darf. Es ist deine Gabe, die dir eine Heilmethode schenkt, um die Menschen zu öffnen für die fernen Dimensionen. Maria ist die Verbindung, sodass wir uns hier treffen dürfen. So sage ich dir, mache dich bereit für deine Segnung."

Die Worte von Nikolas verwirren mich, ich habe Angst vor dem, was kommt. Und doch spüre ich, dass ich kraftvoll genug bin, um es zu erfahren. So sage ich: „Nikolas. Ahnenvater, der du bist, ich bin bereit, meiner Bestimmung zu folgen." „Sara, halte deine Hände mit Maria, so werdet ihr beide die Kraft haben für diese Leben. Maria wird unser Kind gesund austragen und du wirst geboren werden und deine Bestimmung erfahren. Jetzt ist der Zeitpunkt gekommen, zu leben die Weite in deinem Herzen. Jetzt ist der Zeitpunkt gekommen zu heilen die Herzen, zu beleben die Seelen und zu nutzen dein ganzes Potenzial vergangener Leben", sagt Nikolas mit vibrierender Stimme. *Ich halte die Hände von Maria, des Menschen, der mein vergangenes Leben lebt. Ich empfange den Segen von meinem Ururgroßvater, meinem Ahnenvater, und meine Gefühle fahren mit mir Karussell. Ich gebe mich der Energie einfach hin und wie schon damals wird es so hell in mir, dass es mir vorkommt, als würde die Sonne in ihrer größten Kraft mir direkt in die Augen scheinen. Mein Herz klopft fast zum Zerspringen und ich muss einfach lächeln, bis es zu einem Lachen wird, das meine ganze Schwingung, meine Aura, verändert. Einzigartig, unvorstellbar, es gibt kein Wort in meinem Sprachschatz, welches das widerspiegeln kann. Dann spricht Maria: „Nikolas, ich liebe dich. Ich danke dir für die Zeit, die wir hatten in diesem Leben. So weiß ich, dass wir uns wiedersehen." Tränen laufen ununterbrochen über die Wangen. Ich fühle körperlich ihren Schmerz und auch mir laufen die Tränen über meine Wangen. „Maria, ich habe für dich gesorgt, bitte Paul, dir zu helfen. Ihr werdet einen Weg finden. Aber es ist das letzte Mal, dass du mich sehen kannst. Ich bin immer mit dir verbunden, aber unsere irdische Zeit als Mann und Frau endet hier. Ich liebe dich sehr. Sage Isabella und Wilhelm, dass ich immer über sie wache. Und erzähle unserem ungeborenen Kind, wenn es alt genug ist, die ganze Wahrheit über seinen Vater."*

Ich werde wach, weil Peter mich in die Arme nimmt. „Hast du geträumt, Sara? Du weinst, ich bin davon wach geworden." „Ach Peter, es ist so traurig, und dennoch so unglaublich", versuche ich unter Schluchzen zu erzählen. „Ich habe das Gefühl, meine ganze Seele liegt frei. Ich kann gar nicht mehr aufhören zu weinen." Peter hält mich einfach in seinen Armen und streichelt mich. Dann entscheidet Peter, dass er das Frühstück aufs

Zimmer holt. Er sagt mir, dass es jetzt nötig ist, dass ich mich sammeln kann. Er hängt an unsere Zimmertüre das Schild „Bitte nicht stören", schlüpft in ein T-Shirt und eine Jeans. Nach zehn Minuten kommt er zurück, mit einem Tablett beladen mit leckeren Sachen. Der Kaffee riecht gut und zieht mich aus dem Bett. Wir setzen uns auf unseren Balkon und Peter schmiert mir ein Brötchen und reicht es mir ohne Worte. Ich bin dankbar, dass wir uns ohne Worte verstehen. Still trinke ich meinen Kaffee und beiße von meinem Brötchen ab. Danach räumt Peter die Sachen wieder weg und ich gehe zurück ins Bett. Ich bin völlig fertig. Ich bin so müde, dass ich sofort wieder einschlafe. Das Nächste, was ich wahrnehme, ist Peter, der leise durch das Zimmer geht. So schaue ich auf die Uhr und stelle fest, dass es fast ein Uhr mittags ist. Ich stelle mich unter die Dusche, und während mir das Wasser über den Körper läuft, versuche ich meine Gedanken zu ordnen. Aber es gelingt mir nicht so richtig. So gehe ich äußerlich geordnet, aber innerlich total aufgewühlt die Treppe hinunter und finde Peter draußen in der Sonne. „Peter, ich weiß gar nicht, wo ich anfangen soll. Es ist einfach unglaublich." Mit diesen Worten beginne ich und dann folgt eine Zusammenfassung meines Erlebnisses. Peter nickt zwischendurch, zieht die Augenbrauen hoch und schaut mich immer wieder verwundert an. Nachdem ich geendet habe, schweigt er lange. Bis er endlich etwas sagt, vergehen gefühlte Stunden. „Sara, das ist total abgefahren. Wenn du nicht meine Frau wärst, würde ich sagen, du spinnst. Diese Sphären sind doch verwirrend, aber, Sara, ich glaube dir, dass du das alles erlebt hast. Auch wenn mein Verstand das nicht glauben kann, spüre ich es in meinem Herzen, dass du etwas Großem auf der Spur bist." „Peter, auch für meinen Verstand ist das nicht so einfach, aber meine Gefühle kann ich nicht einfach mit meinem Verstand wegwischen. Ich habe keine

Ahnung, wie es weitergehen soll. Aber in mir ist im Moment alles so offen. Ich brauche Zeit, vielleicht kommt auch noch eine weitere Begegnung mit Maria, ich habe keine Ahnung." Mit diesen Worten versuche ich, meiner Gefühlslage Herr zu werden. Peter nimmt meine Hand in seine und sagt zu mir: „Schatz, es wird schon eine Lösung geben und du wirst es auch verstehen. Lass dir Zeit. Wir haben jetzt noch ein paar Tage hier in Lana. Wir nutzen einfach die gute Energie und wenn noch was passiert, dann soll es so sein", endet Peter ganz pragmatisch. „Vielleicht hast du recht", antworte ich zögernd.

Auf der Heimfahrt denke ich über die vergangenen Tage nach, komme aber nicht wirklich zu einem Ergebnis. Die Wiedersehensfreude ist groß. Meinen Schwiegereltern und Leon teilen wir über Handy mit, wann wir zu Hause sind. Als wir dann endlich nach zehn Stunden Fahrt die Garagenauffahrt entlangfahren, geht die Haustüre auf und Leon springt aus dem Haus. Wir drücken uns und gleich geht der Redeschwall los. Peter und ich lachen nur und sind froh, wieder zu Hause zu sein. Inge und Joachim begrüßen uns und wir trinken noch eine Tasse Kaffee zusammen, bevor sich meine Schwiegereltern auf den Weg machen, nach Hause zurückzukehren. Wir haben ihnen eine schöne Flasche Wein und ein paar Köstlichkeiten der Region mitgebracht.

Morgen fängt der Alltag wieder an. Meine Patienten warten auf mich und auch Peter geht wieder arbeiten. Die Welt dreht sich weiter und bis zu einer Nacht im November ist alles ruhig.

Die Tage vor dieser Nacht habe ich schon eine große Unruhe bemerkt. Die Welt schreit förmlich nach Veränderung, überall gibt es Krisen: Wirtschaftskrise, Gesundheitskrise, Naturkrisen und noch viel anderes, was die Welt in Atem hält. So wundert es mich nicht, dass Uriel zu mir kommt. Lange habe ich ihn nicht gesehen und ich freue mich, ihn begrüßen zu können in meinem Seelenhaus. Nach der Begrüßung sagt Uriel folgende Worte zu mir: „Sara, mit Hilfe deines Unterscheidungsvermögens kannst du gefahrlos freundlich zu anderen sein. Vertraue auf deine geistigen und hellsichtigen Erfahrungen. Erlaube deinen geistigen Gaben, sich zu entfalten, meditiere über deine Wünsche und Absichten. Denn jetzt ist der richtige Augenblick für dieses Unternehmen. Die Botschaft, die du brauchst, kommt aus der vergangenen Welt. Gehe keine Kompromisse ein und vertraue darauf, dass ich dir helfen werde, alles Unversöhnliche und allen Ärger aus deinem Geist und deinem Herzen zu entfernen. Steige auf, denn es ist dein Höhenflug, auch wenn es für andere bedrohlich erscheinen mag, komme nicht herunter, denn du bist auf deinem Weg ins volle Bewusstsein von Empfangen und Geben im kosmischen Licht." „Uriel, was bedeutet das? Hat es etwas mit Maria zu tun oder mit meinem Ahnenvater Nikolas?", frage ich verwirrt nach. „Ich kann deine Frage nicht so einfach beantworten, denn es geht um deinen Aufstieg in deine volle Kraft. Nikolas hat etwas für dich getan, dessen gesamte Auswirkung du noch nicht erkennst. Aber es ist nur ein Anfang." „Das heißt wohl, ich soll geduldig sein und warten, wie es weitergeht." „Sehr richtig, Sara, besser hätte es keiner sagen können. Vertraue darauf, dass sich die richtigen Türen für dich öffnen und so deine Antworten schon auf dich warten. Und nun komme mit mir, Sara." Uriel nimmt mich an die Hand und führt mich zu einer Insel. Ich habe keine Ahnung, wie wir dort hingekommen sind, aber ich habe gelernt, ihm vollkommen zu vertrauen. Vor meinem geistigen Auge entsteht diese wundervolle Insel. Meine Füße sind nackt und ich spüre den warmen, weichen Sand. Durch mich geht ein tiefer Atemzug, der in meinem Inneren etwas frei macht. Wir laufen eine Weile durch den Sand, bis Uriel mich zu einer grünen Oase führt, die den Strand an Schönheit noch übertrifft. Palmen, Kokosnüsse, singende Vögel und das Plätschern eines Bachlaufes nehme ich mit meinen fünf Sinnen wahr. Da kommt mir ein Gedanke: Warum haben wir nur fünf Sinne? Es muss doch noch einer fehlen, der eine Sinn, der uns von dem trennt, was dem erfüllten Sein entspricht. Ist er uns verloren gegangen? Ist das der Schatz in mir? Oder ist das die Verbindung, um wahrhaftig zu heilen? Mit großen Augen schaue ich Uriel an. Auch wenn ich meine Fragen nicht laut gestellt habe, hat er sie gehört. „Sara, deine Fragen sind wichtig, um in dein Bewusstsein zu kommen, welches dir den vollen Genuss des Lebens ermöglicht." „Aber, Uriel, ich weiß, ich brauche das Gefühl, um es zu erleben, aber meinem Verstand ist das zu viel. Wie auch bei dem Erlebten mit Maria und Nikolas gibt es jetzt auch einen Teil in mir, der versucht, es nicht leben zu lassen", versuche ich Uriel zu erklären.

„Sara, es ist so, dass das Licht so groß geworden ist, dass es für eine Stagnation nicht reichen wird. Dein Weg ist weit vorangeschritten. Die nötigen Türen werden sich dir jetzt öffnen. Ich möchte dir heute jemanden vorstellen. Eigentlich möchte ich dir zwei meiner Gattung vorstellen." So macht Uriel eine Handbewegung, und von links kommt ein großer, wunderschöner, goldgelber Engel. „Sara, das ist Camael, er ist der Schutzengel des Dienstags, des Mars und des fünften Himmels." Der goldgelbe Engel nickt mir zu und spricht mit leichter und doch tiefer

Stimme zu mir: „Sei gegrüßt, mein Kind, wir sind uns schon mal begegnet, nicht wahr?" „Sind wir das?", stammle ich vor mich hin.

„Sara, ich bin die goldene Kraft des Mutes, meine Energie leitet dich zu deiner persönlichen Stärke im Licht. Es steht eine Veränderung an, eine Veränderung, die dir zeigt, wie du deinen Schatz in dir heben kannst. Ich werde dich mit meinen rubinroten Strahlen unterstützen." Mit diesen Worten überreicht mir Camael einen Rubin, der so funkelt, dass ich weinen muss. „Sara, schau mal, ich habe noch jemand mitgebracht", sagt Uriel zu mir, und rechts neben meinem Erzengel steht ein schimmernder silberfarbener Engel, der nun meine volle Aufmerksamkeit bekommt. Ich verneige mich, und der Engel stellt sich mir als Parasiel vor.

„Sara, auch ich bin hier, weil ich eine Botschaft für dich habe. So höre und verstehe, was die geistige Welt dir sagen will: Erinnere dich an deine Träume, denn jetzt geht es um die Tiefe deiner Fähigkeiten. Nutze den Schlüssel der medialen und spirituellen Entwicklung, um deinen kostbaren und bis jetzt verborgenen Schatz sichtbar zu machen." „Parasiel, welchen Schlüssel soll ich dazu nutzen?", frage ich nach. Aber statt einer Antwort verschwindet Parasiel wieder und auch Camael verneigt sich vor mir und verschwindet ebenfalls. In meinen Händen halte ich den Rubin und blicke Uriel verständnislos an. „Sara, Botschaften sind nur zu verstehen, wenn du dich ihnen öffnest." „Wie soll ich das machen, Uriel?" „Du könntest es ja mal in der Stille versuchen. Ich habe dich ja nicht umsonst hierhergebracht", erklärt mir Uriel lächelnd. „Ich komme dich wieder abholen, vertraue darauf, egal was passiert", mit diesen Worten ist auch Uriel fort. So sicher, wie ich mich am Anfang gefühlt habe, so unsicher bin ich jetzt. Der Ort ist immer noch wundervoll, aber ich habe Angst. Angst vor dem, was jetzt kommt. Angst vor meinem inneren Schatz! Und was ist, wenn ich den Schlüssel nicht finde? Wie lange muss ich dann hier bleiben? Mein Kopfkino spielt den schlimmsten Film meines Lebens ab. Ich sehe mich als Baby, völlig allein, ausgesetzt, keiner kümmert sich um mich. Ich werde größer und lerne Gewalt, Hass und Krieg kennen. Ich sehe mich hungern, ich habe keinen Platz zum Schlafen. Ich bin alleine, ohne andere Menschen, und habe einfach nichts, das mich in dieser Welt hält. Aber so verzweifelt ich da auf dem Boden liege, der ganz ausgetrocknet ist, ich spüre auf einmal wieder diesen Stein in meiner Hand. Ich öffne meine Hand und sehe, dass mir der Engel einen Rubin geschenkt hatte. Was ist jetzt Film, was ist jetzt Wirklichkeit? Verflixt, ich weiß es nicht. Ich habe Durst, meine Lippen sind ganz trocken. Ich schaue an mir herunter und sehe, ich trage nur ein weißes Gewand. Aber dann spüre ich wieder den Stein, der scheint zu pochen in meiner Hand. Ich schaue ihn mir noch mal an, drehe ihn in meiner Hand auf die andere Seite und erblicke dort einen Buchstaben oder etwas Ähnliches. Es ist sehr klein, ich muss meine Augen zusammenkneifen, um es zu entziffern. S – a – r – a – i . Da steht nicht nur ein Buchstabe, nein hier steht Sarai, was hat das zu bedeuten? Warte mal, mein Name ist ein alter biblischer Name, Sarai war Abrahams Frau, die von Elohim, Gott, in Sarah (hebr.) umbenannt wurde. Sie gilt auch als eine der Erzmütter Israels. Der Name Sarah bedeutet auch Fürstin oder Herrin. Aber warum steht auf dem Stein, den mir Camael gegeben hat, mein Name? Ich verstehe es nicht. Oder bin gar nicht ich gemeint, sondern eine Sarai aus vielen vergangenen Leben? Aber auch dieser Gedanke bringt mich nicht weiter. Ich fühle wieder den Stein in meiner Hand und mein Durst ist so groß, dass ich mir laut etwas Wasser zum Trinken wünsche. Und so unglaublich es erscheint, ich sehe im gleichen Augenblick einen Brunnen vor mir. Ich erhebe mich schwerfällig und doch ganz sicher, dass ich gleich das kühle Nass durch meine trockene Kehle rinnen lassen werde. Als ich endlich das Wasser schmecke, macht sich in mir ein Glücksgefühl breit, dass ich glaube, vor lauter Glück zu zerspringen. Es ist köstlich, so rein und klar, dass es in mir etwas verändert. Nicht nur mein Durst ist gestillt, sondern es passiert etwas anderes in meiner Seele, ja, ich glaube, es ist meine Seele. Ein Kribbeln am ganzen Körper, eine Gänsehaut, so intensiv, dass es mich förmlich erzittern lässt. Aber trotzdem bleibt das Gefühl positiv. Nachdem ich meinen Durst gestillt habe, setze ich mich wieder auf den Boden. Ich nehme eine Haltung an, wie ich es sonst bei der Meditation auch mache.

Dann schließe ich meine Augen, und in meiner linken geöffneten Hand liegt der Rubin. Die Schrift liegt verborgen in meiner Hand, sodass nur ich sie mit meinem geistigen Auge sehen kann. Ich sitze still und frage nach dem Schlüssel für die erhebende Zukunft. In mir steigt ein Gefühl des Aufstehens auf. Ich sehe meinen Vater, ich kann aber nicht so recht sagen, ob es mein irdischer Vater oder mein Schöpfer ist. Nein, anders, ich sehe kein Bild und doch weiß ich, dass es mein Schöpfer ist, er fragt mich: „Sara, wann willst du aufstehen? Was brauchst du noch, um deine ganze Kraft zu leben? Ich gab dir dein Leben, deine Erhellung, deine Verbindung mit der vergangenen Welt. Ich schickte Uriel und die anderen himmlischen Helfer an deine Seite. Ich ließ dich wissen, mit wem du verbunden bist durch deine Erfahrung mit Maria und auch Nikolas. Ich gab dir den Stein deiner Schöpfung und ließ dich dadurch wissen, wer du bist, Fürstin in meiner Welt und in deiner Welt. Du hast getrunken von dem Wasser der Weisheit. So wird es Zeit, Tochter, dass du aufstehst und deine wahre Größe lebst. Erhelle den Raum, in dem du stehst, mache in deiner geistigen Welt und in deiner irdischen Welt die Herzen heil."

Mit diesen Worten meines Gottes, dem ich schon so oft begegnet bin, öffne ich langsam die Augen. Es ist so, als ob ich nachsehen will, ob das, was ich gerade gehört habe, wahr ist, oder ob es nur eine Illusion war. Ich blicke in die Welt und sehe mich in den verschiedenen Phasen meines Lebens. Ich sehe mich auf die Welt kommen. Ich sehe tatsächlich, wie ich mit Marie, meiner Zwillingsschwester, durch den Geburtskanal das Licht erblickte. Ich nehme meine Mutter wahr, und dann sehe ich mich heranreifen. Aber alles ist anders, es gibt keinen Schmerz, kein Leid, sondern nur noch Verstehen. Ich erkenne, dass mein Weg, so wie ich ihn gegangen bin, wichtig war, um zu wachsen. Mir laufen die Tränen wieder einmal über mein Gesicht, ganz leicht und doch stetig tropfen meine Tränen nur so aus mir raus. Dann höre ich Uriel, mit seiner klangvollen Stimme spricht er:

Fürstin des Lichts – vergiss das Vergangene, wende dich dem Kommenden zu.
Prophetin im eigenen Haus zu sein, erscheint dir unsagbar schwer, doch wenn du es schließen willst, dann vollende die Geburt dieser Stunde.

Dein Herzlichthaus braucht dich als Schlüssel,
um die Zimmer zu füllen mit dem Herz, dem Licht und der Bestimmung.

Es naht die Ankunft im Dezemberlicht des Jahres 2011, um zu erfüllen die Prophezeiung.

Alle Zweifel heben sich empor wie eine Enthüllung.
So steige hinauf in die neue Welt, die nur das Licht für dich hält.

Balance beider Seiten setzt es voraus, um in der wahren Freiheit zu leben.
Mit Gleichgewicht und Mut der inneren Stimme zu folgen,
löst auf die eingeschränkte Wahrnehmung und bringt dich dazu,
die Vollkommenheit zu sehen.

Vorstellungskraft ist gleich Wirklichkeit,
Empfängnis ist gleich Geburt, so gibt und gab es nie einen Zeitpunkt
der außen gewählt wurde
für deine Bestimmung.

Denn du musstest erst erfahren im Irdischen die ständige Suche nach Erfüllung,
um zu erkennen, dass der unendliche Genuss nur zu finden ist im Licht.

Bekommen die fünf Sinne, klar und hell,
doch ließ es euch Menschen in dieser Welt im Dunkeln stehn.

So ist die älteste aller Weisheiten, die Erkenntniswissenschaft,
die deine Antwort auf deine Frage nach dem Sinn für dich hält.

Herabgestiegen, um wieder aufzusteigen in die Welten
des vergangenen Lichts, war der Plan deines Wesens.

Jetzt den Punkt im Herzen pulsieren gehört,
so lässt du eine Welt hinter dir,
die einzig allein mit der Eigenschaft des Empfangens begrenzt war.

Durch die erhöhte spirituelle Kraft hast du gefunden,
wonach du viele tausend Jahre gesucht hast bei Tag und bei Nacht.

*Zurückzukommen als Seele in der Meisterschaft
erfuhrst du die Königskraft der absoluten Liebe.*

*So begrüße die Empfänglichkeit
und das gefühlte Wissen des Gebens,
in dieser himmlischen Welt der Liebe.*

Mit diesen Worten wache ich wieder auf und ich habe jedes Zeitgefühl verloren. Wie spät ist es? Ich blicke mich suchend nach unserem Wecker um und stelle fest, dass es drei Uhr und dreiundzwanzig Minuten ist. Ich suche mit meiner Hand Peter unter seiner Decke und finde ihn. Meine Hand berührt seine Schulter. Peter dreht sich zu mir und fragt im Schlaf: „Sara, was ist los? Kannst du nicht schlafen?" Ich weiß keine Antwort, so gebe ich nur einen Laut von mir und kuschle mich an ihn. Peter schläft weiter und ich versuche, das Erlebte zu ordnen. Aber es gelingt mir erst mal nicht.

Nach einer weiteren Stunde des Denkens lasse ich endlich los und schlafe ein. Diesmal aber schlafe ich traumlos, bis der Wecker mich aus meinem Schlaf reißt. Am Morgen versuche ich alles zu verstehen. Mein Ego bricht hier und dort wieder durch, aber das, was Uriel gesagt hat, bleibt wie eingemeißelt in meinem Herzen. Ich frage mich, was hat mein Name mit der Sache zu tun? Stehe ich in Verbindung mit der Sarai aus der früheren Zeit, als Sarai Abrahams Frau war? Gibt es eine Art Gleichheit zwischen uns, oder ist meine Seele tatsächlich so alt, dass ich diese Sarai bin? Das übersteigt aber dann doch mein Vorstellungsvermögen. Auch in meiner späteren Meditation bekomme ich nicht gleich eine Antwort darauf. Ich lasse los und vertraue auf die Fortführung meines Weges. Mit geöffneten Händen sitze ich auf meiner Matte, und dann kommt die Eingebung; heute ist Dienstag und mir fällt der Engel Camael ein. So rufe ich in der Meditation Camael: „Camael, ich bitte dich, gib mir deine Energie für den Mut, jetzt in meine Stärke im Licht zu kommen.

Heute habe ich eine Patientin, die schon lange zu mir kommt. Bis jetzt war sie nie bereit für das wahre Licht, aber ich spüre, dass heute der Tag ist, der alles verändert. Heute werden wir den fünften Himmel berühren mit deiner Kraft als Verstärkung, Engel Camael. Und das hat große Auswirkung auf mein Leben. Denn diese Erleuchtung bringt die Wende in vielen Leben. Mein Name wird über die Welt getragen, mein Licht des Gebens wird die Menschen erleuchten ewiglich."

Es kommt anders, als ich gedacht habe, denn diese Patientin hat angerufen und den Termin verschoben auf den nächsten Tag. So passiert an diesem Dienstag nichts, oder nein, ich sage mal so, mein Arbeitstag in der Praxis verläuft ruhig. Ich bin wunderbar entspannt und verbringe auch den Abend mit meinen Lieben ruhig und voller Lebensfreude.

Gegen neun Uhr mache ich meine Abendmeditation und ich erlebe etwas Besonderes. Ich beschäftige mich gerade mit der Lebensenergie, die ich und auch andere nutzen. So habe ich durch eine kinesiologische Messung herausgefunden, dass ich im Moment nur neunzig Prozent meiner Lebensenergie nutze, das heißt, dass ich zehn Prozent nicht für mich nutze, sondern gegen mich. Und um auch diese zehn Prozent zu nutzen, werde ich jetzt in meiner Meditation die Blockaden lösen, damit ich Zugang zu aller Energie habe. Ich bekomme sofort Kontakt zu meinem Geist und löse mich von falschen Programmen aus meiner Kindheit, ich mache mich frei von allen scheinbaren Verankerungen gesellschaftlicher Art, die aus meinem Freundeskreis kommen. Und ich fühle nur noch meinen irdischen Körper, der in jeder Zelle mit Licht gefüllt ist. Alle Verspannungen in meinem Rücken löse ich auf und die ganze Zeit ist ein Lächeln in meinem Gesicht. Dies ist ein Hochgenuss aller Dinge, die absolute Erfüllung in jeder Zelle meines Ichs. Eine Allergie, die mich schon lange plagt, ist auf einmal weg. Einfach aufgelöst im Licht, denn alles ist Energie und ich fühle diese Energie und mache daraus die Materie. So entscheide ich bewusst, ab heute nur noch in der genussvollen Welt zu leben, völlig lichtvoll, absolut gesund, im Einklang mit mir und den anderen.

Und dann wird es einfach großartig, ich sehe mich am Feuer des Lebens. Ich sehe Maria und Nikolas dort sitzen, ich sehe Sarai, die Frau Abrahams, und ich sehe meine Ahnenmutter auch vereint mit mir am Feuer des Lebens sitzen. Wir alle sitzen im Kreis und halten uns an den Händen, ich selbst strahle nur so vor Glück. Mein Herz ist so erfüllt, dass es keine Worte gibt, die das beschreiben können. Ich weiß, dass jetzt alles anders ist, plötzlich fügt sich alles zusammen. Das Erlebte mit Maria, meinem vergangenen Ich, die Erlebnisse mit Nikolas, meinem Ahnenvater, dem ich hier in dieser Welt längst begegnet bin, der mich erleuchtet hat als mein Lehrer und Mentor. Und Sarai ist meine Urseele, die Seele, die sich teilte in viele Seelen nach diesem Leben an Abrahams Seite.

Dann sehe ich mich mit meiner Ahnenmutter, meiner heutigen Freundin, Geburtstag feiern. In diesem Jahr wird sie sechzig Jahre alt, und ich freue mich schon, sie irdisch in die Arme zu nehmen. Ich liege noch lange da, bis irgendwann Peter in mein Büro kommt. Vorsichtig fragt er ganz leise: „Sara, bist du eingeschlafen?" Mein Gesicht ist ganz nass, als ich zu ihm aufschaue und ihn frage, wie spät es denn ist. „Es ist kurz vor zwölf", entgegnet mir Peter. „Ich habe nicht geschlafen, Peter, aber ich war weit weg. Ich glaube, ich erzähle es dir morgen. Lass uns ins Bett gehen", sage ich zu meinem Mann. Währenddessen bin ich aufgestanden und nehme meinen Mann in den Arm und küsse ihn dann.

Am Morgen wache ich auf und habe Gedanken in mir, die ich in mein Traumtagebuch schreibe:
Die Erfüllung im Jahre 2012 steht klar geschrieben, all die Wirrungen Ende 2011 waren nötig, um zu erkennen, wie viel Liebe in mir ist. Freiheit gefordert, Kampf abgelehnt, erkannt die Muster des eisernen Bandes und erfahren: Mein Weg ist mein Weg. So stehe ich hier in der Mitte zu mir, erhalte Geschenke des Lichts und gebe die Liebe auf die grünen Wiesen dieser Erde.

Ein Moment der Stille formt unsere Gedanken für diese Welt.
Das Wissen schenkt uns die Klarheit für diese Nacht.
So ist gezündet das Licht für die Dunkelheit im Jahre 2011.

Heute die Wende im Namen des Neumondes,
berührt die Seelen, die bereit sind
für die Heilung im Aufstieg des Schöpfers.

Erkannt die Sinne des Herzens,
offenbart die Erinnerung des Lichtpunktes in jeder Seele
und verkündet die Erfüllung der Prophezeiung.

Tausende Jahre trugen wir die Schöpfung als Qual,
glaubten an die Erfüllung im irdischen Schein.
Erfuhren trotz all der Fülle die unendliche Leere im Sein.

Bis wir suchend in der Vereinigung des Menschenstroms,
fließend durch den Fluss des Lebens,
im Rhythmus der Erweiterung,
die Essenz der Liebe erfuhren.

Unglaublich schön erlebe ich die Ankunft des Jahres 2012. Leise und still und doch völlig bewusst für das Jahr der Jahre. Ich beginne den Januar mit einem Fortbildungsseminar für Mentaltraining in München. Die fünf Tage nutze ich, um mir meiner unbewussten Programme bewusst zu werden. Wir verbiegen Löffel mit unserer Mentalkraft (Ich dachte, das kann nur Uri Geller.) und machen weitere einfache Mentalübungen. Weiters verbinden wir uns mit dem morphischen Feld. Wir machen eine Übung, in der sich jeder Einzelne mit zwei weiteren Personen aus dem Kurs zusammentut. Da diese Übung am ersten Tag stattfindet, kenne ich die Namen dieser beiden Kursteilnehmer nicht. So geht es darum, dass wir versuchen sollen, uns mental ins morphische Feld „einzuloggen" und zu sehen, ob wir Informationen über eine Person erhalten. Wir bzw. ich bekomme nur einen Vornamen und den Nachnamen sowie Alter und Wohnort der entsprechenden Person genannt.

In dieser Übung bin ich der Empfänger, ein Mann ist der Sender und eine weitere Frau ist die Schreiberin bei dieser Übung. Der Mann sucht sich wahllos eine Person aus, über die er etwas weiß, damit später Übereinstimmungen und Unterschiede verglichen werden können. Ich bekomme einen Frauennamen genannt, und ehe wir dann ins wirkliche Empfangen gehen, macht unser Coach eine kleine Einführung zur Entspannung mit uns. Sofort erlebe ich eine Reaktion aus dem morphologischen Feld. Ich bekomme sehr starkes Herzklopfen und wenn ich nicht schon solche Dinge erlebt hätte, hätte ich jetzt bestimmt

Angst bekommen. Aber ich spürte, dass es nicht meine Angst ist, sondern dass es eine große Panik dieser Person ist, über die ich hier in dieser Übung etwas herausfinden soll.

Mein Herz schlägt wie verrückt, sodass ich nach ein paar Minuten „Ruhe" sage, was unser Schreiber aufschreibt. Diese riesengroße Angst fühle ich bis in jede Zelle. Es muss ein Erlebnis sein, welches sie sehr geprägt hat und auch nachhaltig beeinflusst, sodass diese Angst immer noch präsent ist. Weiters sehe ich eine Frau, die ein oder zwei Kinder hat, bei der Frage des Schreibers nach dem Beruf habe ich keine fühlbare Relevanz gespürt. Aber die Partnerschaft ist gestört durch dieses Angstgefühl. Ich sehe eine Frau mit dunklen Haaren und hellen Augen und einer Brille. Nachdem wir die Übung beendet haben, muss ich mich noch sammeln. Ich war auf so eine große Geschichte nicht vorbereitet gewesen. Wir besprechen meine Wahrnehmungen zu dritt, der Sender hat mir den Namen seiner Ehefrau genannt. Die große Angst können wir auf einen sexuellen Missbrauch, den sie in ihrer Kindheit erfahren hat, zurückführen. Zudem erzählt der Mann, dass es im Moment große Probleme in ihrer Ehe gibt. Sie haben ein Kind, aber seine Frau wolle ein autistisches Kind betreuen, welches sie wie ihr eigenes empfindet. Er bestätigte ihr Aussehen, die Haarfarbe, Figur, Augenfarbe und war sehr verblüfft über das, was ich empfangen habe.

Ich habe durch diese Übung erst richtig verstanden, dass ich schon öfters ins morphische Feld geschaut habe. Jetzt weiß ich, dass ich es zu jeder Zeit nutzen kann, auch ohne eine spontane Eingebung aus der geistigen Welt zu bekommen. Außerdem finde ich es sehr nützlich, dass es eine Sache ist, die nicht nur uns „spirituellen Spinnern" offen ist, sondern jedem, der sich mit Mentaltraining beschäftigt, eröffnet werden kann.

Eine weitere Meditation gibt mir Aufschluss über meine weitere Entwicklung. Ich sehe, dass ich bis zum Jahre 2020 mein Herzlichthaus, Zentrum für Blockadenlösung und Potenzialentwicklung, gegründet habe. Ich sehe ein großes Haus mit einem großartigen Eingangsbereich, in der Mitte steht eine Skulptur vom Herzlichthaus. Diese wundervolle, lichtvolle Skulptur habe ich von einer ganz besonderen Seele meines jetzigen Lebens und von der Energie eines vergangenen Lebens geschenkt bekommen. (Hier ein großes Dankeschön.) Draußen sind vier Säulen zu sehen, sie sind weiß gestrichen. Das Haus vermittelt ein mediterranes Flair.

Als ich den Eingangsbereich betrete, begrüße ich freundlich meine Mitarbeiterin am Empfang. Es gibt einen großen Kursraum mit einem weichen, weißen Teppich, wunderschöne Leuchten hängen an den Wänden. Wenn man von hier aus dem Fenster blickt, schaut man auf einen noch schöneren Garten. In der Mitte ist ein Teich mit Seerosen zu sehen, weiters gibt es einen kleinen Bachlauf, überall Blumen, eine schöner als die andere, und mittendrin eine große Eiche. Unter diesem Eichenbaum steht ein Stuhl, in den eingraviert ist: „In Gedenken an Henry, meinen Vater. In Liebe, Sara."

Ich gehe weiter durch mein Herzlichthaus, es gibt mehrere Räume unterschiedlicher Nutzung. Ein Raum ist mit Tischen und Stühlen ausgestattet. Hier findet der Unterricht für Heilung und Führung im Herzlichthaus statt. Der andere Raum wirkt wie eine Wohlfühloase, ein schönes Sofa und ein Sessel in einem warmen Ton bieten Platz für ein Gespräch. Kerzen, Pflanzen und schöne Bilder runden die Sache ab und geben dem Raum die nötige Energie. Dann gibt es noch zwei Behandlungsräume, eine Küche und ein Café und mein privates Büro. Sanitäre

Anlagen und ein kleiner Buchladen, in dem jeder einen Moment verweilen kann oder auch ein Buch oder eine CD kaufen kann, vollenden dieses Haus. Nicht zu vergessen ist der Keller. Hier sind eine Sauna, ein Schwimmbad und ein Massageraum für das körperliche Wohl eingerichtet worden. Ich selbst gehe hier regelmäßig schwimmen und saunen. Und wenn ich Zeit habe, gönne ich mir ab und zu eine schöne Massage. Ich habe verschiedene Angestellte, neben meiner Empfangsdame gibt es die gute Seele des Hauses, die für alle Wünsche, die so anfallen, zuständig ist. Zudem gibt es einige Kursleiter für die verschiedenen Angebote wie zum Beispiel: Yoga, Mentaltraining, Blockadenlösung und Urenergiearbeit. Die Kurse „Der Weg zum Herzen", „Der Weg zum Licht", „Der Weg nach Haus" und „Die Wege des Herzlichthauses" gebe ich selbst. All das sehe ich in dieser Meditation, so als ob es schon Wirklichkeit ist. Mein Herz und mein Körper freuen sich auf den Einzug. Alles scheint schon geplant zu sein, das Haus ist gebaut und der Garten ist schon angelegt. Es fehlt nur noch das große Schild „HERZLICHTHAUS-Zentrum für Blockadenlösung und Potenzialentwicklung". Nach fünf Tagen in München fliege ich zurück nach Hause mit einem Koffer voller Ideen und dem Bewusstsein für mein jetziges Leben, ja, mein jetziges, nicht mein zukünftiges Leben. Es ist wundervoll. So scheint 2012 eine Menge für mich bereitzuhalten.

In sanften Bahnen laufen die folgenden Tage ab bis zu einer Nacht, in der ich einen besonderen Traum habe. Es ist wieder eine Vollmondnacht und ich finde nicht in einen ruhigen Schlaf.

Vor meinem geistigen Auge entsteht das Bild der Eiche. Auf dem Stuhl, der in meinem Traum unter der Eiche steht, sitzt mein Vater. Ich sehe ihn und mir laufen die Tränen die Wangen runter. Schnell laufe ich auf ihn zu und knie nieder. Ich lege meinen Kopf in seinen Schoß. Und sofort nimmt er seine Hände und streichelt mich. Ein heftiges Schluchzen erfasst meinen ganzen Körper. Mein Vater spricht kein Wort, nur seine Hände berühren mich. Nach einer Weile beruhige ich mich, hebe meinen Kopf und schaue in seine blauen Augen. Sein Blick bringt mir so viel Licht, dass ich erneut weinen muss. Wieder legt er eine Hand auf meinen Kopf, die andere legt er mir auf meine Schulter. Ich weiß, er wird kein Wort sprechen, denn er ist nur hier, um mich auf meinen Weg zu bringen, damit sich das Herzlichthaus als Prophezeiung erfüllt. So fühle ich die Liebe und das Licht, die er zu geben hat. Dann sehe ich mich auf einem Pferd reiten, galoppierend durch einen Wald. Durch das Geäst, hinweg über jedes Hindernis, trägt mich mein schwarzes Pferd sicher an mein Ziel. Die Stärke und die Wärme, die mein Pferd mir gibt, strömen durch mich und ich spüre auf einmal wieder die Hand meines Vaters auf meiner Schulter, obwohl ich immer noch auf dem Pferd reite. Ich atme tief die Luft dieses besonders schönen Tages ein. Ich verinnerliche das Gefühl von Liebe, Licht, Stärke und Wärme. Als das Gefühl in mir ganz groß geworden ist, hält mein Pferd plötzlich an. Ich komme auf einer Lichtung an und da steht mein HAUS, mein Herzlichthaus. Oh mein Gott, es ist so schön. Ich springe vom Pferd und gehe auf die Knie. Eine Blumenwiese vor dem Haus bettet mich ein, so rieche ich, das ist der Ort, an dem ich soll sein. Ich stehe auf und laufe ins Haus und wieder ist es so wie in meiner Meditation in München: Ich begrüße meine Empfangsdame, aber jetzt ist dieses Haus auch gefüllt. Es sitzen Patienten vorne im Empfangsbereich, ich begrüße sie herzlich und bitte sie, noch einen Moment zu warten. Ich gehe in mein Büro, lege meine Tasche und meine Jacke ab und öffne die Terrassentüre zum Garten. Dann sehe ich wieder die Eiche und den Stuhl darunter, aber mein Vater ist nicht mehr da. In diesem Moment wird mir klar, ich bin Herzlichthaus, ich bin der Garten, die Eiche, der Stuhl und auch Teil meines Vaters. Mein Ritt auf dem schwarzen Hengst ist nicht notwendig, aber kann befreiend sein, um zu fühlen und zu verstehen. Mit diesen Gedanken werde ich wieder wach und auf meinem vom Weinen noch feuchten Gesicht ist ein breites Grinsen.

In mein Traumtagebuch schreibe ich:

Dein Stuhl steht unter der Eiche
fest verwurzelt und doch ganz leicht
weiß mein Herz, du bist hier.
Wenn ich meine Augen schließe,
fühle ich deine Hände auf meinem Kopf.
Sanft streicheln sie mich und wollen mir damit sagen,
steh auf und gründe dein Herzlichthaus.
Lebe Liebe, Licht und Stärke,
wärme die Herzen und löse die Schmerzen.
Erkenne die Wahl der grenzenlosen Fülle,
halte inne und genieße die unsagbar reiche Gnade,
die dir ist geschenkt.

Tochter, Frau und Mutter zugleich,
vereint in dir die allumfassende Herrlichkeit dieser Zeit.

Jetzt bist du bereit, dich zu lösen von dem, was dich hält,
dich zu leben, so wie du bist.

Dich zu geben, wie es ist gewollt.
deinen Reichtum zu ernten, dich zu erweitern und deine Kraft zu schenken.

So ist der Stuhl jetzt dein Stuhl.
So bist du hier verwurzelt in der Erde des Herzlichthauses.
So bist du gegangen die Pfade zu Herz, Licht und nach Haus.
Hast gesucht die Wirrungen auf den Wegen und doch hat es dich zurückgeführt zum Herzlichthaus.
Dein Baum, dein Stuhl, deine Erde warten schon so lange auf dich, so gehe, meine Tochter, und liebe dich so wie ich dich.

Aber das war nicht das Ende. Denn in mir wuchsen der Wunsch und die Sehnsucht nach Südtirol, sodass wir einen erneuten Urlaub in Lana planten. Meine Träume und Visionen wurden immer stärker und ich schien meiner Bestimmung näher zu kommen. In einer Verbindung mit meinem irdischen geistigen Lehrer gab es die Vision von der Fürstin des Lichts. In einer Waldlichtung, umringt von Menschen, sitze ich auf einem großen Fels und meditiere mit ihnen. Auf einmal wird mir klar, dass mein Herzlichthaus nicht in Deutschland stehen kann, der Platz der Bestimmung sei Südtirol. Wie ein Adler so frei schwinge ich durch die Luft und kreise über dem Ort meiner Prophezeiung. Vor meinem inneren Auge bekomme ich vier Worte: „Eppan, Engel, Marienkäfer und Blumenwiese".

Damit ist die Vision beendet und nachdem ich wieder an meinem Computer sitze, recherchiere ich erst mal den Ort Eppan. Dieser Ort liegt in der Nähe von Kaltern am See und nicht auf der anderen Bergseite, wie ich dachte. St. Michael ist das Zentrum von Eppan. Mein Mund wird ganz trocken und ich schüttle den Kopf, das kann doch nicht sein. Eppan ... Engel ... und dann St.

Michael. Ich bin mir augenblicklich bewusst, dass das der Ort sein muss, in dem mein Herzlichthaus stehen soll. Jetzt muss ich nur noch die Verbindung zu Marienkäfer und Blumenwiese finden. Auch wenn ich spirituell bin, habe ich immer noch Probleme, mein Ego auszuschalten. Oft überrennt mich dann das große Zweifeln, wie auch jetzt. All meine Sensoren stehen auf Skepsis. Aber mein Herz fühlt es so wirklich, dass ich mir das nicht nur eingebildet haben kann. Auch mein geistiger Mentor bestärkt mich auf meinem Weg. Trotzdem aber bleibt ein Restzweifel in mir stehen.

In mir wächst der Gedanke, dass das vielleicht ein Gegenprogramm ist. Und so beschließe ich darüber zu meditieren und abzuwarten. Meine abendliche Meditation verläuft gut, aber bringt mir keine weiteren Rückschlüsse auf die Entschlüsselung. Aber die Nacht hält wieder Unglaubliches für mich bereit.

Am Tor der Verbindung wartet heute ein Jaguar auf mich. Mit verhaltenen Schritten nähere ich mich dem Tier. Noch weiß ich nicht, was mich erwartet, aber das Gefühl ist das einer freudigen Erwartung und lässt mich mutig voranschreiten. Meine Hand berührt vorsichtig sein Fell, und der Jaguar lässt es geschehen. Auch ohne ein gesprochenes Wort verstehe ich ihn. Wir gehen einen Weg entlang und vor uns entsteht ein Bild von einem riesengroßen Spiegel. Dort erscheint wie aus dem Nichts Uriel an meiner Seite: „Sara, willkommen, deine Sternstunde kündigt sich nun an." Mit diesem Satz legt er seine Hand auf meinen Arm. Stumm vor Staunen, schaue ich ihn verwundert an. Aber das erleichtert mir nicht gerade das Verstehen. „Ja, Sara, dein Verstand wird es nicht begreifen können, jedenfalls nicht der Teil, den du bis jetzt genutzt hast. Diese Welt ist viel größer, als ihr Menschen immer denkt. Auch wenn du es immer wieder erfährst, versucht dein Gehirn diese Dinge zu erklären, da-

mit du scheinbar nicht verrückt wirst. Aber als wahre Geistheilerin stehen dir Dimensionen offen, in die du bis jetzt noch nicht geblickt hast. Und dein Freund, der Jaguar, zeigt sich nur sehr selten, doch wenn er auftaucht, ist es ein Zeichen für die Gunst der Stunde. Heute ist der richtige Zeitpunkt für einen Dimensionssprung, für die Einweihung deines inneren Meisters. Heute bist du bereit, deine innere Freiheit zu leben. Dadurch wird sich die äußere Welt für immer verwandeln", spricht Uriel.

Ich stehe nickend neben meinem Freund, meine Hand liegt auf dem Rücken des Tieres. Mit einem Male weiß ich, was ich jetzt zu tun habe. Meine Augen treffen sich mit dem Blick meines Dimensionshelfers Wir springen los und durchbrechen in einem Strudel von Eindrücken den gläsernen Spiegel. In dieser Welle werde ich eins mit dem Jaguar und ich schwinge mit goldenen Flügeln in das himmlische Blau über mir, fliege über Wolken, Regenbögen und viele himmlische Helfer hinweg zu einem Haus, das mit einem eisernen Tor verschlossen ist. Ganz sanft komme ich dort an. Meine goldenen Flügel sind verschwunden und ich bin wieder Sara, in Menschengestalt. Ich spüre eine Freiheit in mir, die mich vollkommen erstrahlen lässt. Und mit diesem Gefühl öffne ich mit einem Finger das verschlossene eiserne Tor. Ich bin mir einfach gewiss, dass ich es ganz ohne Anstrengung öffnen kann. Es verblüfft mich selbst, dass es so leicht geht. Und was mir jetzt zuteilwird, ist wahrhaftig nur mit einem Wunder zu vergleichen, denn in der Vision entsteht eine Vision: Es scheint früher Nachmittag zu sein, denn die Sonne steht hoch am Himmel und strahlt mit ihrer ganzen Kraft. Ich sitze in einem kleinen roten Auto und fahre in Richtung Mittenberg. Mir ist heiß, trotz der Klimaanlage schwitze ich. Die Luft ist aufgeladen und obwohl ein Donnern in der Ferne zu hören ist, kommt noch kein Tropfen Regen vom Himmel. Mein Weg führt mich hinauf auf den Berg. Obwohl es durchaus gefährlich ist, fahre ich mit meinem kleinen Auto immer schneller die immer enger werdende Straße entlang. Jetzt kommt das Gewitter näher. Das Grollen des Donners lässt mich zusammenzucken. Unmittelbar vor mir schlägt der Blitz in die Eiche am Straßenrand ein. Es gibt einen lauten Knall, dass ich instinktiv eine Vollbremsung mache. Das hat mir wohl das Leben gerettet, denn der vom Blitz getroffene Baum fällt unmittelbar vor mir auf die enge Fahrbahn. Mein Herz klopft zum Zerspringen und ich zittere am ganzen Körper. Zum Glück ist mir nichts passiert. Wie durch ein Wunder bin ich unmittelbar vor dem Baum zum Stehen gekommen.

Ich versuche, meinen Atem wieder unter Kontrolle zu bekommen, und überlege laut: „Was mache ich hier eigentlich?" Der heiße Asphalt dampft noch von der kurzen Abkühlung. Als ich endlich in der Lage bin, aus dem Auto zu steigen. Fremdgesteuert setze ich meinen Weg zu Fuß fort. Einen Rucksack, der auf dem Rücksitz liegt, nehme ich mit. Ohne Ahnung, wo ich hinwill, geschweige denn was mich erwartet, renne ich den Berg hinauf. Ich schnaufe und renne weiter, als ob ich ein bestimmtes Ziel noch erreichen will. Um mich herum ist außer ein paar Bäumen und Wiesen nichts zu sehen. Ein Blick in den Rucksack lässt mich auf die Erklärung hoffen, was ich hier eigentlich mache. Aber außer Erinnerungsstücken, Bildern, etwas zu essen und zu trinken finde ich nichts. Und mit einem Male wird es mir bewusst. Ich bin die Verbindung zur alten Zeit, nicht durch die materielle Welt, nein, durch meine geistige Welt. Ich lasse den Rucksack samt Inhalt liegen und spreche noch ein kurzes Gebet: „Herr des Lichts, ich danke dir für all deine Liebe und dein Licht. Ich danke dir für deine Zeichen in der irdischen Welt, dass wir glauben können an dieses Leben. Aber ich habe jetzt erkannt, dass ich es nicht sehen muss, denn durch dich lernte ich das wahrhaftige Sehen.

Das Sehen im Herzlichthaus." Während ich spreche, erkenne ich die Tragweite für mein Leben. Denn es geht nicht um die Erfüllung im Leben. Nach jeder scheinbaren Erfüllung suchen wir wieder die Erfüllung und so suchen wir immerzu. Das Menschsein ist die Erfüllung der Geschichte.

Jede Emotion, jede Phase des Wachsens zu erleben, zu atmen und zu sein, das ist die große Sehnsucht. Und diese Sehnsucht ist nicht irgendwo zu befriedigen, noch kann sie uns jemand bringen, denn wir sind die ganze Erfüllung. Menschsein, so verwundbar und doch wunderbar, so entrückt und doch verzückt, bringt die Wende.

„Sara, Sara, wach doch auf!" Peter rüttelt mich zurück in diese Welt. Und als ob ich von einer weiten Reise komme, höre ich ihn, aber mir fällt es schwer, die Augen zu öffnen. Ich bin mir noch nicht sicher, soll ich wach werden oder bin ich wacher denn je? „Sara, was ist los?" Mein Mann klingt jetzt sehr besorgt. „Wach doch auf!" Ich öffne meine Augen und schaue in die Augen von Peter und Leon, beide stehen an meinem Bett und sind völlig außer sich. „Endlich, Sara, geht es dir gut?" „Mama, hast du Schmerzen?" „Wir haben einen Arzt gerufen, der müsste gleich hier sein", sagt Peter zu mir. Und schon klingelt es auch an der Haustüre. Leon öffnet unserem Hausarzt. Eilig kommt er mit seinem Koffer die Treppe herauf und ist sehr erleichtert, als er mich wach antrifft: „Hallo Sara, das ist gut, du bist wieder da", begrüßt er mich und beginnt trotzdem, mich zu untersuchen. Blutdruck-Kontrolle, Blick in die Pupillen und Blutzucker messen, all das muss ich über mich ergehen lassen, bevor mir mal jemand richtig erklärt, warum man hier ein solches Affentheater macht. Ich habe doch nur geträumt wie sonst auch. Danach erzähle ich Peter und Leon von meiner Vision in der Vision und dass sie mich geweckt haben mitten in dieser Reise. Alle drei sitzen wir im Bett und halten uns fest. In diesem Moment wird mir bewusst, dass ich mich ganz schön weit entfernt habe von der irdischen Welt. Meinen Körper hatte ich ein Stück verlassen und bis jetzt war es immer so gewesen, dass es kein anderer mitbekommen hat, wenn ich mich in die andere Dimension begab. Doch diese Vermischung der Welten hält auch Gefahren für mich bereit, das ist mir klar geworden.

Nach diesem verrückten Erlebnis leben wir den Alltag ganz normal, bis unser Urlaub in Südtirol ansteht. Gemeinsam mit unserem Sohn fahren wir Sonntag in aller Frühe los. Viele Kilometer liegen vor uns und meine Spannung ist fast unerträglich. Meine beiden Männer lassen mich in Ruhe und meine Gedanken suchen nach dem Weg der Wege. Mit jedem gefahrenen Kilometer, den ich näher an meinen Bestimmungsort komme, werde ich ruhiger. Ein Lächeln zeigt sich auf meinem Gesicht und Peter fragt, was so lustig ist. „Peter, ich weiß es nicht. Es ist in mir das Gefühl, nach Hause zu kommen, und ich freue mich einfach." Mit dieser Erklärung gibt sich Peter zufrieden und bringt uns sicher an unser Ziel.

Der nächste Morgen weckt uns mit wunderschönem Wetter. Keine Wolke ist am Himmel. Wir packen unsere Wanderschuhe ins Auto und fahren zu einem Parkplatz nahe dem Montiggler Wald. Links neben dem Parkplatz führt ein enger Pfad steil hoch auf den Weg 5 unserer Wanderkarte. Jeder setzt einen Fuß vor den anderen und versucht seinen Rhythmus zu finden. Nur Leon nicht, der plappert pausenlos, sodass Peter und ich uns nur lächelnd ansehen und nicken. Wenn Leon aufgeregt ist, neigt er dazu, das zu überspielen, indem er ununterbrochen redet. Voller Vertrauen, dass sein Redestrom sich bald legen wird, gehen wir weiter. Nach einer halben Stunde lichtet sich der Wald ein wenig. Der Weg wird breiter. Die nächste Weggabelung führt direkt auf eine Straße, die anscheinend aus dem Tal kommt und nach oben auf den Gipfel führt. Ich hole die Wanderkarte aus dem Rucksack und wir schauen gemeinsam nach, welchen Weg wir jetzt nehmen müssen. Peter zeigt auf eine Gabelung, die wir wohl verpasst haben. Also gehen wir wieder zurück und Leon, der mindestens zehn Meter vor uns ist, ruft uns zu: „Papa, hier ist es. Schau, da ist ein Baum umgefallen."

Mit diesem Satz klopft mein Herz sofort schneller. Ich muss an meine Vision denken. Wir steigen über diesen Baum. Peter reicht mir die Hand, damit ich sicher auf die andere Seite komme. Fragend schaut er mich an, denn er sieht in meinem Gesicht, dass irgendetwas nicht stimmt. „Sara, was ist los? Geht es dir nicht gut?" „Doch, es ist nur so, dass der umgestürzte Baum mich an die Vision erinnert. Mein Herz klopft wie verrückt. Das ist der richtige Weg. Lass uns weitergehen." Dicke Wurzeln und Steine machen es nicht einfach. Nach einer Weile kommen wir auf eine Lichtung. Wie angewurzelt bleibe ich stehen, denn ich könnte heulen, so schön ist es hier. Ein Meer aus Blumen lässt diesen Platz wie verzaubert aussehen. Ich kann nur atmen und auch meine beiden Männer stehen mit offenem Mund da. Erst als wir eine Stimme hören, lösen wir uns aus dieser Erstarrung. „Mama, komm mal schnell. Da ist ein Mann, er scheint gefallen zu sein", ruft Leon mir zu. Ein weißhaariger Mann, um die 65 oder 70 Jahre alt, sitzt auf dem Boden und hält sich vor Schmerzen seinen linken Fuß. „Kann ich Ihnen helfen?", frage ich ihn freundlich. „Danke, das wäre nett. Ich bin gestolpert und kann nicht mehr auftreten. Leider bin ich auch ohne mein Handy aus dem Haus gegangen. Vielleicht haben Sie eines dabei und wir können Hilfe holen", sagt er mit tiefer Stimme. „Vielleicht darf ich mir Ihren Fuß ansehen, ich bin Heilpraktikerin", antworte ich ihm. „Aber Sie haben doch sicher nichts dabei. Schauen dürfen Sie natürlich", sagt er. Ich setze mich auf den Boden und nehme seinen Fuß in beide Hände. Gleichzeitig frage ich den Mann nach seinem Namen und bitte ihn, die Augen zu schließen. Er heißt Michael. Während ich Michael behandle, nutzen Peter und Leon die Gelegenheit, um sich zu stärken. Um meine Behandlung nicht zu stören. Ich verbinde mich mit dem Licht und dem morphischen Feld und frage nach, was Michael für seine Heilung braucht. Und in diesem Augenblick setzt sich ein Marienkäfer genau auf meine Hand. Ich muss lächeln. Nicht nur, dass wir hier in der Gemeinde Eppan, St. Michael, sind, jetzt halte ich auch den Fuß eines Michael (wie der Engel Michael) heilend in meinen Händen. Und die Prophezeiung von Engel, Eppan, Blumenwiese und Marienkäfer erfüllt sich jetzt. Völlig überrascht sehe ich in das Gesicht von Michael, und in diesem Moment macht er die Augen auf und unsere Blicke treffen sich. „Sie sind eine große Heilerin, nicht wahr?", sagt er mit vibrierender Stimme. Ich nicke nur und lasse die Energie für seinen Fuß weiterhin fließen. Nach einer halben Stunde bitte ich ihn aufzustehen. Er setzt seinen linken Fuß auf und beginnt zu strahlen. „Wie haben Sie das gemacht? Ich habe keine Schmerzen mehr. Das ist ja unglaublich." Immer wieder schüttelt er den Kopf und kann es gar nicht glauben. Ich antworte nicht auf die Fragen, sondern lächle ihn weiter freundlich an. Dann frage ich ihn, ob er sich auch etwas stärken möchte. Er nimmt meine Einladung an und wir erzählen ihm, dass wir aus Deutschland kommen.

Es folgt eine sehr anregende Unterhaltung. Wir erfahren, dass das ganze Areal, der Wald und auch die oben gelegene Hütte zu seinem Besitz gehören. Seine Familie hat schon vor Generationen die Wanderwege für die Touristen freigegeben. Er lädt uns ein, wir sollen ihn heute Abend in seinem Haus in St. Michael besuchen. Nachdem er uns die Adresse gegeben hat, verschwindet er auf einem Weg in Richtung Tal. Sein Fuß scheint wieder völlig in Ordnung zu sein, denn er geht leicht und beschwingt. Auch wir setzen unsere Wanderung fort und kommen nach drei Stunden endlich am Gipfel an. Glücklich, aber völlig geschafft nehmen wir den Sessellift für den Rückweg.

Gegen halb acht machen wir uns frisch geduscht auf den Weg nach St. Michael. Als ich endlich registriere, dass wir am Ziel sind, bekomme ich den Mund fast nicht mehr zu. Vor uns steht nicht ein einfaches Haus, nein, es ist ein riesengroßes Anwesen. Umringt von Obstplantagen, ist dieser Ort einfach nur wunderschön. Die Villa in einem zarten Gelb ist von der Sonne beleuchtet. Bunte Blumen schmücken die Einfahrt, und in der Mitte steht schon wieder eine Eiche. Als ich das sehe, muss ich an Papa denken und habe sofort Tränen in den Augen. Ich habe keine Ahnung, wer oder was mich hierher geführt hat, aber es ist mein Herzlichthaus. Ich weiß es einfach.

Peter stellt den Motor ab und schaut zu mir herüber: „Sara, ist alles in Ordnung?" Ich wische die Tränen aus meinem Gesicht und sage mit belegter Stimme: „Ich weiß nicht, aber ich bin schon mal hier gewesen." Peter und Leon schauen mich schweigend und verwundert an „Mama, waren wir denn schon mal hier?", fragt Leon. „Nein, wir waren noch nie hier, aber es ist so ein Gefühl, dass ich schon mal in einer anderen Zeit hier war, vielleicht in einem anderen Leben." Da mein Sohn es gewöhnt ist, von mir auch schon mal Antworten zu bekommen, die nicht von dieser Welt sind, gibt er sich damit zufrieden.

„Sara, komm, lass uns reingehen, Michael erwartet uns." Ich atme dreimal tief ein und aus und nehme meinen ganzen Mut zusammen, um das Kommende zu erfahren. Noch ehe wir klingeln können, wird uns die Türe geöffnet. Michael bittet uns lächelnd ins Haus. Im Inneren ist das Haus noch schöner. Fliesen in einem angenehmen Erdton schmücken die Eingangshalle und durch die massiven Holzmöbel hat der Raum so viel Atmosphäre, dass ich abermals tief Luft holen muss. Michael bittet uns in das Esszimmer an einen Tisch, an dem mindestens zwanzig Menschen Platz fänden. Ein schöner Abend mit tollem Essen beschert uns viel Freude. Michaels Hausangestellte Marie-Therese kocht einzigartig und Leon ist so begeistert, dass er sich nach dem Essen zu ihr in die Küche setzt. Er löchert sie, wie sie kochen gelernt hat, denn Kochen ist seine neuste Leidenschaft. Peter, Michael und ich gehen hinaus in den Garten. Mein Herz klopft wieder und Peter spürt, dass ich gerade mit etwas in Resonanz gehe. Doch Michael scheint davon völlig unberührt, denn er spricht einfach weiter. „Seht ihr? Mein Garten ist schon vor langer Zeit angelegt worden. Der Baumbestand ist viele Jahrzehnte alt. Meine Großmutter erzählte mir als Kind, dass hier einst ein großer Heiler gewohnt habe, der Nikolas hieß. Er hat diesen Garten angelegt, er ist hoch energetisch. Drüben beim Eichenbaum steht ein Holzstuhl, den soll er selbst gebaut haben. Als mein Vater das Haus gekauft hat, hat er ihn restaurieren lassen." Bei dieser Erzählung wird mein Mund ganz trocken, mein Herz klopft noch heftiger. Er meint doch nicht etwa meinen Nikolas oder, besser gesagt, Marias Nikolas? Meine Augen suchen die Augen von Peter und er hebt die Schultern, denn er weiß genau, was ich mich frage.

„Michael, wer war dieser Nikolas? Wie lange hat er hier gelebt? Hatte er Familie?" „Sara, kennst du seine Geschichte? Ach, sicher kennst du seine Geschichte." „Ich bin mir nicht sicher, Michael. Aber irgendetwas ist hier, das mich sehr berührt. Als wir auf dein Anwesen gefahren sind, hatte ich das Gefühl, dass ich hier schon mal gewesen bin. Obwohl ich dieses Haus noch nie in meinem jetzigen Leben gesehen habe. Aber ich wusste, es ist das Haus meiner Träume, mein Ort der Bestimmung, mein Herzlichthaus." Während ich diese Worte sage, laufen mir die Tränen ohne Unterlass über die Wangen. Michael lächelt nur, als ob er wüsste, warum ich hier bin, und sagt: „Komm, Sara, ich will dir etwas zeigen." Er reicht mir die Hand und ich nehme seine Hand ganz selbstverständlich. Peter geht langsam mit ein paar Schritten Abstand hinter uns her. Wir gehen an dem Bachlauf vorbei und erreichen die Eiche. Mein Atem geht unruhig und obwohl ich Michaels Hand noch halte, merke ich, dass ich anfange, mich abzugrenzen. Ich tauche völlig in meine Welt des Lichts ab.

Meine Hände berühren den Baum und ich beginne zu reden: „Willkommen in meinem Herzlichthaus. Ich freue mich, dass ihr alle den Weg gefunden habt, hierher an den Ort auf der Lichtung zu kommen. Einst war es der Ort meines Ahnenvaters, der hier seine Energie lebte, und nun hat er mich zurück an diesen Platz gerufen. Ich, Sara, Fürstin des Lichts, sollte folgen meiner Bestimmung, um euch zu führen in die Herzen, ins Licht und in eure Häuser der Liebe. So traf ich Michael, und er machte möglich meinen Weg zu euch."

Wie durch einen Nebel höre ich Michael zu Peter sagen: „Meine Großmutter lernte Nikolas kennen und lieben. Sie waren kein Paar, aber meine Großmutter verdankte ihm sehr viel, denn sie hatten lange Jahre versucht ein Kind zu bekommen. Nach einigen Behandlungen bei Nikolas erfuhr meine Großmutter, dass sie endlich ein Kind empfangen hat. Und es war für alle unglaublich, denn nach zehn Jahren des Hoffens kam endlich ein Sohn. Dieser Sohn wurde Nikolas getauft, und ich bin sein Sohn, Michael. Michael, weil ich den Mut haben sollte, die Prophezeiung zu erfüllen. Meine Familie und Nikolas waren ihr ganzes Leben verbunden, und als Nikolas von dieser Welt ging, sagte er zu meinem Vater, dass es eine Zeit geben werde, in der eine Frau hierherkomme. Und es werde sich die Vision erfüllen: Eppan, Engel, Blumenwiese und Marienkäfer.

Und ich werde großen Anteil daran haben, dass diese Frau in ihre volle Größe kommt, denn sie ist die große Heilerin, sie ist die Fürstin des Lichts, sie ist die Ahnentochter von Nikolas Lichter, ihr Heilerbe ist das Herzlichthaus.

Meine finanziellen Mittel reichen für viele Projekte und ich sehe es als meine Aufgabe, Peter, dir und deinem Sohn hier ein Zuhause und den Ort des Lichts zu geben. Als ich mir auf der Wiese oben am Wald den Fuß verletzte, wusste ich, dass es heute passieren wird."

Der Nebel in meinem Kopf löst sich etwas und ich trete einen Schritt vom Baum weg. Irgendwie verständnislos schaue ich von Peter zu Michael und atme tief ein und aus. „Das Ganze ist doch ziemlich groß, auch für mich", sage ich lächelnd. „Ich weiß gar nicht, was ich sagen soll. Aber ich fühle, dass du die Wahrheit gesprochen hast. Ich habe nur noch keine Ahnung, wie es jetzt weitergeht", versuche ich die Sache für mich zu ordnen. „Sara, das verstehe ich. Ich bin mit der Geschichte aufgewachsen, das heißt, ich wusste mein ganzes Leben, irgendwann kommst du hierher. Aber für dich ist die Zeit des Erwachens gerade erst gekommen. Lasst uns reingehen und noch ein Schluck von meinem köstlichen Wein nehmen." „Es ist schon spät", sagt Peter, und in diesem Augenblick kommt auch schon Leon angerannt und erzählt mit glänzenden Augen, dass er morgen wiederkommen dürfe. Marie-Therese werde ihm zeigen, wie man einen Apfelstrudel macht. „Den können wir dann am Nachmittag essen", beschließt Michael, ohne uns zu fragen. Wir lachen alle und versprechen, dass wir morgen gerne wiederkommen. Unsere Heimfahrt zum Quartier verläuft schweigend, jeder geht seinem Erlebten nach. Mein Gesicht ist von einem ständigen Lächeln überdeckt, und als ich dann im Bett liege, schlafe ich selig ein.

Es dauert nicht lange, bis ich anfange zu träumen. Mein Traum führt mich auf einen Friedhof. Ich habe das Gefühl, dass ich etwas suchen soll. In der Nacht kann ich nicht unterscheiden, was real ist und was Fiktion. Aber als ich am Morgen wach werde, ist in mir das Gefühl so groß, dass ich diesen Friedhof suchen muss, dass ich Peter und Leon einen Zettel schreibe und ein Treffen in der Pizzeria um 13 Uhr vorschlage. Leise ziehe ich mich an und entschwinde ohne Frühstück aus dem Haus. Mit dem Auto fahre ich Richtung St. Michael und lasse mich vollkommen auf mein Gefühl ein, wohin ich fahren soll. Ich weiß nicht, wo der Friedhof ist, und so halte ich an jeder Kreuzung kurz inne und entscheide dann, welche Abzweigung ich nehme. Ich bin schon fast wieder auf dem Weg aus dem Dorf, als ich an einer Vorfahrtstraße plötzlich den Impuls bekomme, links abzubiegen. Keine fünf Meter hinter dieser Abbiegung liegt der Friedhof. Mir wird ganz schlecht, mein Mund ist trocken und ich habe zittrige Knie. Aber ich nehme all meinen Mut zusammen, parke mein Auto am Seitenstreifen und steige aus. Es ist halb sieben und keine andere Menschenseele hat sich hierher verirrt. Ein großes eisernes Tor eröffnet den Blick auf den Hauptweg, der wie eine Pappelallee angelegt ist. Es ist so bewegend, dass ich mit den Tränen kämpfe. Meine Füße tragen mich von Gang zu Gang. Mein Blick zieht an den Namen vorbei, die ich auf den Gräbern lese. Ich suche Nikolas, aber ich bin mir nicht sicher, ob ich ihn hier finde. Meine Angst ist riesengroß, dass es alles wahr ist, dass ich das Gefühl habe, ich werde verrückt. So laufe ich weiter, aber nichts, ich finde Nikolas nicht. Fast bin ich erleichtert, denn mein Verstand und mein Ego setzen mir ganz schön zu. Ich überlege, was ich jetzt tun soll. Also schließe ich die Augen und atme tief durch. Gleichzeitig rufe ich Uriel, meinen Geistführer. Während ich da stehe und atme, spüre ich eine Hand auf meiner rechten Schulter. Uriel ist gekommen. Er tritt vor mich und küsst mich auf die Stirn. In diesem Augenblick weiß ich, dass ich hier richtig bin. „Ja, Sara, das stimmt. Hier sollst du sein. Aber nicht um ein Grab zu finden, sondern um dich zu finden", antwortet Uriel auf meine geistige Frage. „Ich verstehe das nicht, Uriel. Ich habe das Gefühl, dass ich ein Zeichen brauche", versuche ich mich zu erklären. „Sara, Zeichen gab es wohl genügend, aber ich glaube, du möchtest eine Sicherheit haben für all das, was die geistige Welt für dich bereithält. Aber es wird nicht in der irdischen Welt zu finden sein, denn es ist geistiges Erbe und das kannst du nur auf der geistigen Ebene fühlen. Aber ich möchte, dass du mit mir kommst." Er nimmt mich mit auf eine Reise zu den alten Steinkreisen.

Ich sehe mich in einem Leben lange vor meiner jetzigen Zeit. Wie in meinem jetzigen Leben bin ich auch in jenem Leben eine Heilerin, aber anders als in der heutigen Zeit werde ich verfolgt. Angeklagt sehe ich mich vor Gericht, aber die Verhandlung ist nur eine Täuschung, denn man hat längst entschieden, dass ich verbrannt werden soll. Ich sehe es, und doch fühle ich keine Angst. Aber es gibt ein Gefühl in mir, das an mir nagt. Ich bin verraten worden von dem Menschen, dem ich alles gab, meiner Schülerin. Und das Allerschlimmste ist, dass mein Kind, meine Tochter, die erst fünf Jahre alt ist, bei ihr zurückbleiben wird. Ich frage mich, wie konnte ich das geschehen lassen? Wie konnte ich mich so täuschen lassen? Und warum muss mein Kind bei dieser Frau bleiben? Denn einen Vater gibt es nicht. Meine einzige Liebe als irdische Frau musste ich zurücklassen in einer anderen Stadt. Er ist ein angesehener Mann, aber leider ist er schon verheiratet und es wäre ein Skandal gewesen, wenn er sich zu mir bekannt hätte. So bleibt meiner Tochter nichts, keine Mutter, kein Vater, nur eine Frau, die das Heiligste verkauft hat.

Tiefe Verzweiflung lässt ein Gefühl aufkommen, dass es Gott nicht gibt, dass es keine Gerechtigkeit gibt, und in diesem Zustand vergesse ich meine heilige Bestimmung. Völlig übereilt gebe ich folgendes Gelübde ab: Ich will nie mehr heilen, nicht in diesem Leben, welches auf dem Feuer endet, noch in einem späteren Leben. „Sara", sagt Uriel, „siehst du, wie wichtig es ist, dass du auf diesem Friedhof warst und wir die Verbindung zu diesem Steinkreis ziehen konnten? Denn wenn du dein Erbe antreten willst, musst du dieses Bündnis, dieses Gelübde brechen."

Mir ist ganz heiß geworden, meine Handgelenke brennen förmlich und ich muss meinen Schmuck, den Silberreifen und meine Uhr abnehmen. Sie sind ganz heiß. Es erstaunt mich, aber dennoch bin ich zu sehr abgelenkt, weil mich der Gedanke beschäftigt, wie ich das Gelübde auflösen kann. „Sara, lege dich in diesen Steinkreis, denn nur hier ist die nötige Kraft, ein solches Gelübde wieder freizugeben." Ich folge Uriels Aufforderung und lege mich inmitten dieser heiligen Steine auf den Boden. „Sara, bist du bereit, die volle Verantwortung für dein Heilen zu übernehmen? Sara, bist du bereit, hier und jetzt in diesem Leben, als Sara Glück, dein Heilwissen uneingeschränkt zu teilen? Schüler in dein Leben zu lassen und dein gesamtes Erbe frei fließen zu lassen? Sara, bist du breit, dein damaliges Gelübde zu widerrufen und durch ein neues Gelübde zu ersetzen?"

In mir bebt jede Zelle, denn ich spüre die Wichtigkeit dieser Entscheidung. Alles in mir schreit nach einem Ja, aber dennoch zögere ich. Uriel, der mein Zögern bemerkt hat, sagt: „Fordere die Unterstützung, die du brauchst, und die Transformation wird gelingen." So bete ich: „Herr, hilf mir in dieser Stunde, gib mir die Liebe und das Licht. Schenke mir und den anderen den Frieden für die Vergangenheit und für das Jetzt. Herr, ich bitte dich, verbinde mich mit dem Erzengel Michael." Mein Verstand weiß nicht, warum ich Michael gerufen habe, aber es ist auch keine Verstandesentscheidung, hier zu sein. So schiebe ich den Gedanken weg und konzentriere mich auf Michael. Und im nächsten Augenblick schwebt er über mir. In einem blauen Gewand, blau wie ein schöner Sommertag, zeigt er sich mir und sagt: „Willkommen in deinem Reich der Träume, liebe Sara. Was brauchst du von mir?" Ich atme tief ein, damit ich die Gewalt über meine Stimme bekomme, und sage dann leise, aber mit fester Stimme: „Ich bitte dich, Michael, gib mir den Stern des Vergessens und den Mond des Vertrauens für die Verbindung meiner alten Welt mit meiner neuen Welt."

Obwohl ich nicht genau weiß, was es bedeutet, sind diese Worte in mir. Ich folge einfach meiner geistigen Führung und spüre einen Windhauch. Plötzlich liegt in meiner rechten Hand ein goldener Mond mit sieben grünen Jadesteinen, der wie ein Armreif geschwungen ist. In meiner linken Hand fühle ich plötzlich einen Ring mit einem goldenen Stern, in dessen Mitte ein wunderschöner, zwei Zentimeter großer Rubin zu sehen ist. Als ich diese Geschmeide in den Händen halte, weiß ich, dass dies meine heiligen Schmuckstücke sind. Den Mond habe ich früher am rechten Handgelenk getragen, und der Stern schmückte meinen linken Mittelfinger. Mit diesen Symbolen bin ich in der Lage, aus vollem Herzen Ja zu sagen. Ich schlucke, denn mein Mund ist ganz trocken geworden, aber dann hole ich tief Luft und sage mit lauter und klarer Stimme: „Ja, ich bin bereit, Altes gehen zu lassen und für mein Glück die volle Verantwortung zu übernehmen. Alte Gelübde, Bündnisse, Flüche, Bürden, Versprechen ... erkläre ich von nun an und für alle Zeit für null und nichtig. Ich übergebe sie den Flammen der Umwandlung und erlaube mir ab sofort ein Leben als Heilerin, als Fürstin des Lichts, in Harmonie, Glück, Freiheit und Fülle zu leben. Ich heile in der wahrsten und heiligsten Form. Ich gebe weiter das Licht der Liebe an all meine Brüder und Schwestern der vergangenen Leben und auch an die jetzigen und kommenden Generationen. Ich heile, ich lehre und ich eröffne hier mein Herzlichthaus. Ich danke für all die irdische Unterstützung und hinterfrage nicht das Zusammenkommen des Geschehens. Ich beuge mich der geistigen Welt und diene Gott in aller Form der Liebe." Mein

Körper beginnt zu beben und ich zittere so, dass mir das Atmen schwerfällt, aber ich habe keine Angst. Denn ich fühle den Transformationsprozess und bin bereit für all das, was nötig und richtig ist. Denn es geschieht zum Wohle aller.

Und ich bekomme die Botschaft:
Großes wartet auf dich. Nun ist es vollbracht, die Engelschar ruft dich in den Kreis, um zu geben himmelsgleich. Die Worte zu der Ankündigung des Tals der Botschaft: Kreis und Pfeil vereinen sich in der Mitte der Barmherzigkeit. Tod und Teufel fürchten sich vor all dem Licht. Komme nun und begreife mit dem Herzen die Unendlichkeit der Liebe. Nun bist du, Sabine, mit Sara und deinen früheren Leben vereint. Morgen wird dir Großes zuteil. Alle Kraft wird durch deinen Mann und eine Begegnung in die Nacht gebracht. Viele werden fühlen, wie es sich verändert, helle und dunkle Erscheinungen werden folgen, doch wir sind an deiner Seite. Der Stillstand ist vorbei und du bist nun in deiner ganzen Kraft, als Fürstin des Lichts. Warte nicht, wisse, denn die Kraft, die in dir ist, ist groß. Weisheit, Fernsicht und Heilsicht ist dir zuteil. Demut ist in deinem Herzen, und du beginnst nun deine Prophezeiung zu leben.

Es wird erfolgreich sein. Groß, klar und voller Liebe für alle …

 Danke.

Ende

Ich bin ein Kind des Lichts und des Himmels.
Ich fühle mich so frei.
Wenn ich das Licht sehe, schwebe ich empor.
Breite meine Flügel aus und bin wieder verbunden mit euch, meinen Engeln.
In dieser Sekunde bin ich mir bewusst, dass es unglaublich ist,
Frau zu sein und doch gleichzeitig Trägerin des Engelslichts.
Die Gnade zu erfahren, dass ich hier sein darf, beglückt mich zugleich.
So bringe ich die Seelen zum Schwingen,
berühre den Geist und lass euch die Sehnsucht fühlen,
die ihr zur Heilung braucht.
Zu werden ein Engel auf dieser Erde,
kann in euch geschehen.
So gib mir eine Träne und einen Atemhauch.
Ich gebe euch eine Feder, als Symbol der Freiheit.
Verbinde die Träne, den Atem und die Feder mit dem Rubin,
um euch in Liebe zu heilen.
Fülle mit jeder Träne, die ihr lasst, die Zellen mit Licht.
So verstehst du die Liebe und das Licht.
Spürst mit jedem Atemzug, wer du bist.
Ein Kind des Lichts.

Mein Herz sieht den Weg
und doch weiß ich nicht, wie es soll geschehen.
Lange Phase des schmalen Weges nun gegangen,
doch bleib ich zurück und will es verstehen.

*Feuer, Wasser, Erde und Luft des Lebens fordern mich
in die Unendlichkeit der Endlichkeit.
Die Berge und der Himmel berühren sich, verschmelzen zu einer
anderen Sicht für mich.
So atme ich das Leben, öffne mich und bitte um die Erfüllung für
mich.
Stehe still und besinne mich zu Vertrauen auf mein Herz,
das kennt den Weg zur Erhebung meines Lebens.
Verschlungene Pfade mit vielen Hindernissen,
mit Verletzungen und Wiederentdecken der Liebe begleiten mich.
So laufe ich tagein, tagaus durch die Schatten ins Licht und fühle,
ich bin, wie ich bin.
Kraft und Mut ließen und lassen mich wieder aufstehen.
So komme ich zurück in mein Licht und gehe den Weg meines
Herzens
in dem Wissen, die Türe meines Herzlichthauses steht offen nur für
mich.*

*Herzlichthaus.
Wege zum Herz, zum Licht und nach Hause gegangen.
Gedacht erfüllt bin ich vom Licht,
jetzt kann mich nichts mehr umwerfen
und doch ist es geschehen.
Tief gefallen in ein Loch,
das mir soll zeigen, wie ich kann leben.
Frei, ohne Begrenzung,
frei, ohne Urteil,
frei, ohne die Abhängigkeit, zu gefallen,
frei von allem Druck zu sein.*

So gab ich mich hin, dem Leben, der Liebe, der Erfüllung durch mein Vertrauen,
dass ich bin bestimmt zu lieben,
zu heilen im göttlichen Strom der Fülle.
So gehe ich die Wege zum Herzen, Licht und Haus jeden Tag neu,
in der freudigen Erwartung, dir und euch zu begegnen.
Ich sage danke,
danke für all die irdische Unterstützung,
danke, dass ihr meine Freunde seid,
danke für deine Liebe,
danke für die Erfüllung meiner Liebe,
danke für die Wege im Herzen, im Licht und nach Hause,
danke für die Ankunft im Herzlichthaus.

Dein Stuhl steht unter der Eiche,
fest verwurzelt und doch ganz leicht,
weiß mein Herz, du bist hier.
Wenn ich meine Augen schließe,
fühle ich deine Hände auf meinem Kopf.
Sanft streicheln sie mich und wollen mir damit sagen,
steh auf und gründe dein Herzlichthaus.
Lebe Liebe, Licht und Stärke,
wärme die Herzen und löse die Schmerzen.
Erkenne die Wahl der grenzenlosen Fülle,
halte inne und genieße die unsagbar reiche Gnade,
die dir ist geschenkt.
Tochter, Frau und Mutter zugleich,
vereint in dir die allumfassende Herrlichkeit dieser Zeit.
Jetzt bist du bereit, dich zu lösen von dem, was dich hält,
dich zu leben, so wie du bist.

Dich zu geben, wie es ist gewollt.
Deinen Reichtum zu ernten,
dich zu erweitern und deine Kraft zu schenken.
So ist mein Stuhl jetzt dein Stuhl
So bist du hier verwurzelt in der Erde vom Herzlichthaus.
So bist du gegangen die Pfade zu Herz, Licht und nach Hause. /
Hast gesucht die Wirrungen auf den Wegen, und doch hat es dich zurückgeführt zum Herzlichthaus.
Dein Baum, dein Stuhl, deine Erde warten schon so lange auf dich, so gehe, meine Tochter, und liebe dich so wie ich dich.

Danke

Auf dieser Seite möchte ich mich besonders bei meinem Mann Hans-Jörg bedanken. Ohne dich an meiner Seite wäre ich oft nicht im Stande gewesen, weiterzumachen. Trotz all der Herausforderungen hast du stets mich und meine Projekte unterstützt, durch dein Vertrauen konnte ich meinen Traum verwirklichen. Ich danke dir dafür, dass wir Schulter an Schulter stehen und in eine glückliche Zukunft blicken. Ich freue mich auf eine Zukunft mit unserem Sohn, die lichtvoller und friedvoller sein wird als je zuvor. So danke ich auch meinem Sohn Ben für die Momente seines Lebens, die ich mit ihm teilen darf.

Weiters möchte ich mich bei meinen geistigen Wegbereitern bedanken. Ohne sie wäre dieses Werk nicht entstanden. Danke für die Erweckung, für die stetige geistige Unterstützung, für die Heilimpulse und die Begleitung meines Weges.

Ein besonderer Dank gilt meiner Freundin Sonja. Danke für deine langjährige Freundschaft, in der wir Höhen und Tiefen immer in Liebe gemeistert haben. Danke für deine liebevolle spirituelle Unterstützung und deine ganz irdische Unterstützung.

Ich danke auch meinen Freundinnen Diana und Sabina. Danke für euren unerschütterlichen Glauben an das Herzlichthaus. Danken möchte ich vor allem dafür, dass ihr beide mit eurer Liebe an meiner Seite steht und mich in allen Lebenslagen begleitet.

Danke möchte ich auch meiner Mutter und meinem Vater sagen, der nicht mehr in dieser irdischen Welt lebt. Ich sage danke meinen Schwestern Nicole und Andrea und meinen Schwiegereltern.

Danke den vielen anderen, die mir geholfen haben, dies hier zu vollbringen.

Ein Danke auch jenen Menschen, die mich gerade auf dieser besonderen Biegung meines Pfades unterstützt haben. So sage ich danke an Mark Fox und Angelika Thome, die eine wahre Zündung meines Selbst sind.

Danken möchte ich hier auch meiner Verlegerin Brigitte Kaiser für die Offenheit und Bereitschaft, das Herzlichthaus im Verlag am Sipbach willkommen zu heißen.

Weiter gilt hier ein Dank meinem Lektor Wolfgang Maxlmoser. Danke für das feine Gespür und die intuitive Weite bei diesem Lektorat. Im gleichen Atemzug möchte ich natürlich auch meinem Korrektor Christian Winkelmann danken für die Mühe, all die Rechtschreibfehler aufzuspüren und zu beheben.

Danke allen Menschen, die Anteil an der Veröffentlichung hatten.

Ein Dank auch an Euch, die Ihr mich inspiriert habt, die Worte zu finden, die nötig waren, um all das zum Ausdruck zu bringen.

Danke, Gott, für meinen Glauben, für meinen Weg, der erfüllt ist mit Licht und Liebe. Danke, dass ich dies schreiben durfte für die Brüder und Schwestern aus diesem Leben.

Sabine Langner
(Jahrgang 1971)

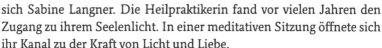

HerzlichtMensch, Heilpraktikerin, Therapeutin, Coach und Seminarleiterin. Sie ist Gründerin des Herzlichthauses und lebt mit ihrer Familie in Krefeld.
Einen Weg gehen, der ganz anders ist als das, was von der Familie vorgelebt wird, dafür entschied sich Sabine Langner. Die Heilpraktikerin fand vor vielen Jahren den Zugang zu ihrem Seelenlicht. In einer meditativen Sitzung öffnete sich ihr Kanal zu der Kraft von Licht und Liebe.
Es entstanden viele Gedichte, und dann kam der Impuls, all die medialen Erfahrungen, die sie erfuhr, zu einer Geschichte zu verfassen. Diese spirituelle Reise fand ihren Anfang auf dem Weg zum Herzen, erweiterte sich auf dem Weg zum Licht und ließ sie ankommen auf dem Weg nach Hause. So ist das Herzlichthaus entstanden.
Über viele Jahre erarbeitete sich Sabine Langner das Wissen, das sie brauchte, um diese Seelenerfahrung in die Welt strahlen zu lassen. So absolvierte sie viele Fortbildungen, Ausbildungen, sowohl wissenschaftlicher als auch spiritueller Natur, um die Menschen im Herzlichthaus zu unterstützen.
Sabine Langner lebt, wovon sie spricht: ein HerzlichtMensch zu sein. In Einzelsitzungen, Seminaren und Workshops berührt sie die Menschen von Herz zu Herz, in der Essenz von Licht und Liebe. Durch die Herz-Seelen-Licht-Erfahrung haben die Menschen die Möglichkeit, das Licht zu sehen, die Liebe zu fühlen und das Lachen zu erleben.

Naturheilpraxis u. Zentrum für Blockadenlösung & Potenzialentwicklung / Krefeld
Webseite: www.herzlichthaus.de
E-Mail: info@herzlichthaus.de
Telefon: 0 21 51 56 51 46 7

Auf der Webseite findest du die Termine für die dreistündigen Erlebnis Workshops Spirit Days & HerzlichtMensch und das Intensiv-Seminar zum HerzlichtMenschen.

Marian Slawinski
BRUCHSTÜCKE
Lyrische Prosa

ISBN 978-3-903259-02-7

In seinen Texten sucht der Autor nach dem Großen im Kleinen, nach dem Ganzen in jedem Teil, nach dem, was die Bruchstücke zu einem Ganzen werden lässt.

Jedes Bruchstück trägt in sich den Geschmack des ganzen Lebens. Und verweist mit jedem Wort auf die spirituelle Dimension der menschlichen Existenz.

„Meines Lebens Bruchstücke,
Stück für Stück
gesammelt, geordnet,
wie ein Mosaik zusammengelegt.

Komm, lies darin,
erkunde mit Herzensaugen
die farbenreichen Lebensbilder
in stiller Stunde
und bedenke dabei
das Ganze in den Bruchstücken,
die Bruchstücke im Ganzen.

Das Gelebte ist das Leben,
das gelebte Leben ist ganz."

Informationen und Bestellungen: www.verlag-am-sipbach.at